語られなかった
アメリカ市民権運動史
―― アファーマティブ・アクションという切り札 ――

安井倫子 著

大阪大学出版会

目 次

序章 ──現代アファーマティブ・アクションとは何か── … 1

1　問題の背景　4
2　今日の AA が抱える課題　7
3　AA 研究史　10
4　本書の課題と構成　20

第1章　アファーマティブ・アクションの系譜
──歴史に現れた三つの先例── …………………… 27

はじめに　29
1　南部再建期（1860年代）──アファーマティブ・アクションの源流──　31
2　ワグナー法（1935年）
　　──「アファーマティブ・アクションは白人のものであった」──　36
3　ケネディ大統領行政命令 10925（1961年）
　　──市民権運動とアファーマティブ・アクション──　41
おわりに　44

第2章　「下からのアファーマティブ・アクション」
──フィラデルフィアにおける市民権運動の展開── … 49

はじめに　51
1　背景──冷戦と市民権運動──　55
　1.1　民主主義の競争──冷戦──　55
　1.2　冷戦リベラリズム　59
　1.3　フィラデルフィア市民権運動の変容　62
2　雇用平等をめざして──人間関係委員会・教会・NAACP──　66
　2.1　背景　66
　2.2　第一段階：セレクティヴ・パトロネージ・プログラム　74

i

  2.3 第二段階：1963 年「公正雇用実施規定」の制定へ 77
 3 暴動を乗り越えて　──「下からの AA」を実践する── 84
 4 1970 年代以降のフィラデルフィア市民権運動 89
 おわりに 94

第 3 章　ジョンソン政権のアファーマティブ・アクション
──1967年フィラデルフィア・プランを中心に── …… 105

 はじめに 107
 1 背景 110
 2 フィラデルフィア・プランの展開 113
  2.1 OPP の導入 113
  2.2 現場の困惑 115
  2.3 雇用者の不満 117
  2.4 労働組合の立場：反発・困惑・協力 120
 3 CHR による収拾から OPP の廃止へ 123
 おわりに 125

第 4 章　ニクソン政権のアファーマティブ・アクション
──1969年改訂フィラデルフィア・プランを中心に── … 133

 はじめに 135
 1 背景 139
  1.1 1960 年代末の市民権運動 139
  1.2 ニクソン政権と市民権問題 144
  1.3 フィラデルフィア・プランの再生 147
 2 RPP をめぐる紛争 151
  2.1 8 月公聴会 151
  2.2 建設労働組合大会　──RPP 絶対反対を決議── 154
  2.3 10 月公聴会 156
  2.4 12 月議会採決 160
 3 ニクソン政権の AA からの後退 161
 おわりに 167

第5章　現代アファーマティブ・アクションの展開
　　　　──1983年リッチモンド・プランを事例に── … 181
　はじめに　183
　1　セパレート・シティ　187
　　1.1　黒人の政治的影響力の拡大　189
　　1.2　市街地再開発をめぐる利害　190
　　1.3　黒人多数派議会の誕生　192
　2　リッチモンド・プランに向かって　194
　　2.1　1970年代　──雇用平等のためのアファーマティブ・アクション──　195
　　2.2　マーシュ市政のAA　──対立と協調──　196
　　2.3　セット・アサイド　200
　3　リッチモンド・プランの展開　203
　　3.1　ロイ・ウエスト市長の誕生　203
　　3.2　リッチモンド・プランと再開発　205
　　3.3　リッチモンド・プラン採択　206
　　3.4　リッチモンド・プランとクロソン裁判　208
　　3.5　リッチモンド・プランの有効性　210
　おわりに　212

終章 ………………………………………………………………… 221

参考文献　233
あとがき　243
索引　251

序　章

——現代アファーマティブ・アクションとは何か——

本書がテーマとするアファーマティブ・アクション（以下、本書ではAAと表記する）とは、アメリカにおいては一般的に、合衆国連邦政府のイニシアティヴにより1960年代末に開始された、人種平等の社会を構築するための取り組みを指し、日本語では「積極的差別是正策」と翻訳されている。1960年代という「第二の再建期[1]」以後のアメリカ社会で、AAは、人種間の経済的・社会的格差の解消のため導入されたと捉えられてきた。ところが現実には、AAの運用の現場で、多くの人びとの疑問や反発を誘発し、「逆差別」であるとまで批判され、その合法性をめぐってAAが法廷に持ち込まれることも多い。

　1960年代に可視化された黒人[2]の経済的・社会的窮状を改善することが、AAという方法を採ることの大義名分であった。このことは、1965年ジョンソン大統領のハワード大学演説で表明されている[3]。しかし、AAは、その後の具体的な実施、施策の策定の過程で、経済の変動、時の政権の思惑などに直面し、変貌してきた。今日のAAは、その適用対象を人種的マイノリティから、女性、身体に障害を持つ人々にまで拡大し、しかも、その目的を経済的・社会的不平等の是正というよりは、むしろ社会的な多様性の保持に移している。ところが、21世紀の今日でも、AAの所期の目的が達成され、アメリカは「人種・皮膚の色・宗教・性、または出身国を理由とする」採用、昇進、解雇などの差別のない社会になった[4]、したがって、AAはもう必要ない、とは言い難いことも確かである。AAをめぐる「論争」は、今日、激しさを増している。

　本書は、AAへの批判的まなざしや反発の根源には何があるのかを解明し、AAを単純に「積極的差別是正措置」と捉えることの見直しを試みる。そのことによって、市民権期以降のアメリカ社会の人種関係に、AAが何をもたらしたのか明らかにしたい。その際、本書では、AAの意味や矛盾を浮かび上がらせるために、その所期の目的であった黒人の雇用差別解消のためのAAに焦点を絞って論じることにする。また、人種平等の社会を構築するための、現行AAとは別の選択肢の可能性を歴史の中に求めることも試みるものである。

序章

1 問題の背景

　AAの導入から半世紀が経とうとしている。2008年、アメリカ市民は黒人の大統領を選択した。アメリカにおける人種の問題は、大きく改善されつつあることは間違いない[5]。ただし、この改善にAAが効果的な役割を果たしてきたのかについては、議論の分かれるところである。今日実施されているAAの出発点は、1965年のジョンソン大統領行政命令第11246号（以下EO11246と表記）とされているが、連邦政府によるAAは、この初期の段階で早くも実施現場の混乱を巻き起こし、根強い反発の種を抱えるものになった。しかもその状況は今日まで継続しているのである。以下、簡単にAAの今日までの実施経過を見ておきたい。

　1961年、ジョン・F・ケネディ大統領は大統領行政命令第10925号（以下EO10925と表記）を発して、歴史上初めて、連邦政府が人種差別に抗するためのAAを行うことを言明した。その精神は、ケネディの死後、ジョンソン政権下に成立した1964年市民権法とこれに基づき設置された雇用機会均等委員会（Equal Employment Opportunity Commission：EEOC）に結実した。ジョンソン政権は、さらに1965年のEO11246を発して、連邦政府職員の雇用の平等と、連邦政府の公共建設事業でのマイノリティ労働者の積極的な雇用を求め、これを専門的に統括、監督する機関として連邦契約遵守局（Office of Federal Contracts Compliance：OFCC）を設置した。その後、AA政策立案の過程で、AAのカバーする範囲は、黒人から女性、マイノリティに拡大された。AAは1970年代、共和党に政権が移っても、むしろ拡大し、ニクソン政権は労働長官命令第四号[6]によって、是正措置がカバーする範囲を、建設業のみならず政府と契約するすべての業者、また政府からの交付金、助成金を受給するすべての自治体、教育機関とした。さらに、この命令第四号は、当該事業者にマイノリティの雇用や運用に関する分析・数値目標を含む計画書の提出を義務付けていた。ここに定式化されたAAは、社会的・経済的差

別を解消するための切り札として、本格的に全米各地で実施されるようになったのである[7]。以後 AA は、連邦政府職員や地方自治体職員の人事のみならず、私企業、高等教育機関の入学や人事などにおいて、人種や性を考慮することに正当性を与えてきた。

ところが今日、AA は、その法的な妥当性と実質的な効果の両面において厳しい批判を受けており、不当な人種的優遇ないしは逆差別であるとして提訴されるケースも少なくない。同時に AA に対する賛否両論は社会を二分し、政治的問題となることも多い。AA への逆風は 1990 年以降特に強まり、1990 年代末には住民投票などによって AA を廃した州が相次いだ[8]。

1990 年代末当時、人々が AA を見る複雑なまなざしを、『ニューヨーク・タイムズ』と CBS の調査は以下のように伝えている。「AA 存続支持」は 24％、「変更して続ける」が 43％、「廃止」が 25％であった。調査は、AA を廃止する州が相次いだ時期に行われたが、全国的には比較的冷静な判断をしていることを示している。優遇や割当てなどの AA の方法に対しては、黒人、白人ともに半数以上が不適切であると答えているが、マイノリティや女性に対する特別の訓練や教育の必要性、また、貧困者に対する AA の必要性については、やはり半数以上が認めている。また、黒人と白人で大きな違いの出た質問は、企業などが人種的多様性確保のために AA を持つ必要性についてであった。黒人の 80％は必要であると答え、白人の 38％が必要はないとしている。同様の比率で、黒人は AA を存続させるべきであると答え、白人は廃止すべきであると答えている。同時に、人種が雇用や昇進の際の決定因子であったかという問いに対して、白人の 83％は関係がないと答えたが、黒人については、回答は複雑であった。46％が人種は決定因子ではなかったと捉え、21％は人種が役に立った、26％が人種によって不利になったと捉えている[9]。

さらに、ジェニファー・リーのカリフォルニアでの調査によれば、今日、ヒスパニックの人々は「黒人・非黒人」の間にラインを引き、自らを非黒人に同一化する傾向があるという[10]。これは、1990 年代末から 2000 年代初頭のアメリカ社会の人種的緊張[11]を反映した結果ではあろうが、なにより、21

序章

　世紀の今なお継続する黒人の窮状、特に大都市中心部における貧困の問題は、AAの評価を否定的なものにしている。今日、黒人人口の25％が貧困ライン以下の状況であり、貧困率は全人種平均の2倍である。黒人の子供の約30％が貧困であり、都市部では高校を修了できない黒人少年が半数に達し、高校退学者の半数以上が刑務所を経験し、その数は大学生の数を上回っている[12]。こうした状況は、1960年代に始まるAAが当初、ジョンソン政権の福祉拡充政策（「貧困との戦い」）と深く関係した人種統合策、すなわち、もっとも底辺にあるとされた黒人人民の状況を改善し、人種による社会的・経済的格差の解消を目指すものだったことを考えると、ある種の矛盾を感じざるを得ない。AAをもってしても、人種的格差は解消できなかったことになる。

　他方で、アメリカが人種平等社会を目指し歩み始めてから半世紀以上が経過し、2008年には、歴史上初めてアフリカ系アメリカ人の大統領バラク・オバマを生むまでに、その人種関係・意識を変化させてきたことも事実である。2012年、『朝日新聞』は以下のように伝えている。「政治経済研究連合センターによると、連邦議会の上下院（定数計535人）で黒人議員は過去最高の44人に増えた。…州議会議員もオバマ氏の就任後の2009年に639人で最高を記録した[13]。」こうした事実は、アメリカはカラー・ブラインドな社会を実現した、AAはもはや必要ではないとする主張に論拠を提供している。彼らは、カラー・ブラインド社会構築のためとして、公的文書からいっさいの人種のカテゴリーを削除するよう求めた運動を展開しているが、賛否両論を巻き起こしている[14]。

　以上概観してきたように、1960年代の市民権運動の高揚と市民権法の獲得から今日までに黒人の法的、社会的、経済的地位は大きく変化してきたことは確認できるとしても、この変化に対してAAがどう関係したのかという点については、いまだ検証されていない。AAが、相当数の黒人公職者、公務員、専門職等の誕生に貢献してきたことは紛れもない事実ではあるが、他方で、深刻な経済的格差の存在も否定しがたい。つまりジョンソン政権によるAAの所期の目標は達成されていないとも言えるのである。AAの原点には、1965年、「貧困との戦い」を掲げたジョンソン政権が、市民権法による

差別の禁止だけでは解決しえないとした、人種による社会的・経済的格差の解消があった。AA は、「一つは黒く、一つは白い、分離し不平等な」二つの社会への処方箋となるはずであった[15]。AA が、この所期の目標から、ある意味で乖離してきたことは否めない。本書は、その原因を追求する。その際、連邦 AA には、はじめから二面性があったことを指摘する。それは、人種差別の解消という AA の表の面とその反労働者性という裏の面である。このことを論証するために、1960 年代末、連邦政府が実施した、今日の AA の原点であると考えられるフィラデルフィア・プランに注目する。「第二の再建期」末期という時代背景と社会状況の中で、どのような AA が提起され、どのように実施され、また議論されたのかを検討することによって、今日の AA が孕む矛盾点が明らかになるであろう。

　本書では、また、連邦政府 AA に先立って、先駆的な AA が、ローカルな市民権運動や市政の段階で試みられたことも合わせて提示する。ある意味で、「下からの AA[16]」である。この「下からの AA」の再検討によって、今日の AA とは異なる AA という選択肢も存在していたことを示し、多様な人種や民族からなる社会における、平等の実現への一つの可能性を示したい。

 ## 2　今日の AA が抱える課題

　2012 年 10 月 13 日の『ニューヨーク・タイムズ』紙は、デイヴィッド・レオンハルトによる「AA 再考」と題する論説を掲載している。レオンハルトはこの中で、テキサス大学の AA が連邦最高裁判所で審議の対象になったことに言及し、以下のように論じている。

　　（AA を擁護した人々の）誰も、大学の弁護士、オバマ政権の弁護士、リベラル派弁護士の誰も、黒人やラテン系の学生が克服しなければならない難題については語らなかった。AA 擁護者たちは、代わりに、多様性の価値について話した。

大学の多様な生徒のいるクラスがなかったら、学生たちは学ぶことが少なく、社会は将来の指導者を失うであろうと、彼らは論じた。…AA 支持者が、公正さよりも多様性を強調するという方向にかじを取ったのは、（この裁判より）ずっと以前ではあるが、そうすることによって、彼らの立場は危うくなっているのである[17]。

　レオンハルトは、今日の AA の目的が発足当初とは異なり、不平等の是正というよりは多様性の保持といった、文化的価値に重点を移していることに対して、もっと原点に返り、不公正さ——能力があるのに貧困や人種、性などを理由に入学の機会を失っている人々がいるということ——の是正のための AA に戻るべきだと説いている。

　一方、マイケル・サンデルは 1996 年のホップウッド裁判に論及し、「人種やエスニシティを雇用や大学入学決定の際の考慮因子とすることは正義にもとることなのだろうか」と問題提起している。ここで議論される AA は、高等教育の AA である。サンデルによれば、多様性の擁護という目的のためには、また、それが大学の掲げる社会的責任と合致するならば、人種を入学資格の一つにすることには正当性があるという主張も成り立つ。大学には、その設立目的に沿う基準を満たす入学者を選考する必要性と権利があるということである[18]。しかし、AA のこうした正当化は、発足当初の目的を議論の場から遠ざける傾向があり、サンデルも、人種間の社会的経済的格差の是正という論点は避けている。アメリカ黒人の多くが、貧困の状況にあるという社会的現実に対して、AA はどう関係するべきかが問われなければならない。

　人種平等を目的として発足したにもかかわらず、AA は、具体的な実施の場面では、矛盾を露呈し、人種的分裂や憎悪を深めるという、ある意味で「諸刃の剣」ともなった。こうした状況で、AA の文化的価値（アメリカ社会の多様性の保持）のみが強調されるという問題について、アフリカ系アメリカ人として初の大統領となったバラク・オバマも、2008 年予備選挙の最中に、以下のような演説を行っている。

同様の怒りは白人コミュニティの一部にも存在している。子供たちを町の反対側の学校にバス通学させるよう命じられたとき、自分たちが関わってもいない不正を理由にアフリカ系アメリカ人が良い仕事を得、良い大学に入学できるよう有利な措置を受けたなどと聞いたとき…。(2008 年 3 月 18 日　前民主党上院議員バラク・オバマ)

　この発言は AA 政策が抱える矛盾とアメリカ国民の当惑を端的に表している。その日までは、オバマは演説の中で人種問題に言及することは避けてきたが、自陣営からの極端な人種分離的発言と、クリントン陣営からの人種差別的発言の両方に応える形で、この日初めてアメリカの人種の問題について真正面から向き合う発言をした。オバマはアメリカが人種による深い分裂の危機にさらされているという事実認識を表明したうえで、「力を合わせて健康保険や教育、またすべてのアメリカ人に仕事を見つける必要性といった課題」に取り組むことを呼びかけた[19]。民主党の大統領候補であったオバマが、AA 反対を唱えたわけではないが、アメリカ社会には、人種を越えて取り組むべき課題があると主張することによって、国民的融合を訴えたのである。

　シェルビー・スティールは、彼（オバマ）は「異議申立人ではなく取引人の仮面」のおかげで白人との信頼関係を築いたと言う。アメリカ黒人が、「アメリカのメイン・ストリームに対して見せたいのは、人種差別の被害者の顔である。人種差別の実態を大げさに主張することで黒人には権利が生じ、白人は差別解消の義務を負う」と彼は主張し、1990 年代から AA 批判の論陣を張っていた[23]。21 世紀のオバマは、「ふたつのアメリカ国民ではない——アメリカはひとつ」と訴え、人種のみならず、イラク戦争、貧富の格差などでばらばらに分裂したかに見えるアメリカ国民の支持をとりまとめた。彼が人種の融合・協力の国家的エージェントとしての役割を演じたという意味で、スティールの見解は的を射ていると言えよう。

　ただし、オバマが 2012 年大統領選挙戦で、アメリカは深刻な分裂の危機にあると言ったとき、彼の言う分裂は人種によるというよりも、「富と貧困」

の問題であった。だからこそ 2012 年大統領選挙でも、人種を問わず、多くの貧困な人々がオバマに投票し、彼の再選を実現したと言えるのだろう[21]。古矢旬は、2008 年選挙のオバマ勝利に関して、「アメリカの歴史学者ジョン・ハイアムがかつて『多元的統合』という言葉で語った社会的多様性と政治的統一が同時に併存する社会への展望が、初めて具体的に示されたと言えるかもしれない」と述べていたが、2012 年のオバマ再選によって、この方向への歩はさらにすすめられたと言えるだろう[22]。

　黒人大統領の登場によって、AA をめぐる議論が変革を迫られることになったことは確かである。レオンハルトが論じたように、AA 擁護の立場をとる人々が、その論拠を「多様性の保持」にのみ固執するのは、「多元的統合」をも遠のかせる結果となるのではないだろうか。なぜなら、21 世紀の今日のアメリカの分裂の危機は、「カラー・ライン」によるというより、むしろ「クラス・ライン――富と貧困の乖離――」による一層深刻な国民の分裂によってもたらされている[23]。このことは、見方を変えればカラー・ラインを越えた国民的融合の契機にもなる。人種的マイノリティ救済のための AA ではなく、「真に不利な立場にいる人々」のための AA というものを見据える時期が来たことを示している。2012 年の大統領選挙は、まさに、21 世紀のアメリカの行く方向を国民が決定した、そんな選挙であった。

3　AA 研究史

　本書は、20 世紀後半のアメリカにおける人種関係の変容の中で、AA が果たしてきた役割を再検討することを目的としている。この目的のためには、階級のラインと人種のラインの交差点に AA を据えることが有効であると考える。AA は、もともとジョンソン政権の「貧困との戦い」の一環として提起された政策であり、今日このAAの所期の目的に対して AA が機能していないことが問われている。黒人の高等教育機関への入学率や公職に就いてい

る黒人の割合へのAAの関与以上に、黒人の高い失業率や貧困問題に対してAAがどう関わってきたのかを検討することは、現代AAの本質的な解明につながるであろう。よって、本節では、この問題関心にしたがって、AAに関連するこれまでの研究を概観したい。

　先行研究には、市民権以後も克服されない黒人の貧困とAAの関係を考察したものは多く存在する。たとえば、トマス・ソウエルは、黒人の貧困率や失業率の高さを根拠にしてAA批判を展開している[24]。ソウエルは、黒人の経済的状況は、1960年代に最も改善したのであって、1970年代、AAによる優遇策が実施されて以来その速度は鈍っている、AAは黒人に少しも恩恵をもたらしてはいない、むしろ人種間ないしはエスニシティ間の敵意を醸成した、と主張した。たとえ恩恵をもたらしたにしても、それは黒人の中のすでに有利なものに対してであって、黒人としてグループ化された集団の中のすでに有利なものをさらに有利にすることによって、黒人以外の集団を逆差別してきたのである、としている。さらに、ジョナサン・ビーンも、マイノリティ企業局（Office of Minority Business Enterprise：OMBE）によるAA政策に基づくマイノリティ企業への融資が、ニクソン政権の「ブラック・キャピタリズム」称揚とあいまって、官僚の腐敗と利権スキャンダルの温床となったと主張する[25]。OMBEの描いた図式は、不利な企業＝マイノリティ企業≠白人中小企業であった。真に融資が必要な白人企業に対する不当な逆差別が発生し、中小企業局は、むしろ、中規模の経営状態の良いマイノリティ企業に対する融資機関となってしまったと彼は述べている[26]。

　これらの議論は、AAが「マイノリティ」を指標として優遇措置をとるという側面、たしかにこれこそがAAの問題点ではあろうが、これにのみ焦点を合わせ、問題視することによって、彼らの高失業率・貧困・生活破壊の主要な原因である、1970年代から今日に至る共和党主導の規制緩和、金持ち優遇、福祉切り捨てなどの経済政策から、人々の目をそらす傾向があった。さらには、大塚秀之の言う「アメリカ資本主義の病理」を覆い隠したとも言えよう[27]。

　ケヴィン・フィリップスは、富と貧困の偏在の主たる原因を、1970年代

序章

以降の共和党政権、特に 1980 年代のレーガン政権の保守的経済政策に帰した[28]。フィリップスは AA の問題を論じているわけではないが、アメリカにおける貧困の人種的偏在を見る上で参考になる議論を展開している。フィリップスによれば、1980 年代は「第二の金ぴか時代」であり、同時にそれは、アメリカ一国に限った状況ではなく、「世界的傾向としての経済的不平等」、すなわち全世界的な現象であった。国家を超えて活動する世界企業・金融資本を支えるために、各国の政府も「かつてなかったほど熱心に意見交換や経済協力を行うように」なり、アメリカ、イギリス、カナダ、西ドイツ、フランス、日本などの先進国で、「攻撃的な新放任主義経済」が育まれたのである。国内における極端な規制緩和と経済のグローバリゼーションによる負の影響は人種的であるにとどまらない、それはアメリカ経済を支えてきたとされる中間層に大きくのしかかることになった、とフィリップスは主張する[29]。1990 年代民主党クリントン政権においても方向転換はできず、21 世紀初頭、共和党ブッシュ政権の登場によってさらに保守的な新自由主義の潮流が主流となり、富と貧困の両極化は一段と加速した。2008 年、アメリカ合衆国史上初のアフリカ系アメリカ人大統領の登場によって、潮目が変化するかと期待されたが、前政権の負の遺産である経済・金融危機の対処に追われ、また共和党保守派の巻き返しも厳しく、現民主党オバマ政権は苦闘している。1970 年代以降の政治・経済状況＝富の一極集中と貧困層の増大は、アメリカ国民全体を巻き込んだだけでなく、世界同時発生的に起こっていたものであると言えよう[30]。黒人の貧困の問題は、人種差別の問題というよりは、経済のグローバル化から派生した問題、ないしはその当然の帰結であるとするフィリップスの主張を、以下で検討するウィリアム・J・ウィルソンらも共有している。

　ウィルソンは、ソウエルとは異なる政治的立場でアメリカの貧困問題を見たうえで、AA との関連を議論した。彼は、生活破壊と貧困にあえぐ大都市の白人も含む層を「アンダークラス」とし、その要因を第二次世界大戦後のアメリカ資本主義の発展と凋落に求め、1960 年代「貧困との戦い」を掲げた民主党の福祉政策は全く不十分であり、「インナー・シティのアンダーク

3 AA 研究史

ラス」を置き去りにしてきたと主張する。ウィルソンによれば、AA よりももっと包括的な「貧困者救済」の対策が提起されてしかるべきであったのに、民主党はこれに失敗した。1970 年代以降、「人種の意義」は低下したのであって、むしろ人種を越えた、より抜本的な貧困・雇用対策が階級間格差を最小化するためにも必要であった。つまり、AA は「貧困との戦い」の武器としては的外れであり、黒人の中のすでに有利なものには効果があったかもしれないが、「真に不利な立場にある人々」に届く政策ではなかった[31]。

以上のように、ウィルソンは、民主党による政策提案としての AA の不十分さを指摘したのだが、前述のように、AA はジョンソン民主党政権で提案され、ニクソン共和党政権が具体化したものであった。AA は、1960 年代中葉の「大きな政府」をめざした民主党の重要な政策の一環だったが、1960 年代末、これに反対し政権を掌握した共和党によって具体化・推進されたのである。このことは以後の AA にどのような意味を与えたのだろうか。ジョン・デイヴィッド・スクレントニーがこの矛盾に着目している[32]。

スクレントニーは、1960 年代の連邦政府、および政策担当者たちが重大な国家的課題としての人種をどう捉え、政治的決定を下し、政策を推進しようとしたかを検討し、1969 年の共和党による AA 策定は、ニクソン大統領の「南部戦略」の一環であったと位置付けている。すなわち、1968 年の大統領選挙において、国内の混乱状態に嫌悪と反感を示す「サイレント・マジョリティ」の票を動員し、また、市民権法そのものに公然と反対したジョージ・ウォレス候補が南部民主党支持票をさらったことにも助けられて当選したのがニクソンであった。さらに、この新大統領は、フランクリン・ルーズベルト大統領のニュー・ディール以来の民主党支持勢力であった労働運動と黒人運動の間に分断を持ち込むことを明確に意図して、AA を政治の舞台に登場させた。ここに AA は、黒人労働者の雇用平等の要求と白人労働者の雇用安定の要求とを対立させる火種の役割を持たされることになったのだとスクレントニーは主張する[33]。

スクレントニーは AA 政策が政治的コンセンサスを得た背景に、1960 年代末の政治社会状況があったことにも注目している。すなわち、北部大都市

13

で頻発した暴動による、市民意識の変化である。都市暴動は、まさに1964年市民権法成立の直後から、毎年「長く暑い夏」の恒例行事のように都市を襲った。特に、ジョンソン政権が大統領行政命令によってAAを発した1967年には、アメリカ史上最悪といわれるデトロイトでの暴動が起こった。人々は、ジョンソン政権の「偉大な社会」構想の実現が多大な困難をともなうものであるという現実を見せつけられた。これまでの市民権運動が、都市ゲットー住民の生活改善とはほとんど無関係であったということが、次々に衝撃的に明らかになっていく。このような状況の中で、運動内部においても「非暴力・不服従」に不満を示すグループが台頭してくる。1960年代の後半、市民権運動の絶頂期であるはずのこの時期に、都市における人種暴動は最悪の事態に達したのである。

　こうした暴動がAA政策の提案に正当性を与え、危機管理のための方策としてAAが必要となった、とスクレントニーは言う。AAには、1960年代末にアメリカ社会が経験した未曾有の人種暴動をはじめとする国内外の「危機に対する管理（crisis management）」の役割が賦与されていたのである。世論はアメリカ政府の暴動に対する制御力を問うていた。また、市民権運動側も、暴動に走る都市ゲットー住民の生活改善のための具体的な施策が提起されなければ、「火薬庫（tinder box）」はいつ爆発してもおかしくない状況であると警告していた。ここに、人種差別を廃するための積極的措置というあいまいな意味合いしかなかったAAに、人種的優遇という、政府にとってはある種の「タブー」を乗り越える正当性が与えられた。「危機管理」のためのAAは、政府による「人種暴動」対策であった。政府は早急に「結果の平等」を示さなくてはならなかった[34]。

　このような動きに呼応するかのように、ブラック・パワーなどのグループは、黒人としてのアイデンティティを強調し、機会の平等以上の措置、皮膚の色を考慮した措置（color conscious）を政府に求めた。一方で、暴動はこれに対する断固とした制裁を求める世論も喚起し、「アメリカの有権者の重要な部分」をかつてなかったほど「政治的・文化的な保守主義の方向へ」押しやった[35]。ケヴィン・フィリップス『共和党多数派の出現（The Emerging

Republican Majority)』は、著者の意図とは異なるとしても、ニクソン政権に、1960年代末に台頭した保守層、「サイレント・マジョリティ」の票を獲得せよと指南したと言えるだろう[36]。共和党は、「貧困との戦い」には背を向けた。むしろ、「ブラック・キャピタリズム」の育成という、より効率的に結果の示せるAAを提示することによって、黒人の一部をもサイレント・マジョリティに取り込もうとした。AA政策は、1960年代末の社会的混乱と分裂の危機への対応策として誕生したものであるが、ジョンソン民主党政権はこの危機の中で瓦解し、ニクソン共和党政権はこれを利用して誕生したとスクレントニーは強調している[37]。

　この点に関して、ケヴィン・L・ユイルはさらに踏み込み、以下の見解を提示している。ニクソン政権によるAAは、1969年「フィラデルフィア・プラン」と1970年「労働長官命令第四号」に凝縮されているのだが[38]、現実には「フィラデルフィア・プラン」が厳密に実行されたことはなく、1974年には消滅し、自ら発した「命令第四号」からも、政権は静かに後退する。ニクソンの真の動機は、第一に、民主党の二大支持勢力であった労働組合と市民権運動推進勢力を、AAをめぐって敵対させることであったが、「フィラデルフィア・プラン」については、民主党支持勢力のみならず、共和党内にも賛否両論があった。敢えてこの法案を議会通過させることで、ニクソン政権は市民権勢力、労働運動勢力両方に対して「実績」を示すことができた。さらに、AAを各地方都市における懸案事項と位置付けることによって、連邦政府は高みの見物ができるようにした、というのである。ユイルはニクソン政権によるフィラデルフィア・プランを、平等実現のために注がれるべきより入念な計画や努力を省略した、また政権にとっては効果のある「安直な代替案」であったと指摘している[39]。また、ディヴィッド・R・ロディガーは、ニクソンが「貧困との戦い」に対して抱いた嫌悪感の表れを象徴的に示す事例として、ジョンソン政権が1964年に創設した経済機会局（Office of Economic Opportunities：OEO）を葬るために、「三人の未来の防衛長官」をOEO責任者に相次いで任命したことを挙げている。この三人とは、ドナルド・ラムズフェルド、ディック・チェイニー、フランク・カールリッチであ

る。彼らは、「貧困との戦い」による人種差別解消の努力の、不十分であったとはいえ、その成果さえも消し去ったのである[40]。

　以上、スクレントニーの議論を中心に検討してきた。AAを、1960年代末の政治・社会状況の中で誕生した「危機管理」のための政策、ないしは次期選挙を見据えた「南部戦略」の一環とみなすことは、以後のAAの歴史を見る上で重要な手掛かりとなることは確かである。

　もっとも、現実には、1960年代市民権運動の最盛期以前から、人種隔離を法的な制度として容認していた南部のみならず、北部大都市においても、居住空間、雇用、教育という生活の根幹に関わる問題をめぐって、黒人の平等要求に対する白人住民、白人労働者の根強い反発・抵抗があった。むしろ、北部の都市空間においてこそより熾烈な人種・エスニシティ間の抗争が繰り返されていたし、それは時として暴力的な対立に発展していた。アメリカ経済の盛衰の影響を直接に被りやすい都市住民——富裕層ではなく、自己の生活防衛さえもままならない労働者階級——の中に、激しい人種意識が存在し、それは具体的な都市再開発、居住地、住宅建設、雇用・昇進問題をめぐって顕在化していた。このことからも、AAを政権による上からの危機管理政策としての観点からだけで評価し、その成否や効果を論じるのでは不十分であると言えよう。なぜなら、AAに対する抵抗勢力の中心には、生活の場で黒人と競合の起こりやすい白人労働者階級がいるからである。政治や社会の民主的変革が、まさに草の根での共同意識を土台とするものであると同様に、変革への反動も、時として草の根の民衆から沸き起こる。1960年代市民権運動は、南部黒人運動と北部労働運動を結びつけ、社会変革の機運を見せたにもかかわらず、結果的に、1960年代は未曽有の都市暴動で終わり、「サイレント・マジョリティ」が生まれている。市民権運動の成果としてのAAと白人労働者階級のこれへの抵抗という矛盾の、より具体的な解明が必要であると言えよう。

　この問題に関しては、1990年代中葉以降のトマス・スグルーの研究が、「市民権運動史」の文脈から議論している。彼は、市民権運動の主舞台を「北部」大都市に設定し、都市住民の草の根レベルでのコンフリクトの問題として、

雇用における AA の歴史を再検証し、特に白人労働者階級の AA への抵抗の論理に光を当て、今日の黒人の困窮の責任の多くを、白人労働者の人種的特権意識に帰している[41]。スグルーによれば、労働組合を基軸に、シニオリティ・システムやクローズド・ショップを盾にして既得権擁護に奔走する白人労働者は、AA の実施によって、「白人としての地位（niche of whiteness）」が侵害されることを恐れていた。AA や居住地の人種差別的境界線の撤廃に、時には「暴力」をもって抵抗したのは、両大戦間期から第二次世界大戦後のアメリカ経済と社会の大変容の荒波を生き延びてきた後発の移民集団の「防衛的な」人種意識であった[42]。都市白人住民のこのような人種意識の根は深く、市民権運動の発展、ジョンソン大統領の「偉大な社会」、「ブラック・パワー」と「長く熱い夏」などの「1960 年代の動乱」に対する反発というより、もっと以前、1930 年代に源があるとスグルーは分析する[43]。

　それゆえ、白人労働者の AA 反対は、単なる人種差別論ではとどまらない。なぜなら、スグルーが的確に指摘したように、白人労働者が固執した「雇用の安定」は、ニュー・ディール期に獲得された「労働者の権利」に由来するものであり、一方、黒人労働者の多くが、この時期、全国労働関連法（ワグナー法[44]）をはじめとして、各種の手当、失業保険、年金などの経済的保障の埒外に置かれてきた経緯があるからである。1960 年代、北部都市の黒人労働者が「労働者の権利」への「平等」なアクセスの保障を政府に求めたとき、その具体的施策たる AA をめぐって、労働現場は、「ふたつの権利要求」、すなわち、白人労働者の「雇用安定の権利」と黒人の「平等の権利」がぶつかり合う人種間闘争の場と化したとスグルーは論じている。

　しかしながら、スグルーの言う「ふたつの権利＝平等と安定」は、労働者の権利として本来矛盾するものではない。労働者階級にはその両方が必要であり、彼らはこれを要求してきた。1963 年のワシントン大行進のスローガンは「仕事と自由」であったし、1964 年市民権法成立後の市民権運動の共通の認識は、実体のある社会的・経済的平等であった。白人労働者は「安定」を、黒人労働者は「平等」を要求したという単純な構図のみで、AA とこれが惹起した地域闘争の意味を十分に説明することはできない。人種意識の根

は 1940 年代以前に求められるとしても、1960 年代という「第二の再建期」を経た、1960 年代末の AA をめぐる紛争は、さらに重層的かつ複雑な葛藤であったと言えよう。

　重層化という視点から市民権後の AA をめぐる紛争を再検討することによって、これまで AA 研究が看過してきた以下の三つの論点が浮かび上がる。第一に、AA をめぐる対立の中で、民主党の支持基盤であった、黒人を中心とした市民権運動勢力と労働組合運動は、決定的に離反したのかという問いである。ポール・モレノは、AA の導入によって、労働運動と市民権運動の関係は 1970 年には「第二次世界大戦後最悪の段階」に至ったとしながらも、現実には、黒人労働者は労働組合運動の主要な構成要素なのであり、黒人と労働組合の単純な対立を前提とする議論は意味をなさないと論じている。実際、黒人労働者の組合組織率は 1970 年代から 1980 年代に着実に拡大している[45]。

　第二に、1960 年代末、労働現場や地域コミュニティでは、階級か人種かの二者択一ではなく、これらを統一的に捉えようとする努力も行われていたことである。バイヤード・ラスティン等の AA 批判は、なぜ市民権勢力に無視されたのだろうか[46]。また、市民権運動と労働運動にくさびを打ち込んだと言われる 1969 年「改訂フィラデルフィア・プラン（以下、RPP）」論争の舞台であったフィラデルフィアにおいても、市民レベルでの協働は生き残り、1980 年代初頭に黒人市長を誕生させている[47]。ローカルな政治変革のための協働を追求する流れの存在を見失ってはならないのではないか。2008 年の黒人大統領の誕生はこの流れの先にあったと言えよう。

　第三に、スグルーやモレノが軽視、ないしは無視している重要な問題がある。1960 年代末に、黒人として一つに括れない階層分化が存在したことである。黒人の自立・分離を叫ぶブラック・パワー勢力の中にも、すでに同様の「乖離」があった。AA は、インナー・シティのアンダークラス、最下層の労働者の要求というよりは、黒人の中でも中流に属する人々からの、管理的・専門的職種への参入要求に応えるものであった。この意味で、AA はインナー・シティのアンダークラスに政策立案者が目を向けることを妨げた、

不完全な方策であったというウィルソンの主張には説得力がある。他方で、マニング・マラブルは、資本主義的差別構造を温存したままのアメリカ社会への統合はありえないとして、社会変革のためには白人労働者階級との協働が必要であるとも主張する。マルコムXをはじめとする黒人ナショナリストは、アメリカ社会そのものの変革を主張し、彼らの主張は社会主義的ですらあったとしているのである[48]。実際、「ブラック・パワー」のスローガンは、1966年には53.5％に達していた（白人は24.8％）黒人貧困層を捉えた。北部大都市の黒人コミュニティの自立化や自助という草の根的な運動に、彼らが貢献したことは確かである。ただし、「ブラック・パワー」は「ブラック・キャピタリズム」に呼応する潮流でもあった。AAによる恩恵を受けたとされる「黒人の中のすでに有利であった部分」が強力なAA支持層であったが、中産階級化した彼らは、インナー・シティからの脱却を果たした者も多く存在し、1960年代に市民権を共に戦った黒人貧困層を他者化しようとしていた。

　1970年代以降、AAは地域レベルで、単純な白人対黒人の図式にはまらない人種間、ないしは人種内コンフリクトを数多く惹起してきた。特に1980年代以降、経済的格差が昂進する中でこの問題が表面化する。W・エイヴォン・ドレイクとロバート・D・ホルスワースは、南部ヴァージニア州リッチモンドにおいて、人種統合学校の推進や投票権獲得運動などの市民権運動を牽引した黒人中産階級が、政治権力を掌握する過程で白人保守層と妥協し、AAを土台に利権の追求に走る様を検証して批判した[49]。また、アドルフ・リードは、1980年以降、連邦や地方自治体のAAによって輩出された黒人の経済・政治エリートの多くを新保守主義と捉える。彼らは、自己の地位保全と利益追求のために経済成長路線は不可欠であるとして、白人保守派、ビジネス勢力と容易に妥協し、都市住民、特に貧困地域住民——多くは黒人住民である——の生活に関わる政策には無関心になってゆく。1960年代の市民権運動の担い手であった地域の市民権活動家が、市民権以後の時期に急速に保守化したとリードは指摘する[50]。

4　本書の課題と構成

　前節では、市民権以後も克服されない黒人の貧困とAAの関係を究明しようとした先行研究を概観してきた。これまでの研究の動向から言えることは、AAとは、1960年代末に市民権運動の成果として導入された人種差別是正のための特別な措置であると簡単に措定するだけでは不十分であるということだろう。こうした安易な定義は、その果たしてきた役割の誤解につながるだけである。同時に、現行AAに対する是非の議論だけでは、AAの一側面の強調に終わってしまう危険性もある。よって、本書では、AAの原点（1960年代末）に立ち返ることによって、AAが孕むことを余儀なくされた二面性——諸刃の剣——が何であるのかを示したい。

　AAに関するこれまでの研究において、AAの果たしてきた政治的・経済的役割についての分析、また、AAをめぐる裁判やその判決に対する法学的知見、そしてAAに対する道徳的・思想的評論については、余りあるほどの蓄積がある。しかしながら、AAが実施された労働現場での紛争や混乱に踏み込んで検証したものは、散見するのみである。特にAA発足の原点での、いわば、市民権運動内部での紛争を、AAに反対した側から見直した研究はほとんど皆無と言ってもよい[51]。

　そこで、本書では、1960年代「第二の再建期」以後のアメリカ社会におけるAAの意味を問い直すために、以下四点の問題関心と目的を持って議論を進めていく。

　まず、第一に、アメリカ政治史におけるAAの含意を、1960年代以前に遡ることによって問い直し、AAの本質に立ち返ることを提案したい。そうすることで、AAとは国民国家による、国民の生活への関与、すなわち福祉国家的課題であったということが明らかになるであろう[52]。また、AAを長期的な展望の下に見直すことで、19世紀以来のアメリカにおけるAA政策の発展が、国家による国民の境界線の再編と結びついており、国民の境界を

拡大し、国家が庇護すべき人々を拡大してきた歴史と重なることを確認したい。（第1章）

　第二は、現代 AA とは異なる AA——AA の別の可能性——を歴史の中に探ることである。ペンシルヴァニア州フィラデルフィアでは、1960 年代初頭から、スグルーの言う「下からの AA」を求める運動が盛り上がり、フィラデルフィアは、連邦 AA の先駆けとなった市条例を 1963 年に制定している。第 2 章では、スグルーを参考にしながら、異なる角度、協働の視点から、AA を求めた黒人市民の闘争を検討することを試みる。フィラデルフィア市民は、必ずしも連邦フィラデルフィア・プランを後追いしていたのではない。自らのコミュニティの政治的力量・力関係・市民的利益などに配慮した AA を追求した。この運動は、冷戦下の市民権問題対策という政府の枠組みをのりこえ、南部市民権運動の掲げた「非暴力・直接行動」という原則を北部大都市の雇用平等を追求する運動に適用したものだった。すなわち、対立ではなく協働の模索から AA という選択肢が生まれたのである。（第 2 章）

　第三に、1960 年代末、AA が市民の対立の火種になったことに注目したい。1960 年代市民権運動の高まりのなかで、黒人市民自らが、「市民権」の内容と「平等」をどのように捉えていたのか、それは AA 政策とどのようなかかわりを持ったのか、また、AA 反対を唱えた白人労働者階級は、なぜ反対したのかを検討する。この問題では、フィラデルフィア・プラン反対の議論を展開したアメリカ労働総同盟・産業別組合会議（American Federation of Labor and Congress of Industrial Organization：AFL-CIO）の動向を追う。このことによって、AA の孕む二面性が浮かび上がるであろう。AA の二面性とは、人種差別を断ち切るための剣でありながら、他方で手をつなぐべき労働者に血を流すことも要求するという「諸刃の剣」の役割である。1969 年にニクソン政権が導入しようとした「改訂フィラデルフィア・プラン（RPP）」を検討することによって、現代 AA の孕むこの問題点を明らかにする。（第 3 章、第 4 章）

　第四に、アメリカ黒人は AA によって何を得たのか、または何を失ったのかについて、1970 年代以降の AA 実施の有り様を事例的に提示して考える。

序章

　ここでは、1989 年に連邦最高裁判所で違憲判決を受けた、ヴァージニア州リッチモンドの AA、リッチモンド・プランに焦点を当てる。そうすることで、1970 年代以降の「諸刃の剣」をもった AA が果たした役割を検証し、現代 AA は必ずしも「積極的差別是正」のための政策とは言えないことを明らかにしたい。（第 5 章）

　以上の分析を通して、市民権期以降のアメリカ社会において人種平等を実現させるための切り札とされた AA の本質を炙り出す。AA 政策の実施から 50 年が経過しても、なお、アメリカ社会は深刻な人種の溝に悩まされ、傷ついている。本書は、アメリカ社会の病理に対する処方箋を提示するものではないが、AA を歴史的考察の俎上に載せることによって、病の淵源に迫ろうとするものである。

注

1) 「第二の再建期 the Second Reconstruction」。C. Van Woodward, *The Strange Career of Jim Crow*, Oxford University Press, 2002（清水博・長田豊臣・有賀貞訳『アメリカ人種差別の歴史』福村出版、1998 年）。南北戦争後の 1863 年から 1877 年までは「南部再建期」と呼ばれるが、ウッドワードは、この書の第三版で 1960 年代（市民権運動期）について「第二の再建期」であるとした。
2) 本書では、アフリカ系アメリカ人について黒人と表記している。ただし、人種の規定が歴史的であると同時に人種を表す語も歴史的である。史料の中では、「非白人（non white）」「有色人（colored people）」「黒人（negro）」など時代を反映した語で表記されている。これらについては本書でも訳語で表記した。
3) ジョンソン大統領のハワード大学の演説「平等とは単に権利や理論上のものではなく、事実としての、また、結果としての平等である」は、AA の基本的理念となった。President Lyndon B. Johnson's Commencement Address at Howard University: "To Fulfill These Rights" http://www.lbjlib.utexas.edu/johnson/archives.hom/speeches.hom/650604.asp（2012 年 8 月アクセス）
4) 市民権法第七編（Title VII of the Civil Rights Act of 1964）はこれらの差別を禁じた。第七編は、AA の根拠となった法律である。
5) 「アフリカ系　増す発言力」『朝日新聞』2012 年 10 月 27 日。
6) REVISED ORDER NUMBER 4, U. S. DEPARTMENT OF LABOR, OFFICE OF FEDERAL CONTRACT COMPLIANCE, Washington D. C. Reprint from FEDERAL REGISTER, VOL. 36, No. 234-Saturday, December 4, 1971. 「アファーマティブ・アクションとは、特別な結果を求める

一連の手続きであり、その手続きは契約者の誠実な努力を求めている。この手続きと努力の目的とは雇用機会の平等である。誠実な努力を伴わない単なる手続きは無意味であり、また具体的かつ意味のある手続きを経ない努力は不適切なものとなる。許容されうるアファーマティブ・アクション・プログラムというものの内容は、契約者によるマイノリティと女性の不十分な活用分野の分析、契約者の誠実な努力によるその不十分さの是正、さらに、その不十分さが存在する職域のすべての分野において彼らの活用を著しく増大させるための目標値の設定と時間表を含むものである」John E. Fleming, *The Case for Affirmative Action for Blacks in Higher Education*, 1978, pp. 342-357, Appendix B にも掲載。

7) AA が実際にどのように実施されてきたかに関しては、横田耕一『アメリカの平等雇用―アファーマティブ・アクション』部落解放研究所、1991 年が簡潔な解説をしている。

8) 2012 年現在、カリフォルニア州他、8 州が AA 政策を廃止した。

9) "In Poll, Americans Reject Means But Not Ends of Racial Diversity," *New York Times,* December 14, 1997.

10) Jennifer Lee, *Civility in the City, Blacks, Jews, and Koreans in Urban America*, Harvard University Press, 2002.

11) ブッシュ政権下における 2000 年 9 月 11 日の爆弾テロ事件からイラク戦争の開始時期。

12) Barbara R. Arwine, J. D., "The Battle Over Affirmative Action: Legal Challenge and Outlook," in National Urban League, *The State of Black America 2007*, Beckham Publication Group, 2007, pp. 159-172.

13) 「アフリカ系 増す発言力」『朝日新聞』2012 年 10 月 27 日。ただし、この記事の中では、「失業率 13.4％ 白人の 2 倍 残る差別 暮らしは悪化…景気悪化が特に黒人達にしわ寄せをもたらしている」ともある。

14) Ward Connerly, "What Happened to Post-Racial America? Affirmative Action is Flourishing, Undermining the Color-Blind Vision of Kennedy and King," *The Wall Street Journal*, October 4, 2011.

15) 1967 年ジョンソン大統領によって設置された「都市暴動に関する国家諮問委員会（National Advisory Commission on Civil Disorders：通称カーナー委員会）」は、翌 1968 年 2 月にその報告書を提出した。カーナー委員会報告は、その結論部分で、「国民社会は、二つの、ますます相互に分離したアメリカに急速に別れつつある。この分離は、来る 20 年の間に結合することはがほとんど不可能なほどに広がる可能性がある。そのひとつは、主として郊外や比較的小さな都市の中心や大都市の中心から外れた周辺地域にある白人社会である。もうひとつは、ほとんどが大都市の中心部に集中した黒人社会である」とした。

16) 語源は、Thomas Sugrue, "Affirmative Action from Below: Civil Rights, the Building Trades, and the Politics of Racial Equality in the Urban North, 1945-1969," *The Journal of American History Vol. 91 No. 1,* June 2004 より。

17) David Leonhardt, "Rethinking Affirmative Action," *New York Times*, October 13, 2012.

18) もっとも、サンデルは AA 論争の結論をここで提供しているわけではない。Michael J. Sandel, *Justice: What's the Right Thing to Do?*, Farrar, Straus and Giroux, 2010, pp. 167-183.（鬼澤忍訳『これからの「正義」の話をしよう いまを生き延びるための哲学』早川書房、2010 年、264-289 頁。）

19) クリスタル・N・フェイムスター（安井倫子訳）「変わる歴史：アフリカ系アメリカ人の大

統領の誕生」『歴史科学200号』大阪歴史科学協議会、2010年、80-81頁。

20) Shelby Steele, *The Content of Our Character: A New Vision of Race in America*, Harper Collins Publisher, 1990（李　隆訳『黒い憂鬱——90年代アメリカの新しい人種関係』五月書房、1994年）；シェルビー・スティール（松本剛史訳）『オバマの孤独』青志社、2008年；同（藤永康政訳）『白い罪——公民権運動はなぜ敗北したか』径書房、2011年。

21) "President Obama's Success," *New York Times*, November 6, 2012. この記事は「金持ちの多くはロムニー氏に投票し、貧乏人がオバマ氏に投票した」と述べる。

22) 古矢旬『ブッシュからオバマへ——アメリカ変革のゆくえ』岩波書店、2010年、246頁。

23) "Affirmative Action: the Rulings on Administration's Policy at the University of Michigan, June 16, 2003," *The Black Scholar*, Vol. 33 No. 3/4, Black World Foundation, 2003 は、ミシガン大学のAAに対する二つの最高裁判所判決（2003年）を特集で取り上げている。ここでの議論の基調は、AAは過去の差別による不利益に対する救済措置ではなく、現代的差別による不利益（貧困）に対する救済措置だとの立場である。ディヴィッド・K・シプラー（盛岡孝二他訳）『ワーキング・プア——アメリカの下層社会』岩波書店、2007年も参照。

24) Thomas Sowell, *Affirmative Action around the World: An Empirical Study*, Yale University Press 2004. 以下も参照。Id., *The Economics and Policies of Race: an International Perspective*（New York: Quill 1983）.

25) Jonathan J. Bean, *Big Government and Affirmative Action: the Scandalous History of the Small Business Administration,* The University Press of Kentucky, 2001.

26) *Ibid.*, pp. 79-80.

27) 大塚秀之『現代アメリカ社会論——階級・人種・エスニシティからの分析——』大月書店、2001年、33-59頁。大塚は「現代アメリカの病理」として、①「ヨーロッパ人による植民国家として出発したアメリカ合衆国の歴史的特質である人種差別と、その観念的反映である人種主義の存在」と②「致富のあくなき追求が至高の原理に高められ、ほかの原理によって抑制されたり拮抗されることなく、自らを貫徹させえたという歴史的背景」の二点をあげている。

28) ケヴィン・フィリップス（吉田利子訳）『富と貧困の政治学——共和党政権はアメリカをどう変えたか』草思社、1992年。

29) 前掲書、58頁。

30) 小林由美『超格差社会アメリカの真実』日経BP社、2006年。以下も参照。斎藤眞、古矢旬『アメリカ政治外交史　第二版』東京大学出版会、2012年。古矢は、民主党オバマ政権の登場後もこの保守的潮流が衰退したとは言えないが、これに反対する、経済の民主化を謳う草の根の運動が勃興しているとして、2012年大統領選挙を、「二大政党間の政権争奪戦という形をとった二つのアメリカ・デモクラシー像の競い合い」と分析している（279-340頁）。

31) William Julius Wilson, *The Declining Significance of Race: Blacks and Changing American Institutions,* University of Chicago Press, 1978; id, *The Truly Disadvantaged: The Inner City, the Underclass, and Public Policy*（Chicago: University of Chicago Press, 1987）. 青木秀男監訳『アメリカのアンダークラス——本当に不利な立場に置かれた人々』明石書店、1999年。

32) John David Skrentny, *The Ironies of Affirmative Action: Politics, Culture, and Justice in America*, University of Chicago Press, 1996. 以下も参照。Hugh Davis Graham, *The Civil Rights Era: Origins and Development of National Policy 1960-1972*, Oxford University Press, 1990. 特に、

Chapter XI From Johnson to Nixon: The Irony of the Philadelphia Plan を見よ。
33) Skrentny, *op. cit.,* p. iv.
34) *Ibid.*, pp. 67-110.
35) トマス・エドソール、メアリー・エドソール（飛田茂雄訳）『争うアメリカ 人種・権利・税金』みすず書房、1995年、75-116頁。
36) Kevin P. Philips, *The Emerging Republican Majority*, Anchor Books, 1970.
37) Skrentny, *op. cit.*, p. 101.
38) この時期、都市の名前を冠したAAプランが連邦政府によって次々に提案された。連邦資金投入による建設事業におけるマイノリティ労働者の雇用の増加を目的とした、都市ごとのAA政策であった。「フィラデルフィア・プラン」と「労働長官命令第四号」については第3章、第4章において後述する。
39) 英文では、"a conservative measure, a cheap, easy, alternative to the more elaborate efforts at creating African American equality" とある。Kevin L. Yuill, *Richard Nixon and the Rise of Affirmative Action: the Pursuit of Racial Equality in an Era of Limits,* Maryland: Rowman & Littlefield Publishers, Inc., 2006, pp. 135-157.
40) David R. Roediger, *How Race Survived U. S. History: From Settlement and Slavery to the Obama Phenomenon,* Verso, 2008, pp. 200-201. OEOは貧困層の人々自身が参加するプログラムの実施を目標に掲げ、自治体、コミュニティ、労働組合などの職業教育、地域改善プログラム、就業支援などを援助した。連邦レベルでは1981年廃止されたが、州・都市レベルでは存続させているところが多い。
41) Thomas J. Sugrue, "Crabgrass-Roots Politics: Race, Rights, and the Reaction against Liberalism in the Urban North, 1940-1964," in *the Journal of American History Vol. 82 No. 2,* September 1995; Id., "The Tangled Roots of Affirmative Action," in *American Behavioral Scientist Volume 41 / Number 7,* April 1998; Id., "Breaking Through: The Troubled Origins of Affirmative Action in the Workplace," in John David Skrentny (ed.), *Color Lines: Affirmative Action, Immigration, and Civil Rights Options for America,* University of Chicago Press, 2001; Id., "Affirmative Action from Below: Civil Rights, the Building Trades, and the Politics of Racial Equality in the Urban North, 1945-1969," *The Journal of American History Vol. 91 No. 1,* June 2004; Id., *Sweet Land of Liberty; The Forgotten Struggles for Civil Rights in the North,* Random House, 2008.
42) Thomas J. Sugrue, *The Origin of the Urban Crisis: Race and Inequality in Postwar Detroit* Princeton University Press, 1996（川島正樹訳『アメリカの都市危機と「アンダークラス」自動車都市デトロイトの戦後史』明石書店、2002年）。以下も参照。川島正樹『アメリカ市民権運動の歴史――連鎖する地域闘争と合衆国社会――』名古屋大学出版会、2008年。
43) Sugrue, *Origin of Urban Crisis*, pp. 266-267.
44) National Labor Relations Act, 1935. 起案した民主党の上院議員ロバート・F・ワグナーにちなんでワグナー法と呼ばれる。労働者の団結権、団体交渉権を保証し、この法律に反する雇用者の行為を不当労働行為として処罰するという、最も労働者の立場に立った法律であると言われている。
45) Paul D. Moreno, *Black Americans and Organized Labor: A New History,* Louisiana State University Press, 2006, pp. 206-284.
46) バイヤード・ラスティン（1912-1987）は、クエーカー教徒として、非暴力・不服従の市民

権運動を貫き、M・L・キング牧師の相談役であった。1963年ワシントン大行進の組織者であり、ディレクターの役割を果たしたことで知られている。参照、James Haskins, *Bayard Rustin: Behind the Scenes of the Civil Rights Movement,* Hyperion Books for Children, 1997。Bayard Rustin, "The Blacks and the Unions," *Harper's Magazine*, 1971, reprinted from Down the Line, the collected writings of Bayard Rustin, Quadrangle Books 1971.（http://www.socialdemocrats.org/blktu.html）以下も参照。Gilbert Jonas, *Freedom's Sword, the NAACP and the Struggle against Racism in America, 1909-1969,* Routledge, 2005, pp. 231-301.

47) Richard A. Keiser, "The Rise of a Biracial Coalition in Philadelphia," in Rufus P. Browning, Dale Rogers Marshal and David H. Tabb（edit.）, *Racial Politics in American Cities*, Longman, 1990.

48) Manning Marable, *Race, Reform, and Rebellion: the Second Reconstruction and Beyond in Black America, 1945-2006*（Third Edition）, University Press of Mississippi, 2007, pp. 86-113.

49) W. Avon Drake and Robert D. Holsworth, *Affirmative Action and the Stalled Quest for Black Progress,* University of Illinois Press, 1996. 以下も参照。Lewis A. Randolph and Gayle T. Tate, *Rights for a Season: the Politics of Race, Class, and Gender in Richmond*, Virginia, University of Tennessee Press, 2003.

50) Adolph Reed Jr., *Stirrings in the Jug: Black Politics in the Post-Segregation Era,* University of Minnesota Press, 1999.

51) 該当するのはスグルーの研究業績であるが、ここでも、AA反対勢力については、白人建設労働者とするのみである。

52) 篠田徹「現代アメリカ労働運動の歴史的課題――未完の階級的人種交叉連合――」荒川敏光・篠田徹編『労働と福祉国家の可能性――労働運動再生の国際比較』ミネルヴァ書房、2009年、81-96頁。

第 1 章
アファーマティブ・アクションの系譜
—— 歴史に現れた三つの先例 ——

はじめに

　本章では、再建期から 1960 年代初頭までを対象として、現行 AA の前史を紹介し、その概念に関連する議論を整理する。現行 AA は 1960 年代末に始まり、その起源はケネディ大統領の 1961 年 EO10925 にあるとされている。本章では、ケネディ EO10925 に至る「AA 前史」とも言える政治過程を概観し、これによって、1960 年代末から今日に至る AA の新しい意味を問い直す。

　1970 年代以降の AA は、「積極的差別是正」のためのマイノリティ優遇を含意している。その結果、AA 政策をめぐる議論は、「優遇」の是非を焦点として展開された。これは、ジョンソン大統領が、1964 年市民権法だけではこれまで差別されてきた人々の平等を保障するための措置として不十分であるとの観点から、「補償的措置」として AA の実施を政府や雇用者に求めたことに由来している。しかしながら、アメリカ合衆国において、社会的弱者に対する政府の積極的関与という意味での AA 政策の歴史はそれほど新しくはない。たとえば、ジョン・デイヴィッド・スクレントニーが、AA という言葉が 1935 年の「労働関係法（ワグナー法）」の中で最初に使われたと指摘しているほか、フィリップ・ルビオは「AA」という言葉の源流を、1871 年再建期の連邦議会の議論にまでさかのぼっている[1]。

　こうした AA を検討すると、それぞれの時代の社会的コンテクストの中で、それらは大きく異なる意味内容を持っていたと同時に、共通点もあったことがわかる。共通点とは、いずれの時代の AA も、政府による、弱者、ないしは不利な立場に置かれたものに対する支援的措置であったことである。また一方で、いずれの政策にも根強い反対勢力があったことも確認できる。政府の「積極的措置」が国民全体の支持を得ることがなかったのはなぜだろうか。この問いに答えるために、本章では、1964 年市民権法以前に現れた三つの AA 政策について、それらがどのような歴史的コンテクストの中で提

案され、どのように実施され、市民生活にどのような影響をもたらしたのかを検討する。

　AAに関する研究は、この施策が現在もなお実効を持つ法律に基づく政策であり、たびたびその適用の是非をめぐって裁判で争われていることから、法学・社会学・心理学・政策研究などの分野でも扱われてきた[2]。また、AAが歴史の分野で扱われる場合も、市民権運動期を起点にする研究が大半である。これに対し、先にあげたフィリップ・ルビオの研究は、AAの歴史を17世紀初頭にまでさかのぼった。彼のAA史とは、合衆国の建国前からの白人、及び、特権としての白人性に対する、平等を獲得するための非白人の闘いの連続としての歴史であり、AAが要求した「人種的平等」に対する白人アメリカ人の対応に焦点を当てたものである。しかし、AAの起源をアメリカ植民地時代の始まりにまでさかのぼるというルビオの歴史認識は、あまりにも現代のAAの含意するものとは離齬をきたすと言わざるを得ない。現代AAは、国民国家による国民生活への関与の問題が根底にあるからである。

　本章では、ルビオのAA史を参考にしつつ、1）南部再建期（1860年代）、2）ワグナー法（1935年）、3）ケネディ大統領行政命令（1961年）に現れたAAを分析する。南北戦争後、アメリカが国民国家として成長する中で、社会的弱者にどう関わろうとしたのかという視点から、AAを捉え直すためである。市民権法以前の三つのAAがそれぞれ異なる社会的・政策的意味を持ったものであるという観点から、現代の「AA」との関連性を検討し、さらにそのことによって、現行AAの特殊性とその問題点を浮かび上がらせたい。

南部再建期（1860年代）
—— アファーマティブ・アクションの源流 ——

　AAを、南北戦争後の再建期にまでさかのぼって最初に検討したのは、1978年にバッキ裁判の判決を下した連邦最高裁判所判事の一人であったサーグッド・マーシャルであった。彼は、再建期の解放民局法をAAと捉え、次のように述べている。

> 憲法修正第14条が、黒人に対する国家による過去の扱いの結果を修復するために策定される様々な方法を禁ずることを意図していたものではないということは明らかである。14条を可決した議会は、1866年の解放民局法を可決したのと同じ議会であった。この法律は、黒人だけに多くの救済措置を提供するものであった。…南北戦争終了後、わが政府はいくつかの「アファーマティブ・アクション・プログラム」を開始したのである[3]。

　マーシャルの発言を道標として、ルビオは再建期の下院議員の発言の中にAAという語句を発見したと述べる。ルビオによれば、1871年クー・クラックス・クラン法に関する下院の討論で、共和党下院議員ジョン・コバーン（インディアナ州）が、以下のようにこの語句を使用し、クー・クラックス・クラン法の必要性を主張した。

> 州法のみが、（黒人の：筆者補足）保護を拒否する手段ではない。州は、法的措置によらずとも、積極的行動（affirmative action）によって、一部の人々から投票、商業活動、武器の所持などの権利を奪う可能性がある[4]。

　上記の文言からは、このAAという語そのものが、黒人優遇のためのAAを意味していないことがわかる。ここで使われたAAという語の意味内容は、民衆の（folkloric）慣習的（archetypal）な人種差別的行動を州が認める

行為である。ただし、コバーンがAAという語を用いたのは、彼の単なる思い付きではなかった。特に「積極的 affirmative」という語については、1871年以前の南部再建に関する議会の論議の中で頻繁に登場し、それらはすべて、連邦による黒人市民権・生存権を擁護するための「積極的」施策を意味していた。コバーンはこれを承知で、敢えてAAという語を使ったという。マーシャルと同様にルビオも、近代的国家の施策としてのAAの起源を再建期に求めているのである[5]。

　再建期におけるAA実施の障害となったのは、「奴隷解放」後の合衆国の未来について、南部と北部の間ではもちろん、北部共和党の中でも、意見の食い違いがあったことだった。解放された奴隷に白人と平等の権利や市民権を与えるというコンセンサスは得られておらず、戦後の混乱の中で「再建」の方向性は揺らいでいたのである。特に、暗殺されたリンカーン大統領を後継したアンドリュー・ジョンソン大統領と共和党急進派との方針の相違は、以後の再建の事業を揺り動かすものとなった。

　連邦政府による解放奴隷救済のためのアファーマティブな措置や援助の妥当性をめぐって議会と大統領は対立関係となった。戦後処理の混乱を予測したリンカーンは、戦争終了後の積極的黒人救済の措置を具体的に推進するための機関として、戦争中の1865年3月に解放民局（Freedmen's Bureau）を軍隊の中に置いた。しかし、リンカーン暗殺後、この存続をめぐって、議会とジョンソン大統領が対立した。1866年、議会は二度の大統領拒否権の行使を乗り越えて、解放民局の解散を2年間延長し、解放民局法を成立させたのである。この時点で、連邦政府は、奴隷の解放と解放された奴隷の生存の保障には、民間の慈善活動や南部プランターの善意などだけではまだ十分ではなく、法や強制力をともなう施策が必要であることを認識した。すなわち、解放奴隷は軍隊によって保護されるべき存在と認識されたのである[6]。

　再建期のAAは解放民局によって展開され、解放民局は軍の管轄下に置かれた。このことは二つのことを意味した。解放民局が「強制力」を持つということと、戦後処理的「臨時的」な設置部局であったということである。解放民局長にはオリヴァー・O・ハワード陸軍大将が任命された。ハワードは

軍人であり、その組織も軍隊的規律の下で動いた。解放民局は、連邦政府の方針を忠実に迅速に行う機関としての役割を果たそうとした[7]。解放民局の正式名称は「難民、解放民、放棄地局（Bureau of Refuges, Freedmen and Abandoned Lands）」とされた。その名称が示すように、解放民局の取り組みは多岐にわたっている。もとより南部は戦後の混乱の極みにあった。ハワードが見たのは、「おかしな混乱——小君主たち、共産主義的実験、奴隷制、懲罰労働制（peonage）、投機的事業、慈善組織、個人的慈善行為などの混在——であり、すべてのことは、自由民を助けるという名目で、よたよたと進められ、また、すべてが戦争の硝煙と血、人々の呪いの言葉と沈黙の中で執り行われた[8]」。

このような混乱の中で始まった解放民局の事業は困難を極めた。解放奴隷のみならず、接収された農地からの退去を余儀なくされたプア・ホワイト農民の処遇・雇用問題、投票権の保証、解放奴隷の学校設置、そして南部元プランターたちの監督も行わなければならなかった。デュボイスは、解放民局が「封建的農業から近代的農業と産業へ白人と黒人の労働者を移行させるための、政府による救済と指導」というアメリカ史上初めての試みを行う機関であったと述べている[9]。

解放民局が取り組むべきもっとも緊急かつ困難な課題は、土地と投票権を解放民に与えることであったが、実際には、土地分与について解放民局は何もできないに等しかった。解放民は時には武装してバリケードを築き、元プランターの土地の所有権を主張し白人農民と対峙した。間に入った解放民局は「契約」に基づく土地の所有を進めようとしたが、多くは失敗している[10]。また、黒人の投票権の行使を進める上でも、解放民局は激しい抵抗に直面した。1868年に憲法修正第14条、1870年には15条が成立し、黒人の投票権は法的に確立したが、実際には黒人の投票はあらゆる手段で妨害された。彼らは「粗暴、腐敗（買収に応じる）、無能である」と喧伝され、暴力的反乱、排除は南部のいたるところで起こった。憲法修正前の1867年には早くも白人至上主義団体クー・クラックス・クランが結成され、投票しようとする黒人を威嚇した。黒人は、解放民局という軍隊に守られながら投票しなければ

ならなかったのである。黒人の投票を護衛する解放民局は南部人の敵意にさらされた[11]。

　解放民局は 1868 年末には姿を消すことになる。解放民局が取り組んだ土地問題、労働・雇用問題、投票権の保障の重要課題は未達成であった[12]。さらに、1877 年、北軍の南部からの撤退をもって、再建期は終わりを告げる。1870 年代末には、奴隷制に代わる小作制度が南部の綿花生産の発展を担い、また政治的にも黒人と貧困白人の選挙権を実質剥奪する州法を制定する州が増加した。19 世紀末から 20 世紀にかけて、ジム・クロウ法と呼ばれる人種隔離制度が確立し、南部諸州においては黒人の市民権剥奪のみならず、居住地域から公共施設、学校、交通機関に至る生活のすべての局面での人種隔離が制度化され、南部諸州では 1964 年の市民権法成立まで、ほとんど完全な人種隔離体制が敷かれることになった。もちろん、その確立の速度、度合いは州・地方・都市によって大きな差はあるが、基本的には「奴隷制への逆戻り」、ある意味ではそれ以上に過酷な人種主義に基づいたジム・クロウ体制が南部を席巻した[13]。

　以上、南北戦争後のいわゆる再建期に AA そのものを担った政府機関としての解放民局の活動を見てきた。再建期の解放民局による AA の実施は、南北戦争が戦われた奴隷解放という意味・目的を実現するためのものであった。ところが、解放民局が行おうとしたことは、合衆国が南部の統合を果たし、近代的国民国家形成を進める方向とは必ずしも一致していなかった。AA の抵抗勢力は、南部白人プランターのみならず、再建の末期には連邦政府そのものとなった。アメリカは、むしろ人種主義的な国家統合の方向を選択し、その国民を皮膚の色によって選別する国民国家となっていた。

　19 世紀の末には、「同じ人種に属していない」、また、「非常に異なっている」人々とは、「一つの政治共同体を構成すべきではない」という論理が、フレデリック・ダグラスの、アメリカは「複合国民」の国家となる運命であるという議論をかき消した[14]。憲法修正第 13 条、14 条、15 条によって、国家や公的機関による差別は禁止されたが、「新たな人種主義的制度の構築と人種思想」は、19 世紀末のアメリカではかえって強化された。藤川隆男は、

それは「国民の平等が拡張されるプロセスと並行して進んだだけでなく、それと密接に結び付いた現象」であり、「民主的社会における人種差別のあり方」であると述べる[15]。すなわち、国民自身が主体的に人種差別に関わっていったのである。

19世紀末のアメリカ資本主義の未曾有の発展の中で形成された労働者階級は、アメリカの産業や科学の発展を担う階級としての自覚や誇りを「白人」としてのアイデンティティに重ね合わせた。19世紀末に、アメリカの人種関係は大きく展開する。大量に流入することになるヨーロッパからの新移民は、黒人のみならず、アジア系移民との職や富の奪い合いの中で、自らを「白人化」することによって、労働者としてのアメリカの市民権を獲得しようとしたのであった。デイヴィッド・R・ロディガーは、「さらに重要なことは、白人であることの喜びは白人労働者にとっては報酬（wages）として機能するのだという考えである。すなわち、（白）人種であるおかげで与えられた地位や特権は、北部でも南部でも、疎外的であり搾取的な階級関係の埋め合わせに使うことができた。白人労働者は、『奴隷ではなく』『黒人ではない』というアイデンティティを作り上げることによって、自分たちの階級的な位置を定め、また、受け入れることができたのであり、実際そうした（白人性の獲得）」と述べている[16]。

かくて、19世紀の末には、奴隷と自由人という国民の境界線は、白人と非白人という境界線に引きなおされていた。1903年、W・E・B・デュボイスは、著作『黒人の魂』の中で、「20世紀の問題は、カラー・ラインの問題」であると指摘した。

> 黒人は、失望と後退なしには、現在おこっている反動的な傾向と不合理なカラー・ラインの線引きに、いつまでも耐えることはできない。また、黒人の状況が、相も変わらず、いっそうの差別の口実になっている。カラー・ラインを超える知性と共感の連合のみが、共和国のこの決定的に重要な時に、正義と公正に勝利をもたらすことになるであろう[17]。

2　ワグナー法（1935年）
―――「アファーマティブ・アクションは白人のものであった[18]」―――

　次に、1935年ワグナー法に現れたAAを検討する。19世紀末から20世紀初頭は、黒人の北部への移動の時期であった。1870年には合衆国黒人人口の91.5％が南部に居住していたが、1900年には89.5％となり、1930年には78.7％となっている。南部農村地域から北部へ移動した黒人は、ほとんどが大都市地域に居住し、産業労働者となった。彼らは労働の場で直接白人労働者、特に移民労働者と接触し、時には競争相手になった。たびたびアメリカ経済を襲った不況期にはこの競争が激化し、仕事をめぐる人種間の敵意は、職域からの露骨な排除となって表れた。さらに、アメリカの国民統合が進む中で、新たな形での人種差別体制が確立した。アメリカ人という国民の境界、市民権の境界形成の過程で、誰を統合し誰が排除されるのかを特定するという作業が行われ、人種が焦点となった。国民統合と人種主義による排除は表裏一体であり、この時期、「色のついた人々（非白人）」は選り分けられ、国民統合の枠外におかれた。アメリカ黒人は、南北戦争によって奴隷制からは解放され、身分的差別は取り除かれたが、よりいっそう過酷とも言える南部の人種隔離ジム・クロウと北部の社会的・経済的人種差別にさらされていた[19]。

　この時期は、労働運動、女性運動の前進期でもある。19世紀末にはすでに、アメリカ労働総同盟（AFL）が組織され、労働者が階級意識を形成し始めていた。AFLは基本的には職能別組合であったため、大工場が出現し大企業が発展する中で、そこに働く労働者を組織する能力はなく、黒人に対しても公然と排除の方針を掲げていた。

　1905年には、社会主義者が中心となって、世界産業労働者組合（IWW）を結成し、AFLが組織しえない非熟練労働者、農業、林業、港湾などの分野の労働者、さらに女性や非白人労働者を組織しようとした。その後、1920年代の大恐慌を経て、全国各地でこのような労働者の組織化は急速に進み、

AFLの組織方針とは異なる産業別全国組織結成の必要性が自覚されるようになった。この努力が1935年に実を結び、産業別労働組合委員会（後の産業別労働組合会議CIO）が旗を揚げた[20]。

1933年に始まったフランクリン・D・ルーズベルト大統領によるニュー・ディールは、アメリカ資本主義の建て直しの試みであり、その中で労働者・国民の生活の改善と向上のための改革的措置が講じられた。エリック・フォーナーの言葉を借りるならば、ルーズベルトの「指揮下で民主党は、地域主義と州権の砦から幅広い連合へと変貌を遂げ、農民、工業労働者、改革志向的な都市中産階級、リベラルな知識人、そして、幾分不調和な存在ではあるが、白人至上主義的な南部を糾合した。これらの人々はすべて、経済を再建し、アメリカ人に社会保障を与えるための連邦政府の介入を望んでいた[21]」。

人々は、政府に対して国民の経済的自由の確立、「見苦しくない生活と適切な生活保障」、そのための「雇用の保障」をする義務があると考えはじめていた。1935年に結成されたCIOは、非熟練労働者・新移民労働者・非白人労働者を組織し、大資本と対峙できる組合として成長した。CIOの成長の強力な後押しとなったのが1935年の連邦労働関係法（National Labor Relation Act, ワグナー法）である。ワグナー法は、「AA」という言葉を用いて、労働組合員や組合オルグに対する経営者の差別を禁じ、差別なく処遇・配置することを求めていた。ワグナー法には次のように書かれている。

不当労働行為の防止
第10節(c)不当労働行為の訴えが大勢の意見であると委員会が認めた人物に対して、委員会は、その事実認定を申し立て、この人物に対して、このような不当労働行為を停止し、給与償還の有無に関わりなく、従業員の職場復帰を含むアファーマティブ・アクションを執るよう命令し、これに服させる[22]。

ワグナー法は、経営者が労働者の権利を侵害する不当労働行為を行った場合、それを訴追する権限を全国労働関係委員会（NLRB）に与え、そのメン

バーに組合が関与する権限も与えた。この点は以後の AA と対比して考える上でも重要である。再建期の解放民局も軍隊としての強制力を持っていたが、後に述べるように 1960 年代のケネディ EO10925 の実施機関であった雇用機会均等委員会（EEOC）には、訴追権も十分な予算もなかった。ワグナー法は歴史上類を見ない、親労働者的、かつ進歩的な法律だったと言えるだろう。経営者側は反対し、「革命的」であるとまで非難した。

　しかしながら、一連のニュー・ディール期の労働者保護、福利に関する法律及び政策がすべての労働者・国民を対象にしていたとは言えない。農業労働者と家政婦は除外されていた。特にこれらの労働者が多くの割合を占める南部におけるシェア・クロッパーの状況は悲惨であった。白人・黒人合わせて 1,600 万に近い人々は農業労働者、シェア・クロッパーであった。黒人女性の五分の二は家庭外で労働し、そのうちの 85％ は農業労働、または家政婦などの家内労働に従事していた。1937 年には、南部の平均所得は 314 ドルであり、その他の州の平均所得 604 ドルの約半分であった。アメリカの農村の人々の中で、最も惨めであったのは南部の黒人農民だったのである[23]。

　しかも南部では、黒人大衆のほとんどが投票権などの市民権を奪われ、人種隔離状態におかれていた。南部民主党は「堅牢な南部（Solid South）」を誇っており、ルーズベルトによるニュー・ディールが含むリベラルな改革の深化にはことごとく反対した。民主党政権はこの南部の保守派と妥協した。さらに、ニュー・ディール期に労働者が獲得した一連の労働者の権利を擁護する法律から、第二次世界大戦後の復員兵援護法（GI Bill of Rights）に至るまで、その運用について黒人に対しては壁が設けられた。実際、1949 年までは、復員兵援護法は、文字通り人種差別的黒人枠（Negro Quota）を設け、黒人の登録人数を制限していた[24]。

　それでも、ルーズベルト政権によるニュー・ディールは、同時に黒人の運動を勢いづかせた。ハーヴァード・シトコフは、ニュー・ディールが、19世紀末から 20 世紀初頭までのアメリカの人種関係に地殻変動を起こすきっかけになったと述べる。黒人市民も、空前の「大衆運動の時代」に、アメリカ国民としての「働く権利」、「生きる権利」、「投票する権利」、すなわち「市

民として相応の生活をする権利」を行使する自由を獲得するための攻勢的運動を進展させたのだと[25]。

CIOの結成は、黒人の労働運動も励まし、ワグナー法の黒人への適用を求める闘いは前進した[26]。特に、第二次世界大戦を総力戦で闘うための臨戦体制作りのなか、国内における労働者不足は、黒人労働の需要を拡大し、運動には追い風となった。1941年には自動車組合（UAW）がフォードの工場内で黒人労働者の組織化を成功させている。彼ら抜きには「労働者」の団結が図れないとの自覚からである。黒人労働者は、これらの機運の中で、第二次世界大戦のさなかに大きな成果を得ることになる。

ルーズベルト政権は、この戦争を民主主義擁護の正義の戦争であると説き、国民を結束させ総動員することに腐心していた。そうしたなか、1941年、寝台車給仕組合（Brotherhood of Sleeping Car Porters）委員長であったA・フィリップ・ランドルフらによって「ワシントン大行進」が呼びかけられた。ランドルフはルーズベルト大統領が軍需産業における組合・雇用者による人種差別的雇用を止めさせ、軍隊内での隔離を終わらせるための大統領行政命令を出さないならば、1万人の黒人による行進でワシントンを埋め尽くすと宣言した。これによって、ルーズベルトはEO8802を出すことを余儀なくされた。EO8802は次のように述べている。

> よって防衛産業または政府における労働者の雇用において人種、信条、皮膚の色、又は出身国による差別はないものとすることを再確認するとともに、前述の政策とこの命令を推進するために、人種、信条、皮膚の色、又は出身国に基づく差別なしに、防衛産業におけるすべての労働者の完全で公正な参加の体制を整えることは、雇用者と労働組織の義務であることを宣言する[27]。

政権は、政府職員の雇用における人種差別を公式に廃し、また、実際この時期、多くの黒人が国家公務員として雇用された。また、軍需産業における人種差別的雇用も禁じられた。同時に、公正雇用実施委員会（FEPC）が設置されている。EO8802は政府が雇用における差別の存在を認め、この解消

を政府の責任とした点で大きな意味があった。ルーズベルトは1943年にFEPCを大統領直轄とし、労働組合における人種、性、信条による差別を禁じる文言を挿入した。FEPCは第二次世界大戦後も、1960年代にケネディ大統領によって雇用機会均等委員会（EEOC）が作られるまで、冷戦期、連邦のみならず、改革的北部諸州の雇用平等のための諸政策の基本を提供した[28]。

　以上述べてきたように、ニュー・ディール期ワグナー法における「AA」は白人労働者の境遇を改善するためのものであって、19世紀末以来の人種主義的な国民統合の方向を、積極的に変更しようとするものではなかった。1930年代、カラー・ラインは維持されていた。最も不利な立場にあった黒人を中心とする非白人は、元来統合の視野になかったのである。だが、このAAは、文言上、人種に関してニュートラルであった。だからこそ、そのなかで黒人労働者は、ニュー・ディールの視野の中に自らを入れるために、様々な闘いを展開することが可能になった。これらの社会的運動を可能にした背景には、アメリカ国家の大きな転換があった。ニュー・ディール期は、国家が国民の経済活動や生活に直接関わり、責任を持つものであるとされた。特に、国民総動員体制を必要とした第二次世界大戦への参戦は、アメリカの黒人と女性にとって、市民権を獲得するための大きなチャンスとなった。すなわち、女性と黒人は前線でも銃後でもアメリカ民主主義の守り手としての役割を果たしたのである。戦争の終わりには「人種的不平等」が「深刻な問題であり、解決には政府の介入が必要であること[29]」を政府は認めざるを得なくなり、実際、人種問題は、第二次世界大戦後冷戦期アメリカが抱える最大の国内問題となった。アメリカ黒人にとっては、これがワグナー法のAAが残した遺産である。

3 ケネディ大統領行政命令 10925(1961 年)
—— 市民権運動とアファーマティブ・アクション ——

　第三番目の AA は、内と外からの圧力に迫られて始まった。第二次世界大戦後も南部のジム・クロウ体制は続いていたが、多くの南部農村地域の黒人は、雇用を求めて北部に移動し、大都市及びその周辺に移り住み都市労働者となった。1960 年には黒人人口の約 35％が北部で、約 60％が南部で生活していた。

　大戦後すぐにトルーマン大統領は市民権委員会を設置し、人種政策の新しい一歩を踏み出した。次章で触れることになるが、これは、冷戦体制の下で、アメリカの人種差別に対する諸外国、特に「民主主義の競争相手」である社会主義国、アジア・アフリカの新興独立諸国からの非難に対処せざるを得なかったからである。アメリカ政府は、人種差別を「アメリカ民主主義の汚れ(stain)」として処理しようとした。大戦後の人種差別撤廃の動きは、このように、外からの圧力による政府主導で始まったが、第二次世界大戦や朝鮮戦争で人種平等の軍隊経験を経て市民生活にもどった黒人の平等への要求は、政府の抑制的人種政策を乗り越えて、南部でも北部でも市民権運動と雇用平等の闘いを前進させた。国内の黒人自身の運動の圧力も高まったのである[30]。

　北部では都市労働者を中心に、社会的・経済的差別、特に雇用差別や居住区の実質的隔離の撤廃を求めた運動が始まった。彼らは、州や市に公正雇用実施委員会 FEPC を作らせ、これを足場にして運動を進めようとした。北部大都市の雇用平等を求める運動は、地域の全国有色人地位向上協会(以下 NAACP)や全国都市同盟(以下 NUL)などの黒人組織が担うことが多かった。なぜなら、1955 年に合併した AFL-CIO は、いまだ人種平等にはほど遠かったからである。地域闘争の発展によって顕在化してきた黒人労働者及び地域組織と AFL-CIO 傘下の組合の矛盾・対立は、AFL-CIO 指導部も無視できないものとなった。南部市民権運動と北部の黒人労働者の闘いの同時進行

を危惧したケネディ大統領は、EO10925 を発し、政権の黒人問題への懸念を示した。労働組合と市民権運動の両方とも民主党の支持基盤であり、民主党政権は調整役を果たそうとした[31]。

EO10925 は「連邦政府や連邦契約業務において雇用されている、または、雇用を求めているすべての資格のある人々に、人種、信条、皮膚の色、又は出身国に関わりなく平等の機会を設け、保障することは合衆国政府の明白（plain）かつ積極的（positive）責務である」と謳い、「連邦との契約者は『人種、信条、皮膚の色、または国籍に依らずに、志願者が雇用され、従業員が処遇されることを確実に行うためのアファーマティブ・アクション』を執る義務がある[32]」と定めた。黒人差別の問題は南部だけでなく連邦政府の課題であるとの認識を示し、AA の視野はようやく黒人にまで拡大した。

EO10925 に「AA」の文言を挿入したのは、副大統領であったリンドン・ジョンソンに依頼され、大統領行政命令草案作成に参加した若き黒人弁護士ホバート・テイラー[33]であった。彼は前大統領アイゼンハワーによる大統領公正雇用実施委員会（PCEEO）顧問であり、ワグナー法を実施させる立場にあった。EO10925 の AA がこれ以後の AA とは異なり、補償的措置や優遇の意味を含意していないのはこのためであろうと、アイラ・カッツネルソンは述べている[34]。

1950 年代末から始まった南部黒人市民権運動が、市民権問題に関わるようケネディの背中を押したことは間違いないが、大統領行政命令に AA の文言を挿入させたのは、1960 年代初頭の北部大都市の黒人労働者の闘いであった。市民権の問題が、南部というアメリカの遅れた地域の問題ではなく、全国的な課題として自覚されるようになった。M・L・キング牧師は、1961 年に AFL-CIO の大会で、労働組合内の人種差別の存在を指摘し批判しながらも、以下のように労働組合運動と黒人運動の結束を訴えた。

> 黒人は、ほとんど全員が労働者である。…我々が必要としていることは、労働者が必要としていることと同じである。それは、人並みの給与、適正な労働条件、暮らせる住居、老後の生活保障、健康福祉政策、家族が子供を養育し、教

育することができる条件の保障、そしてコミュニティにおいて尊厳を得ることなどである。(中略) 我々が、もし友人としてふるまわず互いの弱点を直視しないなら、『我々は友人だ』と言っても空しいものである[35]。

　キングは、アメリカ民主主義の夢を実現するもっともダイナミックで団結した力は、労働運動と黒人運動であるとして、AFL-CIO に、共通の目的のために共に戦おうと結び、共感の拍手を浴びている。1963 年 8 月、アメリカ史上空前の 20 万人を結集した「ワシントン大行進」は、黒人運動と AFL-CIO による統一行動であった。「ワシントン大行進」の中心スローガンは「すべてのものに仕事と自由を」であった。この時期までに黒人労働者は労働組合内でも無視できない存在に成長していた。

　1964 年の市民権法は、「人種・皮膚の色・宗教・出身国を理由とする差別・隔離」を禁止し、これまで差別されてきた集団の権利を擁護することを連邦政府に求めた。「市民権法第七編」は、1963 年段階の草案では条文に含まれていなかった「雇用平等」に関する規定であり、議会では激しい議論が戦わされた。共和党保守派のみならず、南部民主党議員からも反対討論がなされた[36]。最終的な条文においては「雇用者が人種、皮膚の色、宗教、性別、又は出身国」に基づいて「いかなる個人をも雇用しないこと、解雇すること、または差別することは違法な雇用行為である」と規定されたのである。NAACP、NUL などの市民権推進組織、AFL-CIO が要求してきた職場での差別解消のための法的基盤が実現した。また 1965 年の「投票権法」、「移民法」の改正によって、アメリカ社会の人種関係はさらに新しい展開を見せることになる。

　ケネディ大統領 EO10925 による AA は、政府との契約業者に対して人種差別的雇用を行わないよう要請するものであった。「1964 年市民権法」は、黒人をはじめとする非白人に、アメリカ国民としての平等の権利を認め、これを擁護することを政府に課した。南北戦争後の再建期に達成できなかったこと、その当時には見えていなかった社会・経済・政治のあらゆる場面での人種差別の廃止が国家的課題となった。1960 年代の市民権運動の時期が「第

二の再建期」と呼ばれるのはこのためである[37]。

　ケネディ EO10925 の AA とは、「第一の再建」がなしえなかった国民統合の不備を修復することを、政府に課すものであった。しかし、1960年代の市民権運動は、大統領や政権の思惑を超え、労働運動と共同し、法的・社会的・経済的な平等な社会を建設することを目指そうとした。国民統合の枠組みそのものの変革である。このことによって、「第二の再建」は、行く末に関してコンセンサスのないままに船出した箱舟に似た状況となる。誰が舵を握るのか。

おわりに

　1960年代初頭までの AA について、再建期、ニュー・ディール期、市民権運動期の三つの時代に、それぞれがどのように展開されたのか概観してきた。南北戦争は南部の奴隷制を崩壊させはした。しかし合衆国は奴隷制に代わる人種隔離と人種差別の体制は容認した。奴隷制の廃止が人種の平等を意味しなかったなかで、AA は、解放民局という強制力を持った機関によって進められ、南部白人のみならず北部でも疑問や反発を招いた。再建の挫折は南部の反革命によるものではなく、むしろ南部プランターと北部支配層・資本家層の妥協の産物＝合衆国全体の差別的体制の温存であったと言えるのではないだろうか。

　ニュー・ディールの目指したものは労働者階級の保護、育成によるアメリカ資本主義の建て直し、大恐慌からの脱却である。ニュー・ディールは福祉国家への転換を意図したものであったが、人種平等ではないし、むしろ人種差別的でさえあった。さらには、ワグナー法が AA によって保護しようとした労働者階級自身の「階級意識」からは、黒人労働者は除かれていた。この時期、労働者階級としての自覚と誇りには、白人であることの裏付けが必要だった。労働者の権利の拡大と人種差別はコインの裏表であったと言える。

おわりに

　しかしながら、ニュー・ディールの目指したアメリカ資本主義の建て直しは、アメリカという国民国家の近代化・福祉国家化にもつながっていた。それは連邦政府による国民経済・生活への介入・管理をともなうが、他方では政府がこれに責任を負うということでもある。ニュー・ディール期は、社会的弱者に対して政府が積極的に関わることの正当性が確立した時期であるとも言える。黒人市民はAAを黒人にまで拡大せよと要求する根拠を得た。

　ケネディ大統領にEO10925を出させたのは、文字通り労働組合運動と黒人運動の結束による市民権運動の発展、アメリカ社会の民主的変革の機運であった。EO10925は、しかしながら、連邦政府とその契約業者に雇用や昇進における人種差別をしないよう要請はしたが、文字通りの強制力はなかった。1964年の「市民権法第七編」は「平等」に法的基盤を与えたが、その「平等」が何を意味するかに関する国民的コンセンサスは、いまだ存在しなかった。

　AAを再建期にまでさかのぼり、ワグナー法を含めて考えると、この政策には歴史的連鎖があったことが見えてくる。AAは、合衆国という国民国家形成のあり方と深く結びついており、国家的危機の状況の中で、政府によるより大きな国民統合を目指した「提案」であった。AAがカバーする範囲は、危機の内容によって変化した。カラー・ラインないしは国民の境界線は、国家自身のイニシアティヴで引きなおされてきたのである。このラインの引きなおしによって利益を得ることのできる集団はこれに協力し、反対に利益を得られず、自らは被害をこうむるのではないかと危惧した集団は抵抗した。だからこそ、それぞれの試みは十分に「達成されずに」、次のAAに課題解決を託した。この意味で、国民の境界線の移動は、国民自身の主体的行為ないしは協力なしにはなしえなかったとも言えるだろう。

　従来、1960年代末からのAA政策は、第三番目のケネディによるAA政策の発展、ないしは具体化として議論されてきた。しかし、筆者は1960年代末からのAAを、第四番目のAAと捉えたい。すなわち、あらたな国民統合の論理による国民の境界の引き直しである。以下の章において、現代AAがなぜ、どのように形成され、どのような国民の境界の更新を果たしたのか

を見てゆくことにする。北部都市労働者の平等雇用実現の運動に端を発した1960年代初頭の「下からのAA」が、1960年代末には市民権運動と労働運動の分断の道具に変容した。その行程を検討することによって、ニュー・ディール的福祉国家の終焉＝新自由主義の論理に基づいた国家の再編過程と現代AA形成過程が合流していたことを明らかにしたい。

注

1) Philip F. Rubio, *A History of Affirmative Action, 1619-2000*, University Press of Mississippi, 2004, pp. 34-36 ; John David Skrentny, *The Ironies of Affirmative Action : Politics, Culture, and Justice in America*, University of Chicago Press, 1996, p. 6.
2) このような視点からの、AA分析は数多い。横田耕一『アメリカの平等雇用——アファーマティブ・アクション』部落解放研究所、1991年；勝田卓也「アメリカにおける雇用平等法制の展開——市民権法第七編訴訟における差別概念とアファーマティブ・アクションの変容」『早稲田法学』75巻1号、1999年。Faye J. Crosby, *Affirmative Action Is Dead : Long Live Affirmative Action*, Yale University Press, 2004.
3) Regents of the University of California vs. Bakke, 438 U. S. 265（1978）http://caselaw.lp.findlaw.com/scripts/getcase.pl?navby=CASE&court=US&vol=438&page=265（2013年7月3日閲覧）Rubio, *op. cit.*, p. 33を参照。なお、マーシャル判事は黒人としてアメリカ史上初めて連邦最高裁判所判事となった。
4) Rubio, *op. cit.*, pp. 34-36.
5) *Ibid.*, p. 213, Notes 7. たとえば「積極的布告」、「積極的保証」、「積極的援助」など。
6) Eric Foner, *Reconstruction : 1863-1877*, Perennial Library, 1989, pp. 68-70. W. E. B. Du Bois, *The Souls of Black Folk*, Fawcett Publications Inc., 1961, p. 29には、政府は、「解放された黒人を国家の被後見人として保護する責任を負うことになった」とある。
7) John and La Wanda Cox, "General O. O. Howard and the 'Misrepresented Bureau,'" Donald Nieman（ed.）, *The Freedmen's Bureau and Black Freedom, African American Life in the Post-Emancipation South, 1861-1900 Volume 2*, Garland Publishing Inc., 1994, pp. 105-133 ; W. E. B. Du Bois, *Black Reconstruction in America : an Essay toward a History of the Part Which Black Folk Played in the Attempt to Reconstruct Democracy in America, 1860-1880*, Russell & Russell, Inc., 1935, p. 223.
8) Du Bois, *The Souls of Black Folk*, p. 29.
9) Du Bois, *Reconstruction*, pp. 219-222.
10) Foner, *op. cit.*, pp. 153-170. また、W・Z・フォスター（貫名美隆訳）『黒人の歴史——アメリカ史のなかのニグロ人民』大月書店、1970年、300-319頁も参照。
11) それでも相当数の黒人議員を議会に送り込んだ。Du Bois, *Black Reconstruction*, pp. 372 and

627.
12) Cox, op. cit., pp. 120-136.
13) Du Bois, *Black Reconstruction*, pp. 670-708. 中條献『歴史のなかの人種——アメリカが創り出す差異と多様性』北樹出版、2004 年、121-130 頁。ジム・クロウ制度については C・V・ウッドワード（清水博・長田豊臣・有賀貞訳）『アメリカ人種差別の歴史』福村出版、1998 年を参照。
14) エリック・フォーナー（横山良他訳）『アメリカ自由の物語——植民地時代から現代まで』下、岩波書店、2008 年、155-156 頁；貴堂嘉之「未完の革命と『アメリカ人』の境界——南北戦争の戦後 50 年論」川島正樹編『アメリカニズムと「人種」』名古屋大学出版会、2005 年、113-139 頁。
15) 藤川隆男『人種差別の世界史——白人性とは何か』刀水書房、2011 年、127 頁。
16) David R. Roediger, *The Wage of Whiteness: Race and the Making of the American Working Class*, Verso, 1991（Revised Edition, 1999）, p. 13.
17) Dubois, *The Souls of Black Folk*, p. 139. なお、"the problem of the Twentieth Century is the problem of the color line" は 1903 年初版の The Forethought の冒頭に書かれている。
18) Ira Katznelson, *When Affirmative Action was White: An Untold History of Racial Inequality in Twentieth-Century America*, W. W. Norton & Company, 2005.
19) William H. Harris, *The Harder We Run: Black Workers since the Civil War*, Oxford University Press, 1982, pp. 51-76. 白人労働者階級の形成と人種の問題については以下を参照。貴堂嘉之「未完の革命」、および中野耕太郎「新移民とホワイトネス——20 世紀初頭の『人種』と『カラー』」川島正樹編、『アメリカニズムと「人種」』名古屋大学出版会、2005 年、140-163 頁。中野耕太郎は『20 世紀アメリカ国民秩序の形成』名古屋大学出版会、2015 年において、国民国家アメリカの分断と統合のメカニズムを全面的、かつ詳細に論じている。なお、1908 年には、「全国有色人地位向上協会（National Association for the Advancement of Colored People：以下 NAACP）」が、1920 年には「全国都市同盟（National Urban League：以下 NUL）」も設立され、黒人の市民権獲得、都市での雇用平等を求める運動組織も立ち上がっている。
20) 長沼秀世『アメリカの社会運動——CIO 史の研究』彩流社、2004 年、21-145 頁を参照。
21) エリック・フォーナー、前掲書、47-51 頁から引用。
22) National Labor Relations Board　http://www.nlrb.gov/national-labor-relations-act（2016 年 2 月 16 日閲覧）
23) Katznelson, *op. cit.*, p. 32；James R. McGovern, *And a Time for Hope: American in the Great Depression*, Praeger, 2000, p. 119.
24) Skrentny, *op. cit.*, p. 6；Katznelson, *op. cit.*, pp. 134-141；Rubio, *op. cit.*, pp. 117-120.
25) Harvard Sitkoff, *A New Deal for Blacks: The Emergence of Civil Rights as a National Issue: the Depression Decade*, Oxford University Press, 1978. 以下も参照。長沼秀世、前掲書、68-71 頁、フォーナー、前掲書、57-58 頁、Katznelson, *op. cit.*, pp. 22-23。
26) W・Z・フォスターは「労働調査協会」による数字として、1945 年時点での黒人組合員数を CIO 系 422,800 人、AFL 系 296,500 人としている。合計 759,300 人は当時の全組合員数の約 5％ に当たる。フォスター、前掲書、510-513 頁を参照。
27) FDR Home Page（大統領行政命令 8802）http://docs.fdrlibrary.marist.edu/od8802t.html（2016 年 2 月 16 日閲覧）

28) Harris, *op. cit.,* pp. 95-122.
29) フォーナー、前掲書、118 頁。
30) Thomas J. Sugrue, *Sweet Land of Liberty: The Forgotten Struggle for Civil Rights in the North*, Random House, 2008 は、北部大都市における黒人コミュニティ運動の、市民権運動史における重要性を強調している。川島正樹も『アメリカ市民権運動の歴史——連鎖する地域闘争と合衆国社会——』名古屋大学出版会、2008 年において、「地域闘争」の意義を重視している。
31) Harris, *op. cit.*, pp. 123-146.
32) Executive Order 10925. http://www.thecre.com/fedlaw/legal6/eo10925.htm（2016 年 4 月 18 日閲覧）
33) Hobart Taylor（1920-1981）以下を参照。BlackPast.org, The Online Reference Guide to African American History. http://www.blackpast.org/aah/taylor-hobart-jr-1920-1981（2016 年 4 月 18 日閲覧）
34) Katznelson, *op. cit.*, p. 145, p. 216; Anthony S. Chen, *The Fifth Freedom : Jobs, Politics, and Civil Rights in the United States,1941-1972*, Princeton University Press, 2009, pp. 211 and 358. アンソニー・チェンはニュー・ディールの「公正雇用実施」という包括的政策が、なぜ AA というある意味で「人種的」政策に変貌したかを追っていて示唆的である。
35) M. L. King's Speech at AFL-CIO Fourth Constitutional Convention（Miami Beach Florida, December 11, 1961）in Michael K. Honey（Edit）, *"All Labor Has Dignity" Martin Luther King, Jr.,* Beacon Press, 2011, pp. 31-45.
36) Hugh Davis Graham, *The Civil Rights Era: Origins and Development of National Policy, 1960-1972*, Oxford University Press, 1990, pp. 125-162.
37) ウッドワード、前掲書、22 頁。ウッドワードはこの書の第三版で 1960 年代について新たに書き加えを行い、「第二の再建」の語を使った。Manning Marable, *Race Reform and Rebellion : The Second Reconstruction in Black America,1945-1990*, University Press of Mississippi, 1991 も参照。

第 2 章
「下からのアファーマティブ・アクション」
―― フィラデルフィアにおける市民権運動の展開 ――

はじめに

　1963年4月、ペンシルヴァニア州、フィラデルフィアにおいて人種平等会議（Congress of Racial Equality：CORE）の若者13人が、市庁舎の中の市長室を占拠し、「市の建設プロジェクトにおけるジム・クロウを終わらせよ」と気勢を上げた。おりしも、南部アラバマ州バーミングハムでは、Ｍ・Ｌ・キング師が率いる市民権闘争が荒々しく弾圧される有り様が、メディアを通じて世界中に露わにされていた。アラバマの闘争とフィラデルフィアのこの闘争を、二つとも大きく取り上げていたのは、当時の『フィラデルフィア・ブルティン』紙の第1面だけであった[1]。

　COREによる市長室の座り込みは、以後2ヵ月以上にわたって続いた闘いの始まりである。全国黒人地位向上協会（National Association for the Advancement of Colored People：NAACP）フィラデルフィア支部を中心とした黒人組織とコミュニティは、時には1,000人規模の黒人大衆の動員によって公共施設の建設現場を取り囲み、建設を一時中止させるなどの実力行使を敢行した。こうした実力行使を背景に、彼らは、市当局、建設業者、および組合と交渉し、雇用における人種差別を禁じ、市の契約業者は黒人を積極的に雇用することに同意しなければならないという画期的な内容の条例を制定させた。「下からのAA」の実現である[2]。本章は、この1960年代初頭のフィラデルフィアの闘いを、現行AAに対する別の選択肢の提起という視点から検討し、さらに、「下からのAA」が今日のフィラデルフィア市民社会に根付き、受け継がれていることを検証するものである。

　先述した13人の若者の座り込み闘争は、やがて連邦レベルのAAに繋がっていく。フィラデルフィアの闘いは、北部大都市の雇用平等を求める黒人運動のさきがけとなり、1964年市民権法第七編の実現を後押しした。さらに、ジョンソン大統領は、1965年EO11246によってAA政策を内政の中心課題とすることになる。政権は「貧困との闘い」を宣言し、AAはその中

第 2 章　「下からのアファーマティブ・アクション」

核と位置づけられた。フィラデルフィア黒人の闘争は、連邦の AA 政策の導入に大きく貢献したと言えよう。1960 年代初頭において、AA は黒人労働者の生活実態に根差した要求を反映したものであった。北部都市部では、第二次世界大戦後の早い時期から、市民権の内容には、隔離の廃止や投票権だけでなく、市民としてまともな職を得て、まともな住居に住む権利を含むと捉えられていた。フィラデルフィア市民権運動を牽引した NAACP や CORE は、当時ある種の「タブー」であった「割当て・クオータ」にも言及して運動を推進した。注目すべきは、この要求が当時の黒人コミュニティの生活実態から発したものであり、AA 実現の運動が自立的な黒人コミュニティの形成の課題と結びついていたことによって、広く社会的な正当性を認められ、白人住民を含めた世論の支援を得ることができた点である。フィラデルフィアでは、1967 年から 1970 年にかけて連邦 AA（フィラデルフィア・プラン）が導入され、これをめぐって市民権運動と労働運動が対峙した時があった。しかし、両人種の政治的提携関係はかろうじて維持され。1970 年代以降、AA をめぐる大きな混乱は回避している[3]。その背景に、1960 年代初頭の、雇用平等を求めた北部フィラデルフィア住民の闘争の経験があったことは確かである。

　トマス・スグルーは、フィラデルフィアにおける 1960 年代初頭の住民運動の展開を、「下からの AA」の実現であると評価した。その際に彼は、白人建設労働者が AA 反対勢力として果たした役割を重視する。スグルーによれば、1930 年代のアメリカの労働者階級の形成そのものが「白人」としてのアイデンティティ獲得の過程であった。1960 年代末に顕在化したかに見える白人労働者階級と黒人市民権勢力の対立の構図は、第二次世界大戦前からすでに定着していたのである。白人労働者は、黒人による AA の要求を労働者の権利への侵入であると見なしたからこそ、これに反発し、抵抗してきたとスグルーは主張している。これが AA への「草の根の敵対心」である。彼は、このような白人労働者の意識、「白人の特権意識（niche of whiteness）」に切り込み、その根は 20 世紀初頭にあると論じた[4]。スグルーは、AA 政策を連邦や自治体による「上から」の、いわば危機管理政策として論じたジョ

ン・デイヴィッド・スクレントニーとは異なり、AA をまさに市民の現実、人種をめぐる紛争の視点から捉えたのである。

それに対し、スクレントニーによれば、1960 年代末に AA を政治的に利用した時の政権が、現代 AA のジレンマの起源をもたらした。共和党ニクソン政権の「改訂フィラデルフィア・プラン（RPP）」の意図は、市民権支持勢力と労働運動を切り離し、民主党支持勢力の基盤を切り崩すことにあり、AA 政策は市民権期（1960 年代）以後の運動内部に新しいジレンマを生み出したのである[5]。

本章では、スグルーの言う「下からの AA」＝フィラデルフィア市民権運動の成果を、むしろ、合意、ないしは協働の切り口で検討してみたい。フィラデルフィア市民と黒人コミュニティの市民権運動は、連邦 AA 政策成立の経過とは異なる流れで、AA を市に採用させた。この点に注目するのは、市政に AA を確立したフィラデルフィアの黒人コミュニティの闘いとそのリーダーシップの中に、AA をめぐる混迷した議論への一つの解答があると考えるからである。「上からの AA」と「下からの AA」は、どのような違いを持っていたのだろうか。

フィラデルフィアでは、南部市民権運動が高揚してきた 1950 年代末から、南部の運動と呼応しながら、社会的経済的平等の確立が北部黒人の不可欠の課題であると捉えて、運動を牽引するリーダーが存在した。彼らは、私企業のみならず、市の雇用における人種差別も糾弾し、雇用平等を求め、AA の実現をめざした。同時に、黒人の自立的コミュニティの建設も担った。このことによって、黒人中流層のみならず、貧困層、労働者階級を含めた黒人コミュニティ全体の幅広い支持と運動への参加を可能にし、黒人コミュニティを自覚的政治勢力に成長させたのである。そうして、フィラデルフィアにおける黒人の政治的エンパワメントを確立する土台を作った。彼ら自身は、「我々は、ブラック・パワーである」と叫んだが、現実には、この運動は分離主義ではなく、アメリカニズムの実現、すなわちシヴィック・ナショナリズムと呼ばれる「自由・平等・民主主義といった普遍的理念を核とする共同体意識」の形成に貢献したと言える[6]。

第 2 章 「下からのアファーマティブ・アクション」

　マシュー・J・カントリーマンは、フィラデルフィアでは、ブラック・パワーの若者の組織化そのものが地域コミュニティから遊離していたのではなく、むしろコミュニティの活動の中から生成され、これを活性化する役割を担ったと述べている[7]。平等で民主的な社会の形成は、まさに「草の根」の住民運動と彼らの政治的自覚――社会の主人公としての――によるものである[8]。「下からのAA」は、「危機管理」としての政府の防衛的な政策ではなく、文字通り人種差別的雇用をやめさせるための積極的是正策として、コミュニティが市当局や雇用者側に要求したものであった。市民が、生活の場としての地域コミュニティの形成に主体的に、協働して取り組むなかで、納得のいくAAを実現し、市民の支持も得られたのではないだろうか。本章の目的は、スグルーの言う「下からのAA」への合意がどのような歴史的コンテクストの中で可能となったのかを検討することである。

　この目的のために、本章では、史料として、フィラデルフィアのAA実施に深く関わった市人間関係委員会（Commission on Human Relations：CHR）による1950年代から1960年代の記録や報告等を使用した。それらは［Record Group148］として、市公文書館が保持している。フィラデルフィアの地域闘争において、運動側の主体となったNAACP等とともに、CHRの果たした役割は大きかった。事件の背景や経過を追うためには、1960年代初頭のフィラデルフィアの地方新聞 *The Philadelphia Bulletin* を、市民権運動の流れを見るためには、フィラデルフィアの黒人新聞 *The Philadelphia Tribune* も参照した。また、フィラデルフィアNAACPを通じて影響力のあった、NAACP委員長（当時）セシル・ムーア[9]と、教会牧師として黒人地域改善事業に着手し、その発展に貢献したレオン・サリヴァン[10]による著書、講演・報告の記録等を参照した。筆者は、さらに、当時を知る人々へのインタヴューも行い、1960年代フィラデルフィアの市民権運動は、この二人の業績抜きには語れないと認識した。よって本章では、ムーアとサリヴァンの活動に焦点を当てながら、1960年代初頭のフィラデルフィアにおける市民権運動の展開を見ていくことにする。

　以下、まず背景として、第二次世界大戦後の冷戦がアメリカの人種問題に

及ぼした影響を考察し、フィラデルフィアの市民権運動が、連邦の冷戦リベラリズム的人種政策を乗り越えて、市独自の運動を展開したことを明らかにする。次に、フィラデルフィア NAACP などの市民権運動団体による、黒人市民の生活に直接に関わる雇用差別解消の闘争を検討する。最後に、この闘争によってフィラデルフィア黒人コミュニティが何を獲得し、何を学んだかを明らかにしたい。

1 背景 ――冷戦と市民権運動――

　第二次世界大戦後から 1960 年代までは、アメリカの人種問題の解決は、そもそも政府の冷戦政策の一環として図られており、市民権運動そのものも冷戦コンフォーミティの範囲内という「枠」がはめられていた。南部市民権運動は、この枠組みを乗り越えることから始まった。本節では、まず、第二次世界大戦後から 1960 年代までの時期における市民権の改革が、黒人市民の下からの運動というより、連邦政府が提案、牽引したものであったことを確認しておきたい。そのことによって、「市民権（革命）期（The Civil Rights Era)[11]」が、なぜ、1950 年代末から 1960 年代初頭に訪れるのかが明らかになるだろう。北部大都市フィラデルフィアにおける市民権運動もまた、フィラデルフィア NAACP の「冷戦リベラリズム」という穏健、漸進主義の克服を契機に、飛躍的に前進したのである。

1.1　民主主義の競争　――冷戦――

　1990 年代末までの研究では、市民権問題はアメリカの国内問題として扱うものが主流であった。すなわち、両大戦間期からのルーズベルト政権による国内の政治経済体制の民主化・労働運動の発展、南部を出て北部大都市に移住した黒人有権者の政治的重要性の増大、また第二次世界大戦を経験した

第 2 章 「下からのアファーマティブ・アクション」

　黒人帰還兵の民主主義への自覚など、1960 年代の市民権運動の原動力を国内の政治・経済の発展に求める言説が多くを占めていた。海外からの影響を議論する場合には、1960 年代のアジア・アフリカにける脱植民地運動とアメリカ国内の黒人解放運動がトランスナショナルに呼応したこと、また、キング牧師が彼の「非暴力・直接行動」の姿勢をインドのガンディーから学んだことなどが例示される程度であった[12]。中野耕太郎は、「これに対して、近年新しい研究動向が顕著である。それは、冷戦下の国際関係の文脈から国内の市民権改革を再検討しようとするもの」だとして、冷戦が連邦の黒人問題への対処のみならず、運動そのものにも影を落としていたことを指摘している[13]。

　冷戦構造の中で、アメリカの「政策決定者たちは、アメリカ民主主義の理想的なイメージ（あるいは、全体主義に対する道徳的優越性）を国際社会で維持することが、グローバル・リーダーシップを追求し、第三世界を共産主義の脅威から防衛する上で欠かせないとの認識を広く共有した」。とりわけ、南部の人種隔離やリンチ事件は不可避的に国際的関心にさらされており、それゆえ「市民権改革は合衆国外交にとっても極めて重要な課題」となった[14]。冷戦は、アメリカの人種関係にも大きなインパクトを与えたのである。ギャリー・ガースルは、アメリカでは、歴史的な分岐点において、市民的なナショナリズムと人種的なナショナリズムが交錯し、重点を移し、その両者が共に生き抜いてきたとし、第二次世界大戦後のアメリカ社会を、市民的ナショナリズムが強調され、人種の垣根の低くなった時期と規定した[15]。冷戦が市民的ナショナリズムを培養したとも言えるだろう。

　こうしたなかで合衆国政府がもっとも神経を尖らせたのは、ソヴィエト連邦政府によるアメリカの人種問題に対する厳しい批判であった。ソ連にとっては、アメリカ南部の人種差別はアメリカ民主主義攻撃の格好の材料であった。ソ連の労働組合機関紙『トルッド（Trud）[16]』は、1946 年 8 月 23 日、「合衆国における黒人の地位」と題する論説を掲げた。そのなかでアメリカ南部の黒人差別を糾弾して、黒人は「経済的権利も社会的権利も持たず…その圧倒的多数は投票権さえも剥奪されて」おり、「半奴隷状態の抑圧と搾取を受

けている[17]」と書いた。アメリカの民主主義、自由と平等の標榜が、みせかけに過ぎないことを示したのである。人種問題がアメリカの「アキレスの腱」になるであろうとのソ連によるプロパガンダは、アメリカ政府にとっては脅威となった。モスクワのアメリカ大使は、政府による大戦中や戦後の人種問題改善の取り組みや人種問題の改善点を例示して反論を試みながらも、この問題がソ連の共産主義の宣伝に利用されていることを憂慮して、南米、ドイツ、東欧諸国、とりわけ、非白人諸国における反アメリカ的世論の形成に懸念を示している[18]。

　トルーマン大統領はこれらの外圧の中で、大統領市民権問題委員会（President's Committee on Civil Rights）を1947年に発足させた。この委員会は同年末、「これらの権利を擁護するために（To Secure These Rights）」と題する報告を大統領に提出した。1940年代末から1950年代のアメリカ政府の市民権に関する方針はこの報告が基本になっている。この報告の中で強調されていることは、黒人などマイノリティへの権利侵害が、アメリカの国際関係に及ぼす悪影響であった。

　　合衆国が、全世界で平和と進歩のために、多大な積極的影響力を発揮するために、我々の外交政策は作られている。我々はこれまで、我々自身と諸外国の間のどのような政治的な相違点も、この目標を達成するための障害にならないようにと努力してきた。しかし、我々の国内問題である市民権の不十分さが、今や重大な障害物となっている[19]。

　人種問題に対する連邦政府の責任が自覚され、この問題への取り組みいかんが国益にも関わる外交問題だと認識されたのである。ただし、それは、冷戦、すなわち社会主義国ソ連との「民主主義の競争」という枠組みの中であり、この枠組みによって、政府の市民権問題の方針は、強烈な反共主義と結びついていた。アメリカが共産主義との闘いにおいて「弱み」を持ってはならないという立場は、トルーマン大統領の基本姿勢となっていく。大統領は、1948年議会において、「今日の世界における合衆国の立場が市民権問題

の解決を特に緊急のものにしている」とし、「世界の人々は『自由』か『奴隷』かの選択に迫られており、国内で市民権を擁護することが（全体主義との戦いにおいて）合衆国を強くする」と説いた。いわゆる「トルーマン・ドクトリン」の中に市民権問題が位置づけられたのである[20]。

連邦政府の姿勢は明確であり、冷戦下における国民統合の境界線は「カラー・ライン」であってはならなかった。しかし、必ずしも政府の思惑通りに議会は反差別法案を通さなかった。南部民主党は、市民権法案には頑強に反対し、トルーマン民主党政権はこの問題に関しては分裂していたのである。いきおい、改革は司法省、国務省などの行政の管轄の及ぶ範囲に限られていった。トルーマン政権は、大統領行政命令によって軍隊内の差別を廃止し、裁判の分野での差別違憲訴訟を勝利させていくことになる。これらの裁判に対しても、連邦政府自身が「意見書（amicus curiae brief）」を提出し、直接関与することによって、判決に対する行政的イニシアティヴを行使した。市民権問題に対するこうした姿勢は、アイゼンハワー政権にも受け継がれ、1954年のブラウン判決につながっていく。ブラウン判決は、アイゼンハワーが最初に指名した連邦最高裁判所長官アール・ウォーレンが取り仕切り、全員一致で、1898年のプレッシー対ファーガソン裁判における、「分離すれども平等」の判決を覆し、分離校は違憲であるとの画期的判決を下したものである[21]。ブラウン判決も、政府の冷戦政策が色濃く反映された判決であった。連邦最高裁判所判事の一人であったウイリアム・ダグラスが、1950年にインドを訪問し、現地の記者会見で「アメリカの黒人がリンチを受けていることに、アメリカ人は寛容な態度でいられるのはなぜなのか」と問われたことをきっかけに、アジア人の「皮膚の色に対する敏感さを考慮することの重要性」について再認識したと言及している。南部の人種隔離政策は、アメリカ民主主義にとっては「汚点（stain）」であり、外交への障害となり、早急に廃止すべきだと認識されたのである[22]。第5章でも触れるように、この判決以降、南部の白人社会の人種問題に対する態度はますます、危機的、パニック的様相を呈した。南部は、合衆国の中の時代遅れ、時代錯誤の地域とのレッテルが貼られることになった。

また、ガースルによれば、大戦前の「共産主義に対する恐怖心」は南東欧移民（望まれない移民または人種集団）の侵入と結びついていた。大戦後の冷戦は「アメリカ人の他者意識」の人種・エスニック的含意を薄れさせ、ほとんど完璧な市民的ナショナリズムによるアメリカニズムを構築した[23]。1954年のブラウン判決は、冷戦の真っただ中で発せられ、連邦政府はこの裁判を支援した。冷戦によって「鉄のカーテン」は築かれたが、一方で、人種の壁は低められた。このことは、肌の色による差別の解消を求めてきた市民権運動側には大きなチャンスの到来であった。1950年代にはじまるM・L・キングらの南部市民権運動の主張が、アメリカニズムにとって「好ましい（favorable）」ものであり、連邦政府は、時には連邦軍を派遣してまで擁護した。

　ただし、冷戦の勃発を契機として始まった、政府のイニシアティヴによる市民権改革は、そのもう一つの側面として、反共・すなわち反政府的運動や運動家に対する徹底的な取り締まりと不可避的に結びついていた。どの人種・エスニックに属するかは、無視ないしは軽視されうるが、一方で共産主義の標榜は許容できない要素であった。連邦捜査局（FBI）は、政府のこの方針を支える中心機関であった。FBIの調査・監視（盗聴も含め）がキングにも及んでいたことや、諜報機関が多くの黒人活動家の殺害に関与し、情報の隠蔽にも関わっていたことが明らかにされている[24]。

　以上のように、1950年代から1960年代、冷戦は連邦政府の市民権政策に大きな影を落としていた。市民的平等を求める黒人の運動は、その影響下にあった。次項ではこの問題を検討する。

1.2　冷戦リベラリズム

　大戦後、冷戦の始まりのなかでの連邦政府による市民権改革の取り組みを受けて、運動の主体側ではどのような状況が発生していたのだろうか。黒人の市民権推進のための最大の組織であったNAACPに焦点を当てて検討したい。

第 2 章 「下からのアファーマティブ・アクション」

　NAACP は、ルーズベルトが掲げた、大戦で勝ち取るべき目標、「四つの自由（言論の自由、信仰の自由、欠乏からの自由、恐怖からの自由）」を支持し、アメリカが、ドイツにおけるユダヤ人とアメリカにおける黒人の処遇の両方に対して戦うことを求めた。NAACP 機関誌『クライシス *The Crisis*』は、深南部（Deep South）低南部で続発するリンチ事件とこれを放置する州及び連邦政府を批判し、「戦争努力のサボタージュであり、日本が極東の数百万の有色人種に影響力を拡大するのを容易にし、…わが同盟者たる中国人に、白人の民主主義への疑念を抱かせる」、すなわち、「ヒットラーと東条を支援するものである」との論陣を張った[25]。

　一方、1941 年、フィリップ・ランドルフは、NAACP とは異なる手法を駆使して、ワシントンでの大デモンストレーションを構え、ルーズベルト大統領に対して、軍隊内での人種差別の禁止を迫ることで、大統領行政命令8802 号を引き出している[26]。この状況の中で、1943 年に NAACP は、「この戦争によって、人種差別が、もはやアメリカだけの問題ではなく、国際的な重要性をもつ課題となった」との声明を出した。反ファシズム、反植民地主義、そして反ジム・クロウをめざす国際組織の創立も、W・E・B・デュボイスらによって始められていた。デュボイスは、1945 年には、後のガーナ解放の父となるクワメ・エンクルマなどとともに、イギリス・マンチェスターで汎アフリカ会議の開催にこぎつけた[27]。また、同年、NAACP は国連創設のための会議にコンサルタントとして、デュボイスら 3 名を送り込み、国連憲章の中の内政不干渉条項を盾に、国内の人種差別問題に対して防御の姿勢をとるアメリカ政府の意図を批判する意見書を提出した。このように、NAACP は国内の有色人の地位向上を目指す組織ではあったが、その目線はきわめてグローバルであった[28]。

　しかしながら、第二次世界大戦の戦いを終えて帰還してきた南部の黒人復員兵には、重い事実が待ち受けていた。彼らは、軍隊の中で人種の平等を体験し、民主主義の戦争を戦った英雄として帰還してきたはずであったが、南部社会ではこのような黒人は疎ましく目障りな存在とされた。黒人に対するリンチ・暴行が相次いだものの、連邦政府は州の範囲内での解決を求め、こ

れに介入しようとしなかった。NAACP等の団体は、この問題を国連に持ち込んで国際世論の圧力で解決させようとした。デュボイスらを中心に、国連に対する請願書提出の取り組みが始められた。

　デュボイスが提起した請願書は、1947年に国連人権委員会で正式に受理されることになるが、このことをめぐって、NAACP内部で意見の対立が起こっていた。これは、デュボイスの独断専行、『ニューヨーク・タイムズ』紙への請願書のリークが原因とされてはいるが、問題の根底には、当時のアメリカ政府の姿勢をめぐっての路線対立があった。1947年には大統領の市民権委員会の報告が出される中で、NAACPの指導部は、南部でリンチ事件などが多発する状況下において、政府依存を強めざるを得なかった。しかし一方で、共産主義をも是とし、ソ連を後ろ盾にしようとしたデュボイスの姿勢には、危険性を感知していたのである。1948年に、NAACPは、明確に反共路線をとることを宣言し、1950年には、組織内の共産主義の影響を排除するための委員会を設置することになる[29]。

　このような冷戦コンフォーミティに基づく市民権派の姿勢は、「冷戦リベラリズム」として捉えられる[30]。大戦後から1950年代初頭までの以上のような政治・社会状況の中で、NAACP自身、自主規制を行い、その活動を裁判闘争のみという極めて狭い範囲に限定し、NAACP指導部の再編も進んだ。1940年代末から1950年代初頭にかけては、連邦政府の人種差別解消の努力を評価し、改善をプロパガンダする傾向が顕著となってくる。政府はNAACPのこれらの論客を積極的に海外に送り、その成果を語らせて利用したが、一方で、共産主義者と思しき活動家に対しては厳しく渡航を制限し、行動を監視した。デュボイスや俳優のポール・ロブスンがパスポートを剥奪されたことはよく知られた事実である。

　以上、冷戦が市民権運動に及ぼした影響を見てきた。すなわち、1）アメリカの人種問題は、大戦後「アメリカのジレンマ」として、アメリカの国益に関わる重要事項として認識され、「冷戦」という国際状況の中で、アメリカ「国家」の解決するべき問題として、その解決が図られたこと。また、2）そのことが、市民権運動内部にも深刻な影響を及ぼし、運動の前進にとって

「冷戦」は正負の圧力であったこと。3) 政府はマイノリティに対し、「アメリカ的生活様式」への参入を呼びかけたが、結果として、これに呼応したNAACPなどの方針は、漸進的で、抑制されたものであったこと[31]。以上3点にまとめられるであろう。次の項では、1950年代のNAACPの運動が、草の根の黒人大衆による運動に押され、変わらざるを得なくなっていくことを、北部都市フィラデルフィアという舞台において見てみよう。

1.3 フィラデルフィア市民権運動の変容

第二次世界大戦中には、フィラデルフィアNAACPも、NAACP本部と同様に、アメリカの大戦目的を支持し、民主主義のために戦うアメリカにとって、「銃後の民主主義（the crucible of the home front）」が不可欠であるというレトリックを駆使した。

> 権力を持ち、絶対服従の命令を出すことに慣れきった人々は、今我々が、戦争の渦中に居るということを認識しなければならない。この戦争は、権力を持つ少数派のためではなく、機会の自由のための戦争であり、白人、黄色人、褐色人、黒人のためでもない、インド、ヨーロッパ、アフリカ、オーストラリアの多くの大衆の一人ひとり、そして、その通り、我々自身、アメリカ黒人のための闘いである（キャロライン・ダヴェンポート・ムーア、1943年）[32]。

黒人労働者は、第二次世界大戦を、雇用平等を実現するための大きなチャンスと捉えた。1942年、フィラデルフィアNAACPは、「フィラデルフィア運輸会社（Philadelphia Transit Company：PTC）」に対して、人種差別的雇用をやめるよう要求し、大衆的デモンストレーションによって会社に圧力をかけたが、当時のPTCの労働組合はストライキでこれに対抗した。市長（共和党）は、警察官を動員して、デモを排除しストライキを擁護した。交通機関のストライキは、市民と市の経済活動に多大な影響を与え、ひいては戦争遂行にもマイナスの風となりうることから、ルーズベルト政権を含め、民意

はNAACP支持に傾いた。最終的にはこの人種差別的ストライキは武装した連邦軍によって鎮圧されることになる。大戦中のフィラデルフィアNAACPは、以上のように極めて行動的な方針を採っており、PTC問題の中で会員を増加させた[33]。

1945年12月、NAACPフィラデルフィア支部委員長に選出された、黒人紙『トリビューン（*The Philadelphia Tribune*）』のコラムニスト、ジョセフ・レイニーは、大戦中からのNAACPの大衆運動中心の活動スタイルを受け継いでいた。しかし、一方で、1946年の大統領市民権委員会の委員には、フィラデルフィアNAACPから弁護士のサディ・アレクサンダーが招集され、この委員会が提出した報告書「これらの権利を守るために"To Secure These Rights"」の作成に関わった[34]。戦後初期の段階から、フィラデルフィアNAACPも、冷戦リベラリズム勢力（アレクサンダー派）と左翼的勢力（レイニー派）の対立を孕んだ出発となったのである。レイニー派は、1948年までは会員数を増加させて多数派であったが、1948年の選挙では僅差で支部委員長の椅子をサディの夫、レイモンド・アレクサンダーに明け渡す。以後の10年間、フィラデルフィアNAACPの活動は、主に訴訟や請願が中心となり、多くの黒人市民の目には見えにくいものとなっていった。

NAACPはレイモンド・アレクサンダー委員長の下で、1948年市長選で勝利した民主党市長と協力し、市の公正雇用法の実施や人権委員会の設置などに貢献した。妻のサディは、1952年にはフィラデルフィア市人間関係委員会（CHR）委員長となって、フィラデルフィアの人種問題解決の責任者となる。彼女は、1960年代初頭の雇用差別解消の闘いのシーンで、NAACPの交渉相手であったCHRの委員長であり、その夫であるレイモンドは、セシル・ムーアが、「NAACP内部の腐敗した紳士の衣装をまとった連中[35]」として、激しく攻撃した黒人リベラルの一人だったのである。

冷戦リベラリズムが支配したフィラデルフィアNAACPは、市内のスイミング・プールの人種隔離の廃止や、ジラード・カレッジの人種統合などを目指した活動も展開し、これらの問題を裁判所に訴えた。また、市CHRに持ち込まれる人種差別的雇用や住宅差別の訴訟を援助した。しかし、目に見え

第2章 「下からのアファーマティブ・アクション」

る成果は少なく、NAACP は、北部フィラデルフィアに居住する黒人市民にとっては、まさに「眠れる巨人[36]」であった。1950 年代には会員数も激減している。

1959 年、支部委員長に選出された A・レオン・ヒギンボザムは、現状打開のため、より活動的な方針に転換しようとしたが、ケネディ大統領によって連邦貿易委員会委員に抜擢され、任期途中でフィラデルフィアを去った。その後、主導権争いの末に、臨時に委員長の椅子を継いだのがセシル・ムーアである。ムーアは、1962 年末に選挙で圧倒的多数を獲得し、正式に支部委員長となった。もちろん、南部市民権運動の影響が、ムーア勝利の背景にあったことは間違いないが、後に述べる教会牧師によるコミュニティ運動の高揚もあった。フィラデルフィア NAACP は、現実の運動の中で冷戦リベラリズムから脱却せざるをえなくなっていたのである。

ムーアは太平洋戦争を戦った海軍将校だった。1950 年代初頭にテンプル大学を卒業後、弁護士の資格を取り、フィラデルフィア黒人コミュニティの中で有能な弁護士として地歩を確立していった。後述のサリヴァン牧師らとともに、NAACP の活動や青少年育成にも携わっていた。彼は演説がうまく、無礼で過激な言葉を弄して、旧指導部を痛烈に批判し、黒人大衆を惹きつけた。彼は、1963 年 1 月の委員長就任演説で、黒人の「分離」を主張し、白人と協調して政治的に同一歩調をとることは本来的に間違っており、そのような行動をとる「いわゆる黒人（Negroes）」は「白人権力機構の道具」に過ぎないという汚名を着せられても致し方ないと演説した。「我々は闘って、闘いぬく。私と一緒に牢に入る覚悟でいてほしい。フィラデルフィア黒人の苦悩は自分が一番よく承知している」と大きな声で訴えた[37]。

彼が委員長としてまず取り組んだのは、フォード財団による「北フィラデルフィア社会問題調査研究事業」の問題であった。財団はこのプロジェクトに 1,700 万ドルを提供していたが、ムーアは、この調査活動のメンバーに黒人が含まれていないこと、とりわけ NAACP に何の相談もなくことが運ばれたことに対して抗議の声をあげた[38]。ムーアは黒人の参加を要求して、フォード製品のボイコットを呼びかけた。即座に反応したのは、フォード財

団よりもNAACP旧指導部であった。元委員長のアレクサンダーを中心に16人が連名でムーアに書簡を送りつけ、「大言壮語、ばかげた脅し、効果のない悪乗りなどは、ブラック・ムスリムのやることでNAACPのものではない」と非難したのである。ムーアはすぐさま反論した。彼は1963年2月に3,000人規模の反対集会を開く計画があることを示して、16人を「進歩と抗議に不満を持つ人々」であると評した[39]。

ムーアはNAACP本部に対してフォード財団闘争への支持を要請したが、本部は静観の立場をとった。支部役員人事でも混乱し、この間4人の役員が辞任した。しかし、2月24日にはムーアの予告どおり、3,000人近い黒人大衆が集会を開き、ムーアを熱狂的に支持した。またこの集会は南部市民権運動家メレディスへの支援金1,600ドルを集めた。ここでもムーアは自分こそが80万人の黒人を代表しているとして、アレクサンダーたち旧指導部のような「上品な」方法に囚われていたのでは、多くの黒人の置かれている状況を改善することはできない、「大衆の行動」によってのみ、黒人住民の意思を知らしめることができると主張した。

彼のレトリックは明快だった。フォード財団の「社会問題調査」は北部黒人地域の「社会問題」を調査するというものである。ムーアの態度を批判した16人は、北部黒人地域の問題に関係がない人々で、市北部の黒人地域に居住する人間は一人もおらず、郊外の富裕白人地域の住人である。彼らは、我々の「社会問題」には無関心であったし、事実、関係ない。よって、北部黒人地域の問題は、自分が取り仕切る権利と義務がある。ムーアはこのように論じたのである。『トリビューン』紙はムーアを「新しい救世主」と呼んだ[40]。

ムーアは委員長としての在任期間を通じて、NAACP旧指導部およびNAACP本部とことごとく対立した。同時に、1963年AA条例制定に、ムーアは深く関わっていくことになる。フィラデルフィアNAACPの変革とともに、フィラデルフィアにおける雇用平等を求めた「闘争」も開始されたのである。

第 2 章 「下からのアファーマティブ・アクション」

2　雇用平等をめざして
―― 人間関係委員会・教会・NAACP ――

　前節で概観してきたように、第二次世界大戦後から 1960 年代の初頭までの市民権改革は、冷戦という国際環境の中で、連邦政府のイニシアティヴのもとに進んだ。しかし、この改革にはおのずから限界があった。南部の市民権運動が、人種隔離や差別の現実の中で、抑制的・嘆願的方法にあきたらない黒人市民の、「実力行使をともなった地元権力構造に対する圧力行使を主要手段とする抗議闘争への大転換[41]」を果たしたと同時期に、北部フィラデルフィアの市民権運動にも変化の兆しがあった。本節では、フィラデルフィアにおける雇用平等を目指した闘い、連邦 AA に先駆けて市に AA を採用させた闘いについて、それがどのような歴史的コンテクストの中で起こり、何が AA 採択の原動力であったのかという観点から検討してゆく。

2.1　背景

　まず、この闘いの背景となる、1960 年代初頭フィラデルフィアの社会・経済状況を概観しておこう。第一には黒人コミュニティの問題が挙げられる。20 世紀の進行とともに、フィラデルフィアの黒人コミュニティは、市南部から北東部へと移動した[42]。特に、第二次世界大戦後には、北部市域から白人がさらに北部の郊外地域へ流出し、その空き家に南部から移動してきた黒人が居住し、黒人人口が膨れ上がった。
　表 1 に表れているように、1940 年から 1960 年にかけて白人は 22 万人減、非白人は 17 万人増である。南部からの黒人の大量流入と富裕な白人の郊外化の同時進行を示すものである。富裕な白人地域であった北部市域から白人が流出し、その空き家に次々に黒人が居住するようになった。元は一世帯の所有であった家に、複数の黒人世帯が分け合って居住した。フィラデルフィアの主要産業は、製造業、特に繊維、衣料等の非耐久製品の小規模製造業が

表1 フィラデルフィア人種別人口 (1900年-1960年)

年	全人口(人)	白人		非白人	
		人口(人)	百分比(%)	人口(人)	百分比(%)
1900	1,293,697	1,229,673	95.1	64,024	5
1910	1,549,008	1,464,549	94.5	84,459	5.5
1920	1,823,779	1,688,180	92.6	135,599	7
1930	1,950,961	1,728,457	88.6	222,504	11.4
1940	1,931,534	1,678,577	86.9	252,757	13
1950	2,071,605	1,692,637	81.7	378,968	18
1960	2,002,512	1,467,479	73.7	535,033	27

合衆国センサス（出典：Commission on Human Relations of Philadelphia, *Philadelphia's Non-White Population: Report No. 1 Demographic Data*, by Martha Lavell, Research Analyst, November 1961, p. 4）

中心であったため、その町並みは、壁を共有する長屋や細い路地が多く、このような地域に黒人が流入してきたのである[43]。

市北部に集中した黒人市民は、比較的自立したコミュニティを形成していた。フィラデルフィアには南北戦争以前からのアボリショニストの伝統があった。クエーカー教徒や白人リベラルの黒人支援組織、また後に触れるような、黒人自身のしっかりした教会組織が存在し、生活扶助や青年の教育に貢献していた[44]。

一方で、南部から移住してきた黒人自身、技術のある労働者も多く、賃金労働や小規模自営業で収入を得ることができ、自立していたとも考えられる。表2によれば、1949年から1959年の10年間で白人では5万人、非白人では10万人（1.5倍）の労働人口増があるが、このことによって貧困層の比率が著しく増加したわけではない。1959年には非白人の約43％が貧困状況（収入2000ドル未満）にあったのだが、同時に、人数として1万人近く（3.7％）の比較的富裕な層（収入6000ドル以上）も誕生していることがわかる。彼らは、白人地域には居住困難であったため、そのほとんどが、黒人コミュニティ内に居住していた。

表3は1960年の業種別の就業人口割合である。非白人の多くは製造業、

第2章 「下からのアファーマティブ・アクション」

表2 フィラデルフィアにおける人種別個人収入
(1949年と1959年 14歳以上の収入のある個人を対象とする)

収入(ドル)	白人				非白人			
	1949年		1959年		1949年		1959年	
	人数(人)	%	人数(人)	%	人数(人)	%	人数(人)	%
1000以下	135,925	17.4	158,375	19.5	48,995	30.4	61,397	25.3
1000-1999	157,690	20.5	106,501	13	53,060	33	51,263	17.5
2000-2999	205,955	26.7	101,888	12.6	43,265	26.9	50,295	19
3000-3999	154,860	20.2	110,638	13.6	12,500	7.7	42,913	16.3
4000-4999	56,500	7.3	108,169	13.3	1,865	1.2	32,329	12.1
5000-5999	28,465	3.7	92,216	11.3	605	0.2	16,100	6.1
6000以上	32,260	4.2	136,020	16.7	700	0.4	9,664	3.7
合計	769,655	100	813,807	100	160,990	100	263,931	100
平均収入	$2,453		$3,363		$1,594		$2,380	

合衆国センサス (出典：City of Philadelphia Commission on Human Relations, *Philadelphia's Non-White Population 1960 Report No. 3, Socioeconomic Data.*)

　家内サービス業、小売業などに就いた。注目すべきは、専門職に就いている非白人が白人と同率であり、公務員となった非白人は、白人の公務員の割合より多いことである。こうした人々は黒人コミュニティの中で影響力を持ち、コミュニティ改善にも積極的役割を果たした[45]。

　背景として第二に指摘しておかなければならないのは、フィラデルフィア市当局のリベラルな改革的姿勢である。フィラデルフィアでは、1940年代まで共和党市長が選出されていたが、1951年選挙では民主党とリベラル派に推されたジョセフ・クラークが当選した。以後、民主党市長のもと、1970年代まで、市の経済界（大フィラデルフィア運動：The Greater Philadelphia Movement：GPM）、改革派（民主的行動を求めるアメリカ人：Americans for Democratic Action）などが共同で市長を支えた。この市政は、居住区の分離・差別的ゾーニングの改善、白人居住者への居住区統合のための教育、市職員への黒人の採用にも積極的に取り組んできた。その結果、私企業の差別的雇

2 雇用平等をめざして

表3 フィラデルフィアにおける産業別就業人口（1960年）

産業	白人 人数(人)	%	非白人 人数(人)	%
農業・林業・漁業	1,079	0.2	653	0.4
鉱業	142	0.03	82	0.05
建築業	22,943	4.1	10,314	5.8
製造業	211,038	37.4	50,886	28.8
（耐久消費製品）	97,360	17.2	18,374	10.4
（消耗品）	113,678	20.1	32,512	18.4
交通・通信	41,862	7.4	11,715	6.6
商業	121,034	21.4	28,247	16
金融・保険・不動産業	32,624	5.8	3,187	1.8
修理業	16,048	2.8	4,887	2.8
個人サービス業	18,872	3.3	30,771	17.4
娯楽産業	4,115	0.7	965	0.5
専門職	61,929	11	20,300	11.5
公務員	33,326	5.9	14,541	8.2
上記以外	29,080		17,958	
合計	594,092		194,506	

合衆国センサス（出典：*Ibid.*）

用は横行していたが、公務員には多くの黒人が採用された。市の幹部への黒人の登用も進み、1950年代の市長は、黒人聖職者をコミュニティ・リーダーに育て、協力関係を保つ方針であった。また警察の改革にも取り組み、警察に対する市民監視委員会を発足させ、常態化していた警察官による黒人に対する差別的・暴力的扱いにもメスを入れた[46]。1948年にフィラデルフィア市議会は全米で初めての「公正雇用実施条例 Fair Employment Practice Ordinance」を採択、同時に公正雇用実施委員会 Fair Employment Practices Commission（FEPC）が創設され、差別解消の足がかりができた。1952年には FEPC を改組した人間関係委員会 Commission on Human Relations（CHR）が設置され、雇用差別の訴えに専門的に耳を傾ける機関が発足した[47]。CHR は、雇用差別の不当性を訴え、居住地の統合を進めるための映画、パ

69

第 2 章 「下からのアファーマティブ・アクション」

ンフレット、ステッカーなどによって、市民の人種意識の改善に取り組んだ。

しかし実質的効果は微々たるものであったと言える。CHR には執行権がなく、資金と人材不足に直面していたからである。多くの雇用差別の訴えが CHR に持ち込まれているが、表 4 から、CHR の活動状況が不十分であったことが見て取れる。1953 年から 1962 年までの 10 年間で CHR が受理した雇用差別の訴えは 1161 件にのぼり、うち人種差別の訴えが 992 件であった。NAACP と CHR は協力関係にあり、CHR は NAACP の裁判闘争を支援した[48]。差別の訴えは個人から出されるケースがほとんどであり、取り上げられたとしても、原告の勝訴に至る件数は少なかった。人種差別的雇用の証拠は原告側に提出義務があったからである。とはいえ、黒人を支援する公的機関としての CHR の発足は、一つの足掛かりであった。とりわけ、1960 年の年次報告書では、これまで行ってきた、提訴によって調停に入るというやり方では不十分だと自己批判し、企業や雇用者による「積極的取り組み（affirmative step）」を促すべきであり、CHR の指導性が問われているという認識を示している。こうした認識は、1950 年代末の南部市民権運動の高まりの影響とともに、特にフィラデルフィアでは、後に述べる、黒人コミュニティ自体の運動に呼応したものであった[49]。CHR は、1963 年闘争時にも、黒人組織と建設業組合の間に入り、5 月には「市事業契約業者と建設業における雇用差別についての結論および意見書」と題する報告書を市長に送り、建設業における人種差別的雇用を告発した[50]。

1960 年代初頭には、フィラデルフィア市政にも転換期が訪れる。民主党前任者が知事選への出馬を理由に辞任したため 1962 年から市長職を受け継いでいた民主党のジェイムス・テイトは、前任者とは異なる対マイノリティ政策を採った。1948 年以来の民主党市政によるリベラルな改革的施策から後退したのである。テイトは 1963 年の市長選挙で勝利したとはいえ、民主党への支持は大幅に減り、対立候補とは僅差の勝利であった。

テイトは、南部の市民権運動には支持を表明していたが、フィラデルフィア黒人の問題には市議会議員時代から関心を示してこなかった。というのも、彼は白人熟練工の多く居住する地域に住み、彼自身建設労働者組合の出

2　雇用平等をめざして

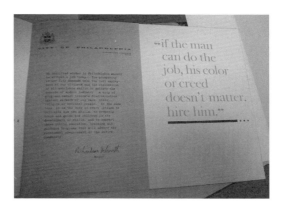

写真1　1950年代、フィラデルフィア CHR によって発行されたパンフレット
(2008年9月著者撮影)

表4 フィラデルフィア CHR が取り扱った提訴件数とその内容

	年	1948-1953	1953	1954	1955	1956	1957	1958	1959	1960	1961	1962	1963
	受領件数	1372	174	170	111	99	117	101	78	109	114	88	136
	決着件数		146	151	139	113	76	111	71	88	91	121	
	審議中		55	74	45	27		56	61	82	105	72	
提訴者	個人提訴	1036	153	142	97	82	105	83	67	101	112	87	135
	市民団体				2	1	1	2		0	1	0	0
	労働組合							1		0	0	0	0
	CHR	136	21	28	12	16	11	15	11	8	1	1	1
提訴案件	人種	805	140	129	93	77	104	90	72	98	108	81	130
	宗教	102	18	11	9	10	4	3	2	8	2	5	5
	国籍	31		6	4	6	2	1	1	1	3	2	1
	複合又は他	234	15	24	5	6	7	6	3	2	1	0	0
決着形態	調停	389	24	42	31	33	17	17	7	12	7	4	
	証拠不十分	635	118	98	96	78	56	83	56	64	73	112	
	無裁定	45	1	4	6	0	1	1	1	6	1	1	
	取り下げ	48	3	7	6	6	2	10	5	6	10	4	
被告の業種	製造業	324	58	50	33	29	28	32	22	25	36	18	29
	卸・小売業	209	11	34	6	27	14	14	14	20	22	23	23
	運輸・通信	183	18	7	23	13	16	5	7	26	3	10	12
	ホテル・食堂	59	8	13	8	2	9	5	6	10	6	4	2
	金融・保険	65	18	8	7	6	5	4	4	3	6	7	16
	建設	49	9	16	4	1	12	7	1	0	10	5	6
	就職斡旋業	57	3	4	3	4	6	5	4	11	5	5	6
	労働団体	74	14	9	3	6	13	13	11	3	13	1	12
	政府機関	33	10	14	10	1	2	2	0	1	0	5	7
	教育機関				4	1	3	6	2	2	2	0	1
	病院				3		1	2	2	1	2	5	6
	その他	119	25	15	4	9	8	7	5	7	9	5	15

出典:フィラデルフィア市 CHR 年次報告 1948 年～1963 年
(CHR による *Annual Report*, in [Record Group 148. 15] によって筆者作成)

身であり、白人建設労働者にも配慮しなければならなかったからである。彼の姿勢は、むしろ、この時期に力を増していた黒人側の反発を招き、1963年闘争の土壌を作った[51]。

　背景の第三のポイントとして、フィラデルフィアでは、白人エスニック集団ごとのまとまりが強かったことも指摘できる。ドイツ系、アイルランド系のみならず、19世紀末以来、南・東欧系移民が、独自のコミュニティや職業別集団を形成していた。黒人への反感は19世紀には白人の暴動となって表れた。階級的自覚を白人性の認識の上に形成した白人エスニックの労働者階級にとっては、急速に人口の膨らんだ黒人は競争相手であり、ある種の脅威と感じられたのである[52]。

　とりわけ建設業における黒人の排除は、歴史的・文化的な側面が顕著であった。人種、性差、エスニシティ、出自によって区別された職業分布が支配的であり、排他的雇用形態はエスニック集団の絆を深めていたと言える[53]。市はCHRを通じて、建設業者や組合に対して市条例を守るよう要請・説得してきたが、それ以上の措置はとらず、業者や組合側もこれらの要請を無視してきたのである。1950年代から、連邦、州、市によるフィラデルフィア市街の大規模再開発が相次ぎ、空前の建設ブームが起こっていた。建設業は極めて大きな労働市場であったが、これら建設現場で働く技術職の黒人の姿は皆無に等しかった。1963年2月、『トリビューン』紙は「ジム・クロウの恋人契約」と題する5回連続の特集記事で、建設労働者の技能訓練教育から、その技能テスト、資格取得の合否、また技能労働者の雇用斡旋・採用までコントロールする職能組合の「事実上の」人種差別を厳しく糾弾し、これらの業者と契約を結んでいる市の姿勢を批判した[54]。

　南部から移住してきた黒人の中には技術を持った労働者が多かった。ところが、建設業での黒人の雇用は運搬作業などの単純・低賃金労働に限られていたのが実情であった。建設業は圧倒的に白人エスニック、特にアイルランド系、ドイツ系が占めていた。白人エスニックであるということがその利益と結びついていた（niche of whiteness）。たとえば、1964年、国際電気労働者兄弟会第32支部（フィラデルフィア）では血縁による絆が強く、その32

第 2 章 「下からのアファーマティブ・アクション」

人の職工のすべてが組合員の息子または甥であった。タイル工第 6 支部のメンバーのほとんどがイタリア系であり、板金工のほとんどはアイルランド系又はドイツ系であった。エスニック集団によって職業が独占されていたのである。彼らはエスニックごとの居住コミュニティを作っており、排他的雇用形態は集団の絆を深めていた。白人エスニック間の婚姻は起こっても、黒人・白人間の結婚は皆無であり、黒人がこれらの居住区に生活することはなかったので、黒人は排他的雇用のネットワークにも参入できなかった。市の雇用機会均等委員会や CHR が雇用主を呼び出したり、組合に対し会議に出席を要請したりしたが、ほとんど無視された。求人はほとんど口コミ、縁故で行われ、組合側の言い分は、黒人が応募してこないだけだということであった。こうした状況に対して、人種差別の訴えは出されたが、差別の証明責任は提訴した側にあった。前述のように、1950 年代から 1960 年代にかけて、フィラデルフィアは空前の再開発による建設ブームの中にあり、連邦、州、市の資金による大規模なプロジェクトが相次いだ。こうした再開発や建設は、ほとんど市の中心部を対象としており、黒人居住者は立ち退きを迫られた。そのうえ、その建設現場で働く黒人の姿がほとんどなかったことは、ことさらに黒人の怒りを買ったのである[55]。

2.2 第一段階：セレクティヴ・パトロネージ・プログラム

ここからは、1960 年代初頭、フィラデルフィアで平等雇用を求める運動を牽引した二人の市民権運動家、レオン・サリヴァン牧師と当時の NAACP フィラデルフィア支部長であったセシル・ムーアの活動を追いながら、フィラデルフィアにおける「下からの AA」の生成過程を検討してゆく。フィラデルフィアを舞台とした 1960 年代の黒人運動は、南部の市民権運動に匹敵する意味がある。1964 年市民権法制定による「法的平等」の上に「実質的平等」を確立するために、どのような道筋があるのかについては、1960 年代後半の市民権運動内部で意見の一致をみることがなく、運動のリーダーシップをめぐって対立や勢力争いが始まった。北部の都市部では、黒人の市

2　雇用平等をめざして

民権の内容は、当初から、雇用の平等、生活水準の改善などの、まさに「実質的な平等」であった。フィラデルフィアでは、1950年代中葉から、市民権の問題は「教育」と「仕事」の問題であるとして、黒人市民の行動力に依拠した闘いが展開された。1960年代初頭のNAACP主導の運動が、市当局からAA政策を引き出すことができた背景には1950年代の「草の根のAA」闘争があった。この運動の中で、上に挙げた二人のリーダーの果たした役割は、決定的に重要であった。

1952年、ニューヨークから北フィラデルフィアのジオン・バプティスト教会に、レオン・サリヴァン牧師が赴任してきた。彼は、ウエスト・ヴァージニア州立大学の学生時代から市民権運動に関わり、アダム・クレイトン・パウエル（Adam Clayton Powel Jr.）に誘われて、ニューヨーク、ハーレムの教会に赴任した。ニューヨークではパウエルの仲介で、A・フィリップ・ランドルフ（A. Philip Randolph）とともに活動した。1941年には、ランドルフによって計画された「ワシントン大行進」の組織化にも協力している。サリヴァン自身の言によれば、彼の後の活動原則「行動の統一」は、パウエルとランドルフから学んだものである。この頃、彼はニューヨークで「人種平等会議（CORE）」を立ち上げたバイヤード・ラスティン（Bayard Rustin）とも行動を共にした[56]。

サリヴァンは、フィラデルフィアに赴任後すぐさま、「教会の壁を越えて」コミュニティ改善の活動を展開し始めた。1953年には「青少年問題対策会議（Philadelphia Citizens Committee Against Juvenile Delinquency and Its Cause）」を立ち上げ、犯罪防止、更正援助、スポーツ・文化活動、市街地の清掃など、ありとあらゆる青少年育成の活動に取り組んだ。また、自分の教会の地下室に「青年雇用センター」を開設して、人種を問わず青年たちに仕事の斡旋を行った。1950年代、黒人に対する雇用差別はあからさまであった。黒人青年の慢性的な失業が彼らの貧困、生活荒廃の最大の原因であると認識したサリヴァンは、フィラデルフィア黒人の取り組むべき課題は、南部市民権運動の支援ではなく、ここフィラデルフィアにおける雇用差別を解消することだとして、ユニークな運動を開始した[57]。

第 2 章 「下からのアファーマティブ・アクション」

1958 年、サリヴァンが提唱したのは「選択的購買プログラム（Selective Patronage Program）」と呼ばれた、「働くことができないところでは買わない」ことを教会員の共同行動で実行した不買運動である。サリヴァンを中心に組織された牧師集団「400 人委員会」が、人種差別で訴えられた企業や商店に対する不買運動を、教会の祭壇から呼びかけた。黒人コミュニティにおける教会の組織力は絶大であり、サリヴァンによれば、最大の成功の要因は、プログラムの「開始」と「終了」を、祭壇からの指令だけで、「最小限の」時間で達成できたことであった。この運動の特徴はプログラムの名前からわかるように、「不買」ではなく「選択的購買」であり、不当な人種差別を受けたと訴え出た黒人の雇用を要求するという戦術は、サリヴァンの知恵だった。「ボイコット」や「優先枠」という微妙な表現は使わずに、「最小限の」黒人の雇用を要求するというこのプログラムは、1963 年まで 29 回展開され、その間、2,000 人以上の黒人が技術職を得ることを可能にした。また、このプログラムのターゲットになることを恐れて、自主的に人種差別は行わないと宣言した企業や商店の数が 300 社に達するという「連鎖効果」もあった。サリヴァンは、「選択的購買プログラム」を推進させた原動力として、教会と 400 人委員会に結集した牧師グループ、高い道徳性、黒人コミュニティの消費者としての能力、そして行動の統一性の四つを挙げている[58]。

フィラデルフィア黒人に自らの力を自覚させた点で、この運動が画期的であったことはもちろんではあるが、さらに重要なことは、CORE の若者たちがこの運動に積極的に参加したことである。フィラデルフィアの CORE には、少なからぬ（白人を含めた）左翼的潮流が含まれていたが、サリヴァンはこれらの若者とも協力した。「選択的購買プログラム」は、一気に運動参加者の幅を広げたのである[59]。

「選択的購買プログラム」は NAACP の指導部とその方針にも影響を与えた。1962 年に NAACP 支部長となったセシル・ムーアは、サリヴァンがウエスト・ヴァージニアに住んでいたこともあり、家族ぐるみの交流もあった[60]。また、サリヴァンの青少年育成活動にはムーアも協力していた。こうした経緯もあって、NAACP フィラデルフィア支部は、裁判闘争の枠組みの

中でのみ問題解決を図るという従来の方針を大きく転換することになる。「選択的購買プログラム」が「眠れる巨人」の目を覚ましたのだった。

2.3　第二段階：1963年「公正雇用実施規定」の制定へ

　1963年4月、COREの若者たち十数人が、市長室を占拠し、座り込みを開始した。「市の建設プロジェクトの契約におけるジム・クロウを終わらせよ」と要求したのである。このCOREの直接行動に対して市長はほとんど対応せず、CHRに調査させることだけを約束した。建設業組合出身の市長はこの時期、再選を狙っており、逃げ腰の態度に終始したのである[61]。

　5月には、フィラデルフィアNAACPの新委員長ムーアが、バーミングハムでの黒人に対する警察による暴力的弾圧に抗議して集会と行進を組織した。2,000人以上が集まったこの集会の中で、ムーアは、「我々は、いかなる形の暴力にも反対する。バーミングハムとフィラデルフィアの違いは、地理的なものだけである。アラバマと同じことが当地でも起こっていることに盲目であってはならない」と演説した。さらに、フィラデルフィアの建設現場における雇用差別に言及して、激しい口調で市を非難し、「我々は、正義のためなら進んで牢にでも入る」と声を張り上げた。ムーアがNAACPの動員力を誇示して、COREの闘争に合流したのである。この後、NAACPやCOREが組織したデモやピケで、市内いたるところの建設現場で作業の停止や混乱が続いた[62]。

　5月14日になってようやく、市長は初めて建設業組合を批判し、「アメリカ人としての責任と義務を果たすよう」求めた。しかし、16日には、ペンシルヴァニア大学周辺の再開発反対住民——再開発によって立ち退きを迫られていた黒人住民——が市長室を占拠、同時に、建設中止で職を失った白人建設労働者が押しかけるなど、市庁舎は騒然となっていた。COREは、差別是正をしないなら、市の建設プロジェクトの全てでピケを張ると警告した。これに対し、組合側も一歩譲歩し、「職業訓練プログラム」に黒人の応募を認めると表明した。これを受けて、NAACPや先の「選択的購買プログラム」を

組織した牧師集団400人委員会が、CHRの車両とともに黒人地域を走り、パンフレットを配布し、黒人青年に「職業訓練プログラム」に応募するよう呼びかけた[63]。

5月20日、CHRは市長に対して『市事業との契約業者と建設業について』と題する報告書を送った。報告書は、非白人の建設業における雇用はほとんど皆無であるという認識を示し、(1)これまで排除されてきた資格のある黒人を、適切な人数雇用する、(2)市は資格のある黒人を市の契約業者に紹介する、(3)業者と組合の雇用斡旋所（union hiring hall）はCHRの監視を受けるという3点を提案した[64]。

5月25日、契約業者と組合がCHRの勧告に従うとして譲歩したが、NAACPは、すでに次のターゲットである31番街サスケハナ・アヴェニューの公立小学校と中学校の建設現場に300人を集結させて取り囲んだ。参加者の掲げたプラカードには、「市長よ、なぜ人種主義を支えるために税金を使うのか」、「黒人の子どもはいつまで正義を待たされるのか」などと書かれていた。26日には小競り合いから警察官の介入を招き負傷者が出た。市長はNAACPを非難した。しかし、警察に守られた資材トラックや労働者がピケ・ラインを突破しようとすると、デモ隊がこれを阻止しようとして取り囲み、その中で負傷者が出るなど、混乱は拡大した。また、その他の市プロジェクトによる建設現場でも、30人から100人の抗議集会が開かれ、市内は騒然となっていた。5月29日、学校建設現場における集会の中で400人委員会が闘争への支持を表明した。ムーアも「差別のあるところではどこでもピケを張る」と演説したが、一方でピケ・ライン参加者に冷静になるようにとも呼びかけた。この頃には、連邦政府もフィラデルフィアの状況に関心を示しており、司法長官ロバート・ケネディが黒人の代表と面会した[65]。

5月末、COREはCHR報告書に対し、「技能職から長年、黒人を排除してきたことを償うために」、市の契約と技能訓練プログラムに、15%の黒人「割当て」を盛り込むよう要求した[66]。この要求は運動内に小さな亀裂を起こした。ムーアがCOREの先走ったやり方に不快感を示し、あくまでも運動の主導権はNAACPにあると主張、「割当て」要求は保留したのである。

NAACPはピケやデモを繰り返す一方で、組合、契約業者、CHRと交渉をしていた。30日には徹夜で交渉し、7項目の合意に達した。この時の合意には「NAACPのみが黒人を代表する」の1項目が含まれており、COREやその他のムスリム系集団をけん制するムーアの意図が現れていた。6建設業組合の中で蒸気管工組合だけは脱落し、「彼らは平等ではなく優遇を要求している」と言って席を蹴った。ムーアは、翌早朝、学校建設現場で待機していた人々の前で、「忍耐と苦しみが実を結んだ」と勝利の報告をし、5月31日にピケを終了させた[67]。

6月には、CHR、NAACP、建設業組合が、雇用平等のための市条例制定に向けて話し合いのテーブルに着くことになったが、話し合いは難航した。CHR責任者であったジョージ・シャーマーは、フィラデルフィアのNAACPが人種差別の解消に果たした役割を高く評価するとしながら、非暴力の平和的手段を貫くよう要請した。また、400人委員会も平和的解決を要請した。一方、NAACPのムーアはCOREを「子どもと不満を持った白人若者の集団」と批判した。市長は、CHRの黒人側に立った発言に不快感を示した。このように錯綜した議論の中で、シャーマーが突然に辞任を表明する。彼は会見の中で、今回の混乱の責任は市長にある、雇用差別の撤廃を求めたこの闘争は「基本的には健全な行為」であると擁護した。前市長時代からコミュニティ改善や人種問題に積極的に取り組んできたリベラル派シャーマーの離脱は、労働組合にとっても衝撃であり、市長も窮地に立たされた[68]。

6月10日、市長は「公正雇用実施規定（Fair Practice Code）」に署名した。この法律は、CHRに市との契約業者を調査、査察し、是正勧告、および悪質な場合、提訴の権限を与えるもので、同時に、CHRに159,000ドルの追加予算が組まれた。また、罰則規定が設けられ、最高300ドルの罰金または90日以内の懲役が科せられることとなった。シャーマーは、この法律自体は「必要条件」であるが、今後これを土台にした「積極的是正（affirmative remedy）」が追求されるべきであるとコメントしている。実際、この後に具体的な雇用をめぐって、NAACP、組合、雇用者との協議が続くことになる。6月20日、COREは再び15％優先枠要求を交渉の議題とするよう要請した

が、NAACPのムーアは、この時点ではCOREと同一歩調をとらなかった。彼は、「黒人に対する長年にわたる建設業界からのほとんど完全な排除による結果は、今すぐに除去されなければならないが、我々の最終的な目標は、能力による雇用である。現在のところ、目標は30％程度と考えている」とコメントした。新聞はムーアが「割当て」に同調したと報道しているが、その文言からは、黒人側の指導者集団で方針の検討が行われた結果、「割当て」の表現はあいまいになっていることが窺われる[69]。

6月末、NAACPと組合の合意書によって、5人の黒人技術者を市の建設現場に採用した。合意書では、レイオフの必要が生じた場合には、先任者優先条項（シニオリティ・システム）に従うことになっていた。その上で、雇用と解雇は皮膚の色、信条、国籍を考慮に入れることなく決定されるというものであった。すなわち、マイノリティ優先の文言は含まれていない。組合側は、この内容で合意するに当たって会議を開いた。その中では、合意は、フィラデルフィア市民と組合の利益に沿うものであり、市の30％を占める黒人市民も納税者であり、その税金によって生み出される「仕事」に就く権利を有すること、また合意が実現されない場合の「混乱」による市民の不利益は計り知れないなどと説明された。組合員は拍手で承認した。組合側は合意を「敗北」とは理解していなかったのである。NAACP側にとっても、この合意は勝利だった。ムーアは、この合意事項は今後の経済的社会的平等を求める闘いへのステップになると確信していた。また、合意はムーアの当初の要求と合致していた。差別的雇用は行わないという基本線が築かれたからである。ムーアは「優先枠」に固執せず、この段階では、少数の——ある意味では「しるしばかりの（token）」とも見える——黒人の雇用でも妥協した。アーサー・ウィリスは、その理由を、黒人技能労働者の数を揃えるには時間がかかるという現実があったからだと説明している。ムーアは、ここで妥協し、次の闘いに備えることを選択した、ムーアは適切な「撤退」と次の攻勢に備えての「隊列の建て直し」の時期のはかり方を知っていた、と[70]。

フィラデルフィアの闘いは連邦政府も動かしていた。ケネディ大統領が6月11日に提案した新しい市民権法案が、19日から審議に入った。法案は、

南部民主党議員の審議妨害（filibuster）にあい、議決が先延ばしにされていた。6月14日、ケネディ大統領は雇用者や労働組合の代表300人をホワイト・ハウスに呼び寄せ、雇用における差別の解消に努めるよう要請し、連邦補助金による技能者養成プログラムにおいて人種差別があってはならないと、労働省長官ウィリアム・W・ワーツに発言させた。続けて同月22日、ケネディはEO11114によって、政府契約による建設プロジェクトにおける雇用差別を禁じ、差別是正のための積極的行動（AA）をとるよう要請した[71]。NAACP本部もフィラデルフィアの闘争を全面的に支持し、北部黒人の雇用問題、特に連邦資金による建設計画における黒人技術者雇用の問題を、今後全国的な課題とすると表明した。AFL-CIO委員長ジョージ・ミーニーは、連邦上院議会での演説の中で、AFL-CIOは南部でも北部でも人種差別に反対の立場を貫いてきた、一部地方支部が長年の偏見や慣行に固執していることは遺憾なことであり是正を求めるとしながら、他方で、「人種的優遇を行うことと、レイオフにおいてシニオリティ条項を覆すことは二つの『落とし穴』である、単に別の差別に置き換えるだけであり」、誤りであると指摘した。また、NAACPの大会へのメッセージの中で、平等雇用を妨げているのは、もちろん人種差別が主原因だが、全国的な仕事の機会の不足があるとして、「黒人コミュニティ、労働運動、連邦政府と多数派である良識あるアメリカ人が、より強力な法制定のため、声をあげなければならない」と述べている[72]。今後、雇用平等の問題が居住空間の統合の問題ともあいまって人種間コンフリクトの火種になるであろうことを予見し、危惧した発言であると考えられる。ただし、1963年のこの時期、歴史的な「1963年ワシントン行進」の実施に向けて、市民権運動組織の大団結の機運が高まっており、NAACPが労働組合を直接に批判することはなかった。

　フィラデルフィアでは8月20日に建設業組合とCHRが合意書に調印し、「技術のある黒人を受け入れるとともに、技術者養成プログラムの差別をなくす」ことが決まった。『ブルティン』紙は「ついにドアが開かれた」と書いた[73]。8月28日には首都ワシントンで「仕事と自由のためのワシントン行進」が行われた。約20万人が全国から集まったが、フィラデルフィアか

第 2 章 「下からのアファーマティブ・アクション」

らも約 18,000 人が参加している。

1963 年の「公正雇用実施規定」では、企業や組合側の「任意の是正 (voluntary affirmative action)」を前提にしていた。しかし、悪質な差別は犯罪とみなされた。CHR の調査・調停活動も厳格化し、CHR は、市の契約業者に対して、その指導に従うという「同意書（Compliance Form）」（写真 2）、企業への「応募用紙（application form）」（写真 3）、および従業員の「人種構成調査結果」（写真 4）を提出させ、差別の有無をチェックした[74]。1970 年代には、第 4 章で詳述する連邦 AA（フィラデルフィア・プラン）が実施されることになるが、CHR はこれとは別のフィラデルフィア・プランを持ち、差別の訴えの有無にかかわらず、市内で営業活動を行う企業に対し、個別のアンケート調査などで、「公正雇用実施」を促す取り組みを続けている。

フィラデルフィアの AA は、他の北部大都市の黒人労働者の目標となり、1965 年以後いくつかの都市で同様の条例、プランが生み出される。1964 年、市民権法の成立後、雇用や住宅などの経済的・社会的差別の解消が全国的課題となるなかで、連邦政府は AA 政策を人種問題解決の切り札として考慮に入れるようになっていく。

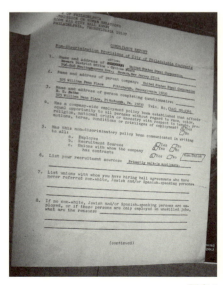 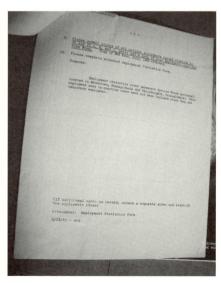

写真 2　同意書

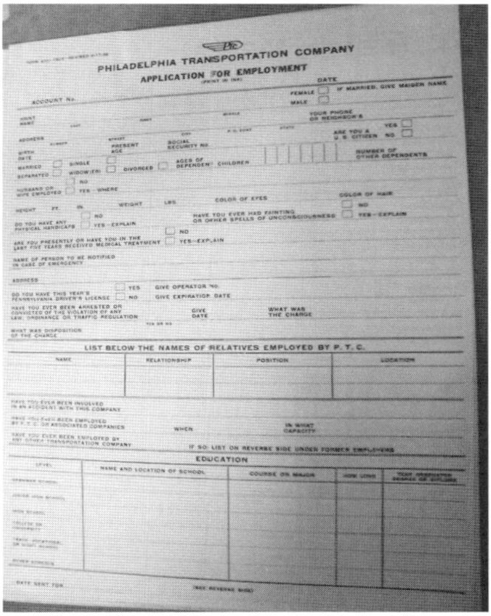

PHILADELPHIA TRANSPORTATION COMPANY
APPLICATION FOR EMPLOYMENT
(PRINT IN INK)

DATE

ACCOUNT No.

FEMALE　IF MARRIED, GIVE MAIDEN NAME
MALE

YOUR PHONE OR NEIGHBOR'S

ADDRESS

ARE YOU A U. S. CITIZEN　YES　NO

PRESENT AGE　SOCIAL SECURITY NO.

BIRTH DATE

MARRIED　SINGLE　SEPARATED　WIDOW(ER)　DIVORCED　AGES OF DEPENDENT CHILDREN　NUMBER OF OTHER DEPENDENTS

HUSBAND OR WIFE EMPLOYED　NO　YES—WHERE

HEIGHT　FT.　IN.　WEIGHT　LBS.　COLOR OF EYES　COLOR OF HAIR

DO YOU HAVE ANY PHYSICAL HANDICAPS　NO　YES—EXPLAIN

HAVE YOU EVER HAD FAINTING OR OTHER SPELLS OF UNCONSCIOUSNESS　NO　YES—EXPLAIN

ARE YOU PRESENTLY OR HAVE YOU IN THE LAST FIVE YEARS RECEIVED MEDICAL TREATMENT　NO　YES—EXPLAIN

NAME OF PERSON TO BE NOTIFIED IN CASE OF EMERGENCY

ADDRESS

DO YOU HAVE THIS YEAR'S PENNSYLVANIA DRIVER'S LICENSE　YES　NO　GIVE OPERATOR NO.　GIVE EXPIRATION DATE

HAVE YOU EVER BEEN ARRESTED OR CONVICTED OF THE VIOLATION OF ANY LAW, ORDINANCE OR TRAFFIC REGULATION　GIVE DATE　WHAT WAS THE CHARGE

WHAT WAS DISPOSITION OF THE CHARGE

LIST BELOW THE NAMES OF RELATIVES EMPLOYED BY P. T. C.

NAME	RELATIONSHIP	POSITION	LOCATION

HAVE YOU EVER BEEN INVOLVED IN AN ACCIDENT WITH THIS COMPANY

HAVE YOU EVER BEEN EMPLOYED BY P. T. C. OR ASSOCIATED COMPANIES　WHEN　IN WHAT CAPACITY

HAVE YOU EVER BEEN EMPLOYED BY ANY OTHER TRANSPORTATION COMPANY　IF SO, LIST ON REVERSE SIDE UNDER FORMER EMPLOYERS

EDUCATION

LEVEL	NAME AND LOCATION OF SCHOOL	COURSE OR MAJOR	HOW LONG	YEAR GRADUATED DEGREE OR DIPLOMA

DATE SENT FOR　(SEE REVERSE SIDE)

U. S. MILITARY SERVICE

BRANCH OF SERVICE	DATES	PRIMARY DUTY	GRADE	TYPE OF DISCHARGE
	FROM / TO			

EMPLOYMENT HISTORY

EMPLOYED BY	DATES	POSITION AND LAST SUPERVISOR'S NAME		REASON FOR LEAVING
NAME / STREET ADDRESS / CITY AND STATE	FROM / TO	POSITION / SUPERVISOR'S NAME		
NAME / STREET ADDRESS / CITY AND STATE	FROM / TO	POSITION / SUPERVISOR'S NAME		
NAME / STREET ADDRESS / CITY AND STATE	FROM / TO	POSITION / SUPERVISOR'S NAME		
NAME / STREET ADDRESS / CITY AND STATE	FROM / TO	POSITION / SUPERVISOR'S NAME		
NAME / STREET ADDRESS / CITY AND STATE	FROM / TO	POSITION / SUPERVISOR'S NAME		

LIST BELOW ANY ADDITIONAL INFORMATION RELATIVE TO YOUR QUALIFICATIONS WHICH WILL ASSIST US IN DETERMINING YOUR QUALIFICATIONS

SIGNATURE

APPLICANT—DO NOT WRITE BELOW THIS LINE

Interviewer:

TESTS

REMARKS

OTHER

写真 3　志願書

COMPANY Chock Full o' Nuts

EMPLOYMENT STATISTICS

OCCUPATIONS	MALE EMPLOYEES Total Males	Minority Groups Negro	Jewish	Spanish American	Female Employees Total Females	Minority Groups Negro	Jewish	Spanish American	Anticip. Hires next 3 months	Total All Employ.
OFFICIALS & MANAGERS	2	1	1							2
PROFESSIONALS										
TECHNICIANS										
SALES WORKERS										
OFFICE & CLERICAL										
CRAFTSMEN (skilled)										
OPERATIVES (semiskilled)										
LABORERS (unskilled)	3	3								3
SERVICE WORKERS					13	11				13
TOTAL	5	4			13	11				18
Total Employment One Year Ago (if available)										
Note: Figures for the following classifications shall also be included in the appropriate category above the "Total" line										
Apprentices										
On-the-job Trainees White Collar										
On-the-job Trainees Production										

A current copy of either the Compliance Report (Standard Form 40) for the President's Committee on Equal Employment Opportunity, or of the Plans for Progress Report (Form [illegible]), if available, is a satisfactory substitute for this Statistics Form.

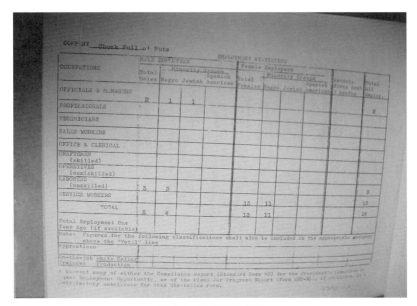

写真 4　従業員調査票

（写真 2, 3, 4　2008 年 9 月著者撮影）

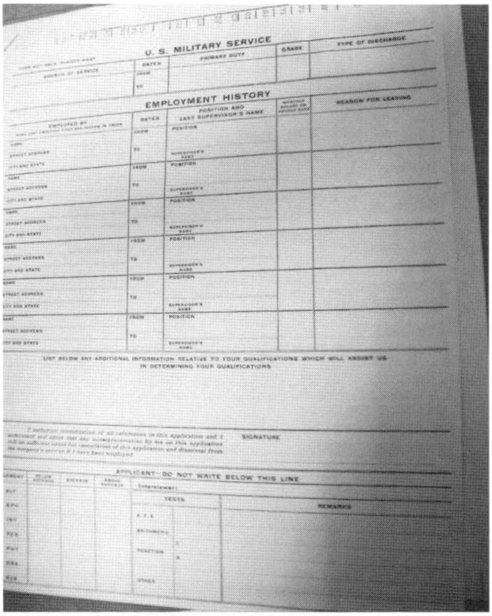

第 2 章 「下からのアファーマティブ・アクション」

暴動を乗り越えて
―――「下からの AA」を実践する―――

　1964 年 7 月には市民権法が制定されたにもかかわらず、北部大都市では相次いで大規模な暴動が発生した。また、この年は大統領選挙の年でもあった。ムーア等、運動を率いていた者は、黒人の不満は高まっているとして、フィラデルフィアでも暴動の起きる可能性は大きいと警告していたが、旧 NAACP フィラデルフィア指導部の人々は楽観的だった。しかし、8 月末に、フィラデルフィアでも大きな暴動が起きた[75]。

　暴動は、警察と市民の事実認識の行き違いによる些細な小競り合いから始まったが、瞬く間に北フィラデルフィア一帯に広まり、白人経営の商店が略奪、投石、放火のターゲットとなった。判明した暴動の原因は「流言蜚語」であり、意図的にこれを流し、人々を扇動したムスリムの活動家が後に逮捕されている。ムーアやサリヴァンたちは市や警察の依頼を受け、「警察によって殺された」とされる婦人を横に乗せて暴動地域をパトロールし、ハンドマイクで家に帰るように呼びかけて回った。しかし、この車にも暴徒は石を投げ、ムーア自身も負傷した。この暴動の渦中で、彼らが痛感したのは自律的コミュニティの必要性であった[76]。

　サリヴァンは 1964 年 1 月からオポチュニティ・インダストリアライズド・センター（Opportunities Industrialized Center：OIC）という、黒人の自立を促す職業訓練施設の設立に没頭していた。刑務所であった建物を市から借り受け、企業、商工会議所、個人からの寄付などによって資金をつくり、この建物を改造し、住民の必要に沿った教育を提供した。OIC は、単に技能を教えるだけではなく、基礎学力、生活の規律、そして英語教育を重視した。たとえば、具体的な技能コースに入る前に、入学者はフィーダー・プログラム（Feeder Program）と呼ばれる、2 週間から 6 ヵ月ほどの基礎訓練を経なければならなかった。入学対象者には、黒人青年のみならず、高校をドロップ・アウトした者、犯罪や麻薬に染まってしまった若者、移民の子弟、さら

84

には、中高年失業者も含めた。入学の勧誘のために黒人地域の家庭訪問も行われた。運営や教師には教会牧師のみならず、CORE に結集した学生ボランティアなどが当たった。1965 年にはジョンソン政権による「貧困との戦い」関連予算からの援助も得た。サリヴァン自身の言を借りれば、OIC が最も重要視したのは、コミュニティであった。OIC はコミュニティのニーズから生まれ、コミュニティ自身が運営し、利益はコミュニティに還元されるという原則を守ったと、彼は強調する[77]。

さらにサリヴァンは、コミュニティの活性化のため、黒人住民の出資と運営によるショッピング・センター、「プログレス・プラザ（Progress Plaza）」の設立なども行った。サリヴァンの活動は 1968 年大統領選挙戦を闘っていたニクソンの注意も引いた。選挙戦の最中、ニクソンは OIC を訪問している。この時、サリヴァンは「ブラック・キャピタリズム」の優等生としてニクソンの賞賛を受けた。OIC は、ニクソンが選挙中訪問した全米唯一の黒人地域の中心にあったのである[78]。

サリヴァンは、「選択的購買プログラム」によって一定の成果を得るなかで、「準備ができていない統合は挫折である」と認識した。彼は、「自由競争制度」を支持し、これが「世界でもっとも偉大な制度」であると認め、黒人をこの競争に参入させること、「パンくず」でなく「パン」を獲得できるようにすることを OIC の目的とした。すなわち、企業の要請する技術・技能を黒人青年に修得させて、自立した労働者として産業界に送り込むことである。しかしながら、それは政府主導の「上からの」プログラムではなく、黒人民衆自身の下からの運動でなければならず、それゆえ、黒人「ゲットー」の中心に位置しなければならないとサリヴァン自身が語っている。フィラデルフィアの「戦闘的」運動のリーダーと彼らの情熱を、「生産的」な「教育」と「職業訓練」の分野で生かすこと、自立した「納税者」を育てること、そのことによってアメリカ社会に貢献すること、また貢献しているという自覚を黒人が持てるようになることを目指したのである[79]。

この点に関して川島正樹が以下のように評価している。黒人自立化の地域運動は、「伝統的に『アメリカニズム』が称揚してきた『自助努力』の要素

第 2 章 「下からのアファーマティブ・アクション」

を取り入れて、広範な国民的支持の確保に努めつつ、税制優遇措置や純粋競争方式の補助金支給など、政権交代に左右され難い、政府の間接的・直接的支援制度を巧みに利用し、志を共有する個々人と社会的支援のネットワークを組み合わせている。生まれながら不利な条件を背負わされた人々の自立を社会的に保証する仕組みの構築を目指す」、人種の脱構築の試みと見ることができる、と[80]。

　一方、ムーアは自己の立場をより鮮明にし、大衆とともにあることを宣言し、ますます旧 NAACP 指導部と対立した。1965 年初頭、支部委員長選挙で圧勝するとすぐに、黒人地域の中心にありながら黒人への門戸を閉ざしていた、ジラード・カレッジ（Girard College）の人種統合を求める闘争に着手した。ジラード・カレッジの人種統合は、NAACP 旧指導部が 1950 年代に裁判に訴えて敗訴していた、いわく因縁のある問題だった。ムーアは学校をデモで取り囲み、裁判闘争と結びつけて、黒人に門戸を開くよう要求した。学校の塀を取り囲む行進は 7 ヵ月と 17 日間、一日も休まず続けられた。3 年後の 1968 年、連邦最高裁判所は「白人男子の孤児のみを受け入れる」というジラード・カレッジの入学規定は違憲であると裁定した。ムーアと北フィラデルフィアの黒人コミュニティの勝利であった[81]。

　ムーアによる「ジラード・カレッジ闘争」は、1960 年代の後半、フィラデルフィアの多くの若者をひきつけた。この時期、「長く暑い夏」に悩まされ、荒廃した多くの北部大都市の状況とは異なる様相をフィラデルフィアは呈していたことになる。1960 年代後半、特に北部都市部で影響力を拡大しつつあったブラック・パワー勢力も、フィラデルフィアではムーアら NAACP 内の活動家集団と協働した。彼らは、1967 年に高等学校のカリキュラムをめぐって闘われたデモンストレーションや同盟休校にも参加した。ムーアの反リベラル・エリート的姿勢、黒人の自立を鼓舞する言辞は、ブラック・パワーの若者たちにも支持されたのである。3,000 人の高校生の集会に負傷者を出すまでの弾圧を加えた当時の警察署長フランク・リッゾは、彼らの共同の敵となり、教師、校長を含め教育委員会、新聞、市民が警察と市当局の姿勢を批判した[82]。

しかし、NAACP本部とフィラデルフィアNAACP旧指導部はあくまでも、ムーアとの同一歩調を避けようとした。1967年、NAACPフィラデルフィア支部は本部の方針により、五つの支部に分割された。この分割には、フィラデルフィア支部内の反ムーア勢力の策動があったとされている。ムーアの手法はNAACPの基本路線とはそぐわないものであった。分割により、ムーアの影響力は北フィラデルフィアのみに縮小されることになった。彼はこれを機にNAACPを去り、新しい運動組織を発足させた。新しい組織は「黒人独立連合（Black Independent Alliance）」と名付けられ、主に青年、特にストリート・ギャング達を結集した。1968年まで続いたジラード・カレッジ闘争の勝利は、ムーアが動員したこれらの若者に負うところが大である。ムーア自身は、NAACPを去ってからは、弁護士活動の傍ら、これら青年たちの教育や社会復帰への支援、相談などに奔走した[83]。

　ムーアは、自らをブラック・パワーであるとして、まず白人との協調路線をNAACPから排除し、黒人の自立を主張したが、サリヴァンの立場はむしろ現実路線であったと言えるだろう。サリヴァンが、川島正樹の言う「人種の脱構築」を明確に目指したかどうかは確認できないが、OIC委員長トマジニア氏（2004年）の言によれば、OICはその設立当初から、黒人のみならず白人エスニック、ラテン系、ネイティブ・アメリカンも受け入れていた。サリヴァンは、連邦政府からの援助は民主党、共和党の政権交代の中で揺れ、減少した時期もあったが、現在の成功の原因は、第一に経済界や政府との間にコネクションを保ち続けたこと、第二に全米に拡散するOIC支部が、それぞれ自立的に、その地域コミュニティのマイノリティや不利な立場にある人々の育成を中心課題としたことであると述べている。「人種を問わず、不利な立場にある人々を最優先と考えている」という基本方針は、現代アメリカの人種問題を捉える上でも重要なテーマであり、「コミュニティ（ゲットーではなく）の現実から出発したサリヴァンの運動を支える理念である」。「貧困はカラー・ブラインド」であるとして、黒人のみならず全ての「緊急を要するほど不利な立場にある人々（disadvantaged at risk）」にOICは門戸を開いた。この理念を掲げて、サリヴァンは、白人企業経営者や指導層との「交

第 2 章 「下からのアファーマティブ・アクション」

渉」を積極的に行った。1964 年暴動に関わった多くの青年たちを、OIC は再教育し、技術を身につけさせ、仕事を斡旋した[84]。政府・財界・フォード財団は 600 万ドル以上の支援金を OIC に拠出している[85]。ムーアらの市民権運動を通じた「黒人自立」のスローガンは、サリヴァンの目指す経済的自立と共鳴し、運動の方向性への市民の信頼度が高かったと言える。ムーアの長女、セシリー・バンクスは、「サリヴァン師と父はよく話し合っていた」、フィラデルフィアでは、「デュボイスと B・T・ワシントンが協働したかのようであった」と述べている[86]。このような黒人コミュニティ指導層のエンパワメントは、無視できない政治勢力に成長していたのである。

1965 年、フィラデルフィアは、ジョンソン政権の掲げた「貧困との戦い」に呼応して「反貧困行動委員会（Philadelphia Antipoverty Action Committee：PAAC）[87]」を市長直轄で立ち上げた。しかも、この委員会には CORE、NAACP などの市民権運動団体代表、教区代表を含めたのみならず、委員会構成員の三分の一に当たる 16 名は、市の指定する「貧困地域」から選挙で選出された。これは、暴動や混乱を回避し、黒人コミュニティに政治参加を促し、選挙でも支持を得たいという民主党市長の思惑の表れでもあった[88]。

1967 年にジョンソン大統領によって組織された「都市暴動に関する国家諮問委員会（カーナー委員会）」は、1968 年 3 月に「白人の人種主義」が都市暴動の基本的原因であると指摘し、アメリカ社会は二つに分裂しつつある、「ひとつは白く、ひとつは黒い、別々で不平等」な社会であると分析した。フィラデルフィアにおいて、暴動の事態を回避したいという願いは、1964 年暴動を経験した黒人コミュニティ指導者、市当局、市民に共有されていた。カーナー委員会は、サリヴァンに、フィラデルフィアの取り組みの経験を報告させている。サリヴァンは自らの運動を評価しつつ、黒人青年の行動力を引き出すことは、アメリカ社会にとっても有益であると述べている[89]。フィラデルフィア黒人コミュニティのリーダーたちの、こうした柔軟性のある政治的力量は、1970 年代以降も受け継がれることになる。

4　1970年代以降のフィラデルフィア市民権運動

　この節では、1970年以降、フィラデルフィアの市民権運動がどのような形で受け継がれ発展したのかを概観する。1960年代末、「上からの連邦AA（フィラデルフィア・プラン）」提案によって、市民権運動と労働運動は分裂の危機に陥ることになるのだが（第3章と第4章で詳述する）、これまで述べてきたように、ムーアやサリヴァンの主導した運動に結集した青年たちは、1960年代末の危機を乗り越えて、北部大都市における人種問題の課題を認識し、新しい方向性を模索することになる[90]。ピーター・N・キャロルは、アメリカ人（特に政治家）が政治的判断によって、1970年代をアメリカ人にとっては忘れたい時代であると決めつけていることに反論している。キャロルによれば、1970年代とは、1980年代以降今日にまでつながる、多くの重要な問題が提起された時代だった。都市問題（global inner city・空洞化）、経済の後退、失業、新保守主義などの深刻な問題が昂進した一方で、そのカウンターとして、女性の権利拡大運動、反核運動、環境保護運動、ジェントリフィケーション反対運動などが盛り上がり、政治や政策を動かす力ともなった時代であった。キャロルは、これを「静かな革命」として、社会の深いところで、広がりをもって起きていたと述べている。フィラデルフィアでも「静かな革命」とも言えるものが起きていたのだろうか[91]。

　1968年はフィラデルフィア市民権運動の絶頂期となった。NAACPセシル・ムーアを中心に1960年代の運動を牽引した人々は、黒人の政治的力量の拡大を確信し、1968年には黒人政治フォーラム（Black Political Forum：以下、BPF）を立ち上げた。BPFは、「共闘というより、これまで白人の手にあった市政のリーダーシップを黒人が獲得するための、黒人居住区の指導的立場の人々による協調」と謳い、市議会に黒人議員を送り込むこと、黒人市長を誕生させることを目標とした。ところが、BPFは、権力追求を目的とするが故に、内部で主導権争いが絶えなかった[92]。この点は第5章で検討

第 2 章 「下からのアファーマティブ・アクション」

するリッチモンドの RCV と似ている。このことが象徴的に露わになったのが、1972 年の市長選挙だった。

　1969 年、ニクソン政権による「改訂フィラデルフィア・プラン（RPP）」の実施を支持し、推進してきた黒人コミュニティと黒人政治家は、それが実現したことによって、自らの政治的影響力を自認し、さらに拡大することを目指すことになる。しかし、市長テイトは、RPP をめぐる政治的混乱の中の微妙な市民感情と政治動向を敏感に察知していた。テイトは、次期市長候補として、警察署長であったフランク・リッゾ Frank Rizzo を推薦したのである。リッゾを警察署長に任命したのもテイト市長だった。現市長が直接打診し、次期市長候補を内定するという違法まがいの裏工作のもと、リッゾは市長に立候補を表明した。この事態に対してフィラデルフィア民主党内は混乱し、リッゾに対抗する勢力（市民権派）は、まとまることができなかった。特に、黒人指導層のリッゾを嫌悪するグループは、市民権運動推進派の合意を得ずに、BPF 設立者でもあった弁護士のハーディ・ウィリアムズ Hardy Williams を担ぎ出した。予備選挙は、リッゾ、白人リベラル、黒人候補の三つ巴となり、その結果、1972 年市長選挙では、フランク・リッゾに勝利を許すことになった。1950 年代以来、歴代フィラデルフィア市長は、比較的リベラルで、市民権運動とも親和的な人材が続いてきたが、ここにその流れは止まった。リッゾは同年の大統領選挙でニクソン支持を表明し、「フィラデルフィアのニクソン」と呼ばれるほどその親密さを誇示したことによって、民主党からは「裏切り者」と呼ばれた。また、元警察署長という立場を使って、犯罪の摘発、犯人逮捕、諸種の運動に対する取り締まりなどに手腕を振るった。1970 年代、フィラデルフィア市は最も反黒人的な市長を持ったのだった[93]。

　リッゾが市長であった 8 年間は、市民権運動にとっては逆風の吹いた時期であったと言える。しかしながら、キャロルも指摘したように、彼に対する反発が、かえって人種を超えた共闘の必要性を住民運動側に認識させることになり、実際に黒人コミュニティとその周辺の地域住民は、警察の民主化、住民本位の地域再開発などを求めて、人種を越えた共闘組織と運動を形成し

てゆく。これは、1960年代とは異なる政治的展開である。

　フィラデルフィアの黒人人口は、1960年代初頭で30％、1970年代には40％に達してはいるものの、一貫してマイノリティである。黒人住民は、センター・シティを囲むドーナツ状地域に居住した。アンソニー・ハンターは、このような黒人地域の有り様を「ブラック・ベルト」と呼んでいる。1970年代以降、経済のグローバル化による主要産業の南部、さらには海外への移転によって、フィラデルフィアも急速な空洞化に見舞われた。それにともなって、ブラック・ベルトおよびその周辺の様相も一変した。他の多くの北部大都市と同様、放置された空き工場・空きビルが目立つ荒廃地域が広がることになる。このような地域に残されたのは有色の貧困層だった。1965年改訂移民法以降流入した、アジア系、ヒスパニック系移民の多くは、ブラック・ベルトおよびその周辺地域に住み、彼らはそれぞれの移民集団を形成しながら混住した。彼ら住民が目の当たりにした周辺の荒廃は、彼ら自身が取り組むべき課題となり、このことが人種の枠を超えて協働する契機となった。

　たとえば、北東部ケンジントン地域は、全米有数の毛織物・カーペット工場が立ち並び、工場労働者が周辺に居住していたが、1970年代以降の産業の衰退、工場閉鎖の中で荒廃し人口減に見舞われた。郊外に移転できずに残された住人は職の無い貧困層である。その結果、麻薬、売春、暴力がはびこる、アメリカで最も危険な地域の一つとなってしまったのである。州当局は、スラムを一掃し、商業施設を呼び込み、経済を活性化させ、土地価格を上げること、すなわちジェントリフィケーションを行うという方針を打ち出した。しかし、このことによって追い出されるのは、黒人を中心とした、ここに取り残された住民であった。彼らは住民本位の市街地改革を求めてジェントリフィケーション反対運動に立ち上がり、住民組織（Community Based Organizations：CBOs）を結成した。この組織は人種・エスニシティが混在したネットワークで、居住地域の住環境を守ることを目的とした。彼らにとって、地域は「売るための（Community of Exchange Value）」ものではなく「住むための（Community of Use Value）」ものだった。不動産会社などに

第 2 章 「下からのアファーマティブ・アクション」

よる外からの、住民の頭越しの土地の売買に規制をかけるよう州当局や市当局に要求し、売却価値を上げるためではなく、住人の安全、住みやすさを優先した市街地改革に自ら取り組もうとした。CBOs は運動団体でもあったが、公園の整備・清掃をはじめとして、近隣住民の集まる共同施設の設置、青年層への就職のあっせん、学校改革など、ありとあらゆる地域改善の取り組みを行った。ジュディス・グードとロバート・オブライエンはこのようなネットワークを「人種横断の社会関係資本（Inter-racial social capital）」と呼び、連邦政府や市の地域活性化助成金を利用しながらも、「住民」の立場を尊重した、市民的自治の観点からの街づくりの取り組みだと評価している[94]。

また、ブラック・ベルトの南端、セヴンス・ワードでは高速道路設置反対の運動が繰り広げられ、1980 年代にはこの計画を中止させた。セヴンス・ワードとは、19 世紀以来の黒人地域である。1840 年代には、白人の暴動があり、黒人住民が襲われた。19 世紀の末にデュボイスがこの地域に入り、先駆的な社会学的調査を行っている[95]。この地域の北の境界線となるサウス・ストリートの上に高速道路を建設する計画が 1940 年代から存在したが、1960 年代から 1970 年代に州や市経済界のバックアップを得て、市長及び市当局が具体的に建設計画の日程を組む段階にまで至った。リッゾ市政のまとめた 1972 年の建設計画では、建設のための立ち退き住居、建設会社までも詳細に提案されていた。これらの動きに対して、セヴンス・ワード住民は反対の運動を急速に展開した。

反対運動を成功させるためには周辺の住民の協力が必要だった。セヴンス・ワード北側は、独立記念館などの建築物が集積する歴史保存地区であり、隣接するソサエティ・ヒルは白人中産階級の居住地域でもあった。セヴンス・ワード住民はこれら周辺の住民にも、高速道路建設による騒音、環境破壊の弊害を訴え、また、人種的分断の道路建設であることを主張した。この運動は、1960 年代の市民権運動とは要求の内容も、手法も異なっていた。市発展のための大規模建設事業であり、雇用の促進にもつながると宣伝されたため、NAACP など市民権運動団体からは支援を得ることができなかった。

4　1970年代以降のフィラデルフィア市民権運動

しかし、このような状況の中で、女性を中心とした反対運動組織「ホーソーン・コミュニティ（Hawthorne Community）」が結成され、署名運動などを展開した。彼らは、周辺の白人コミュニティの組織を吸収して人種横断的な市民組織に成長した。市の再開発はどうあるべきかについて提言（Hawthorne Plan）もできる能力を持つほどの組織となった。結局、高速道路建設はリッゾの時代にも着手できず、1980年初頭に断念されることになる[96]。BPFのような黒人の政治権力追求団体やNAACPなどの従来の市民権運動推進団体とは一線を画した、住民運動の勝利であった。

以上のように、1970年代の以降のフィラデルフィア市民権運動は、人種横断の共闘による融合（cross-fertilization）によって存続し発展した。黒人の政治的リーダーシップや権力奪取が動機となったというよりは、住民の具体的な生活改善や住環境の改善を目的としたコミュニティ活動ないしは運動の実践を契機に、共闘の必要性が自覚されたからであろう。この流れの中で1984年、ついに黒人市長が誕生することになる。

リッゾ市長（1972-1980）は市政を牛耳り、市条例を改正してまで3期目の市長の座を目指していたが、市政を私物化するあまりにも身勝手な彼の思惑は、市民からの反発を買い、条例改正はならず、3期目の市長立候補を断念した。1979年市長選挙は、民主党のウィリアム・グリーンが勝利した。民主党内の予備選挙で、黒人弁護士であり市民権活動家であったチャーリー・バウザーに対して僅差の勝利だったことから、グリーンは市政運営上、黒人の支持の必要性を感じた。そこで彼は、市職員の中からウイルソン・グードという人物に注目し、彼を市職員としては最高位の市行政官（managing director）に抜擢したのである。ある意味で市長への最も近い地位であった[97]。グードはこれまで市職員として、CBOsとともに早朝の公園の清掃や落書き除去の活動に加わり、また、ホーソーン・コミュニティを率いた黒人女性活動家アリス・リプスコムを助け、リッゾ市長にリプスコムらの要求や市街地改革構想を届ける役割を買って出ていた。市民権期以降の次世代の活動家として注目を浴びていた人材だった[98]。

グードという市行政官を得て、黒人コミュニティは勢いづいた。市域の空

第 2 章 「下からのアファーマティブ・アクション」

洞化や人口減による荒廃の影響を直接にこうむることになっていたブラック・ベルトの住民とともに、反ジェントリフィケーション、住民本位の地域改善予算、そして AA 政策の実施要求をグリーン市政に持ち込んだ。その中心にはグードがおり、やがてしばしば市長と対峙することにもなった。その後、1983 年の市長選挙にグードが打って出ることは、市民の目には自然の流れと映った。

市長選の中でグードは以下のように演説を行っている。

> 私は、より良いフィラデルフィアを作りたい。皆さん、手伝ってくれますか。失業者を仕事に就かせたい。手伝ってくれますか。…子供たちに可能性を追求させたい。手伝ってくれますか。この町で生きる生活の質の改善の為の施設を作りたい、ごみ焼却炉を改善したい。手伝ってくれますか[99]。

聴衆はこの呼びかけに応え、「Yes! Yes! Yes! I will help you!」と唱和した。2008 年バラク・オバマの大統領選挙を彷彿させる盛り上がりの中でグードはフィラデルフィア市長に選出されたのである。黒人有権者のほとんどとホーソーン・コミュニティなどの住民運動で結びついた白人有権者がグードの支持票であったという[100]。その支持層の分厚さは、グード自身の市職員としての業績や地域での奉仕的活動の賜物であるとともに、1970 年代の政治情勢に柔軟に対応した市民権運動勢力の政治力であった。フィラデルフィア初の黒人市長の市政運営に対する評価は議論の余地のあるところではあるが、グードは、2 期にわたって市長を務めた[101]。

おわりに

本章では、1960 年代初頭、AA を連邦に先駆けて実施させたフィラデルフィアの黒人の闘いについて、そのリーダーシップに焦点を当てて考察し

た。フィラデルフィア NAACP が、冷戦期 1950 年代の自己抑制的運動から「戦闘的」「大衆的」組織に脱皮し、連邦市民権法成立以前から、社会的・経済的平等の実現に成果を挙げたこと、また、「下からの AA」は、黒人コミュニティの再生とエンパワメントを追求する中で可能であったことを検証した。

　ムーアとサリヴァンは、北部大都市フィラデルフィアの黒人の現実と取り組むべき課題を黒人大衆に明確にわかりやすく提示し、彼らの自覚的な行動を引き出した。この間、フィラデルフィア NAACP の会員数は 7,000 人（1962 年）から、5 万人（1965 年）に増加した。増加した会員のほとんどは、北フィラデルフィア地域に住む貧困層であった[102]。ブラック・パワーを唱導したブラック・パンサー党や、ネイション・オブ・イスラムの影響を受けた若者たち、学生からギャング・メンバー、過激派革命家から地域の専門職・知識層、そして町の売春婦に至るまで、「蜂蜜が熊を引き寄せるように[103]」NAACP の運動に参加してきたのである。彼らはすべて「正義と平等の旗のもとに」集まった。1968 年のジラード・カレッジ闘争の勝利集会は、さながら彼らの「祭り」のようであったとアーサー・ウィリスは書いている[104]。それは黒人コミュニティのエンパワメントを誇示するものであった。

　このように「下からの AA」を可能にしたサリヴァンや NAACP の「市民権運動」の基本には、コミュニティの支持と行動があった。サリヴァンは、1950 年代末までの CHR が個人的な苦情処理を説得によって改善しようとしてきた（多くは失敗した）人種差別的雇用を、「非暴力・直接行動」という形の「選択的購買プログラム」によって打開しようとした。黒人住民自身の抵抗運動は、道徳的で平和的であったことによって、黒人コミュニティの外からも支持を得て成功した。1962 年から NAACP を率いたムーアは、抵抗から抗議へ運動の質を高めた。ムーアの手法はむしろ労働組合運動の闘い方であった。NAACP は地域住民を動員し、ロック・アウトに近い形で業務の中止を可能にし、雇用差別や隔離の責任者としての市当局を交渉の相手とした。ムーアが抗議した相手は、差別的雇用を放置ないしは見過ごしてきた市当局、権力者であり、その中には黒人コミュニティ内の古い実力者層も含ま

第 2 章　「下からのアファーマティブ・アクション」

れた。この姿勢が黒人住民の共感を呼んだと言えるだろう。

　「コミュニティの絆は、どんな労働運動の成功にとっても決定的に重要」である。「組合闘争、ストライキ、ボイコット、企業責任追及キャンペーンに地域ぐるみの支援を巻き起こそうと思うなら、コミュニティを基盤とした組織化が鍵」である[105]。雇用差別などの人種問題を個人的な意識の問題ではなく「社会問題」と捉え、人種的対立によってではなく、これを放置してきた市当局や行政の責任を問うことで解決しようとしたフィラデルフィアの闘いは、市民権期以後の AA 政策をめぐっての運動内のジレンマへの一つの解答ではないだろうか。そのキーワードは、コミュニティのエンパワメントであった。

　また、さらに次のようにも言えるだろう。ポスト公民権期、フィラデルフィアの市民権運動は、住民運動と結びつき、またこれをリードして成長した。1970 年代は、ウイリアム・J・ウィルソンの言う「人種の意義の低下」の時代というよりもむしろ「人種の意義の深化」の時代であったと見ることができるのではないか。深化した人種問題を解きほぐすのは、地域やコミュニティの共通の課題に基づく人種・エスニシティ横断の共闘組織の構築でしかない。1983 年の黒人市長の実現は、黒人による政治権力の奪取（ブラック・パワーの実現）というよりも、インター・レイシャルな住民運動の成果だと考えられる。

　1960 年代初頭、フィラデルフィアにおける「下からの AA」を求めた運動は、「カラー・ラインの更新」を要求するものではなかった。むしろ、カラー・ラインのみならず、第二次世界大戦後の冷戦リベラリズムをも乗り越えた、社会改革を目指す運動の一環であったと捉えることができるのではないか。そしてそれは現代 AA に対する別の選択肢となる可能性を持つものであったと考えられる。以下の章では、1960 年代末、連邦政府によって導入されることになる「フィラデルフィア・プラン」が、なぜ、どのように「下からの AA」を方向転換し、上からの「カラー・ライン」の引き直しの道具になっていったのかを検討する。

おわりに

写真5　フィラデルフィア市立公文書館　事務室の掲示板に貼られた市長による AA の声明
(2008年9月著者撮影)

注

1) "CORE Pickets Tate's Home and City Hall," *Philadelphia Bulletin*, April 14, 1963 ; "CORE Says It'll Prod Tate until City Job Bias Ends," *Philadelphia Bulletin*, April 17, 1963.
2) "Mayor Signs City's Fair Practice Law," *Philadelphia Bulletin*, June 10, 1963.
3) Philip F. Rubio, *A History of Affirmative Action 1619-2000*, University Press of Mississippi, 2001, pp. 114-134; Richard A. Keiser, "The Rise of a Racial Coalition in Philadelphia," in Rufus P. Browning, Dale Rogers Marshall and David H. Tabb (ed.), *Racial Politics in American Cities*, Longman, 1990.
4) Thomas J. Sugrue, "Affirmative Action from Below: Civil Rights, the Building Trades, and the Politics of Racial Equality in the Urban North, 1945-1969," in *Journal of American History*, Vol. 91 No. 1, June 2004, pp. 145-173. また、スグルーの議論に基づいて、James Wolfinger, *Philadelphia Divided: Race and Politics in the City of Brotherly Love*, University of North Carolina Press, 2007 は、「北部都市の普通の白人住人 (p. 6)」が、人種や階級の問題において、リベラル方向の合意を妨げる役割を果たしてきたと述べる。これは、「白人の特権的地位 niche of whiteness」を保守しようという傾向の現れである。さらに、以下のスグルーの文献も参照。Thomas J. Sugrue, "Breaking Through: The Troubled Origins of Affirmative Action in the Workplace," in John David Skrentny (ed.), *Color Lines : Affirmative Action, Immigration, and Civil Rights Options for America*, University of Chicago Press, 2001, pp. 31-52.「白人性 whiteness」については、David R. Roediger, *The Wages of Whiteness : Race and the Making of the American Working Class*, Verso Books, 1999

第 2 章 「下からのアファーマティブ・アクション」

(小原豊志・竹中興慈・井川眞砂・落合明子訳『アメリカにおける白人意識の構築——労働者階級の形成と人種』明石書店、2006 年) を見よ。

5) John David Skrentny, *The Ironies of Affirmative Action Politics, Culture, And Justice in America*, University of Chicago Press, 1996, pp. 76-110 を参照。また、Bayard Rustin, "The Blacks and the Unions," in Devon W. Carbado and Donald Weise (edit.), *Time on Two Crosses: The Collected Writings of Bayard Rustin*, Cleis Press Inc., 2003, pp. 239-255 も参照。

6) 貴堂嘉之・戸邊秀明「日米のナショナリズム・国民意識に関する研究史」樋口映美・中條献編『歴史のなかの「アメリカ」——国民化をめぐる語りと創造』彩流社、2006 年、373 頁。

7) Matthew J. Countryman, *Up South: Civil Rights and Black Power in Philadelphia*, University of Pennsylvania Press, 2006 は、フィラデルフィアの市民権運動をブラック・パワーの歴史という視点から再評価した。180-220 頁を参照。

8) 川島正樹「『ボイコット』から『座り込み』へ——地域闘争としての南部市民権運動」紀平英作編『帝国と市民——苦悩するアメリカ民主政』山川出版社、2003 年、213-259 頁は南部モントゴメリー、バスボイコット闘争 (1995) とアトランタのシット・イン闘争 (1960) をこの視点から俎上にあげている。以下も参照。川島正樹『アメリカ市民権運動の歴史——連鎖する地域闘争と合衆国社会』名古屋大学出版会、2008 年。

9) Cecil Basset Moore (1915-1979) ウエスト・ヴァージニア州生まれ。NAACP フィラデルフィア支部委員長 (1963-67) 市議会議員 (1976-79)。

10) Leon H. Sullivan (1922-2001) ノースキャロライナ州生まれ。バプティスト教会牧師。黒人市民権運動家。1980 年代には南アフリカ・アパルトヘイト反対運動にも携わる。

11) Hugh Davis Graham, *The Civil Rights Era: Origins and Development of National Policy, 1960-1972*, Oxford University Press, 1990 のタイトルから。

12) 前掲書、グラハムの研究も、「国内政策」の形成過程としての市民権期の分析である。以下も参照。William T. Martin Riches, *The Civil Rights Movement: Struggle and Resistance*, Palgrave Macmillan, 2004；大谷康夫『アメリカの黒人と公民権法の歴史』明石書店、2002 年。

13) 中野耕太郎「市民権改革の始動　冷戦と人種問題」紀平英作編『帝国と市民：苦悩するアメリカ民主政』山川出版社、2003 年、168 頁。冷戦の文脈からのアメリカ市民権運動研究として以下も参照。Mary L. Dudziak, *Cold War Civil Rights; Race and the Image of American Democracy,* Princeton University Press, 2000; "Symposium African American and U. S. Foreign Relations," *Diplomatic History*, Vol. 20, No. 4 (Fall, 1996), pp. 531-650; Brenda G. Plummer, *Rising Wind; Black Americans and U. S. Foreign Affairs, 1935-1960*, University of North Carolina Press, 1996.

14) 中野、前掲論文、169 頁。

15) Gary Gerstle, *American Crucible; Race and Nation in the Twentieth Century,* Princeton University Press, 2001, pp. 238-267.

16) *Trud* (ロシア語：Труд) は、ソヴィエト連邦の労働組合連合機関誌として発刊されていた日刊紙。現在も部数は減少しているものの存続している。

17) 中野、前掲論文、177 頁。

18) Dudziak, *op. cit*., pp. 38-39.

19) President's Committee on Civil Rights, *To Secure These Rights,* Government Printing Office, 1947, pp. 139-148, quoted in Dudziak, *op. cit*., p. 80.

20) Harry S. Truman, "Special Message to the Congress on Civil Rights," February 2, 1948, *Public Papers of the Presidents of the United States: Harry S. Truman, 1948*, Government Printing Office, 1964, pp. 121-126, quoted in Dudziak, *ibid.*, p. 83.
21) 中野、前掲論文、166 頁。
22) Dudziak, *op. cit.*, p. 105.
23) Gerstle, *op. cit.*, pp. 246-247.
24) ジェームス・W・ローウェン（富田虎男監訳）『アメリカの歴史教科書問題——先生が教えた嘘』明石書店、2003 年、413-425 頁。
25) "Editorials," *The Crisis*, November 1942, p. 343.
26) James Haskins, *Bayard Rustin: Behind the Scenes of the Civil Rights Movement*, Hyperion Books for Children, 1997, p. 22.
27) Manning Marable, *Black Leadership*, Columbia University Press, 1998, pp. 75-96.
28) 中野、前掲論文、182-186 頁。
29) Manfred Berg, "Black Civil Rights and Liberal Anticommunism: The NAACP in the Early Cold War," *The Journal of American History*, June 2007, pp. 74-96.
30) 中野、前掲論文、188 頁。Gilbert Jonas, *Freedom's Sword: The NAACP and the Struggle Against Racism in America, 1909-1969*, Routledge, 2005, pp. 135-149.
31) Berg は前掲論文では、NAACP の冷戦リベラリズムについて、50 年代マッカーシズムの荒れ狂う中で、この組織の生き残りのためには他の選択肢はなかったと議論している。Berg, op. cit., p. 95.
32) Carolyn Davenport Moore、1942 年から NAACP フィラデルフィア支部事務局長。Wolfinger, *Philadelphia Divided*, pp. 85-90 に引用。
33) *Ibid.*, pp. 142-173.
34) サディはペンシルヴァニア大学初の黒人女性法学博士号取得者。弁護士。夫レイモンドもハーヴァード法学部出身の弁護士。Countryman, *Up South*, 2006, pp. 33-47.
35) Arthur C. Willis, *Cecil's City: A History of Blacks in Philadelphia, 1638-1979*, Carlton Press, 1990, pp. 92-94.
36) *Ibid.*, p. 79.
37) Sugrue, "Affirmative Action from Bellow," pp. 153-155; James Spady, *Cecil B. Moore: A Soldier for Justice*, Cecil B. Moore Memorial Committee, 1985.
38) "NAACP Head Against North Philly Project," *Philadelphia Tribune*, January 6, 1963.
39) "Negroes Rap NAACP Head for Boycott Threat," *Philadelphia Bulletin*, January 9, 1963.
40) "3000 Cheer 'New Messiah' Moore at NAACP Rally," *Philadelphia Bulletin*, February 26, 1963; Willis, *op. cit.*, pp. 92-99.
41) 川島正樹「『ボイコット』から『座り込み』へ——地域闘争としての南部市民権運動」紀平英作編『帝国と市民——苦悩するアメリカ民主政』山川出版社、2003 年、213-259 頁。
42) W. E. B. Dubois, *The Philadelphia Negro: A Social Study*, University of Pennsylvania Press, 1996 (Originally published in 1899), pp. 168-178 において、デュボイスは、19 世紀末のフィラデルフィア黒人地域、セヴンス・ワード（市南部）の 2276 家族中、富裕層を 96 家族 4.2％と記録している。21 世紀の現在、この地域は、瀟洒な住宅や商店の並ぶ通りに変容している。
43) Carolyn Adams [et al.], *Philadelphia: Neighborhoods, Division, and Conflict in a Postindustrial*

第 2 章 「下からのアファーマティブ・アクション」

City, Temple University, 1991, pp. 69-99.
44) V. P. Franklin, "Operation Street Corner: The Wharton Center and the Juvenile Gang Problem in Philadelphia, 1945-1958, in Michael B. Katz & Thomas Sugrue (ed.), *W. E. B. Dubois, Race, and the City: The Philadelphia Negro and Its Legacy,* University of Pennsylvania Press, 1998, pp. 192-215.
45) Julie Winch (ed.), *The Elite of Our People: Joseph Wilson's Sketches of Black Upper-Class Life in Antebellum Philadelphia*, Pennsylvania State University Press, 2000 は、フィラデルフィアにおける「上流階級」の人々の伝統を南北戦争以前にまで遡り、フィラデルフィアは南部からの逃亡奴隷のルート、アンダー・グラウンドの終着駅の役割も果たし、これらの上流階級の人々が関わったと論じている。また、Antonio Mac Daniel, "The 'Philadelphia Negro' Then and Now: Implications for Empirical Research" in Katz & Sugrue (ed.), *W. E. B. Dubois, Race, and the City*, pp. 183-189 では、黒人コミュニティの中の富裕層の果たした役割をデュボイスが指摘したにもかかわらず、都市の黒人地域は一般的にはゲットーとして捉えられ、二重の意味でステレオタイプ化されてきたと論じている。Leon H. Sullivan, *Build Brother Build*, Macrae Smith Company, 1969, p. 57 では、1960 年代からの市民権運動に、これらの富裕層が積極的な働きをすることが述べられている。
46) Keiser, op. cit., pp. 50-54; Sullivan, *op. cit.,* pp. 70-84; "Twenty Pioneer Negro Families Who Moved into White Neighborhood in Metropolitan Philadelphia," *Philadelphia Bulletin*, October 12, 1960.
47) Philadelphia Commission on Human Relation は名称の示すように、人種のみならず国籍、宗教、性による様々な差別問題を取り扱うことを目的に発足したが、当時の主要な取り組むべき課題として黒人の問題を第一に取り上げている。
48) CHR Annual Reports, 1948-1951, 1953-1969. [Record Group 148. 1]
49) CHR Annual Report, 1960. [Record Group 148. 1]
50) "Memorandum, May 20, 1963, Subject: Conclusions and Recommendations Pertaining to Employment Discrimination on Certain City Work Contracts and in the Construction Trade," [Record Group 148. 15].
51) Keiser, op. cit., p. 52.
52) 鵜月裕則「アンテベラム期フィラデルフィアにおける反黒人暴動と黒人コミュニティ」『史苑』48-2、1988 年。S. A. Paolantonio, *Frank Rizzo: The Last Big Man in Big City America*, Camino Books, Inc., 2003, p. 109.
53) Sugrue, op. cit., pp. 156-157. また、当時の建設業の雇用形態について、「アファーマティブ・アクションは白人のものだった」と論じる、Ira Katznelson, *When Affirmative Action Was White*, W. W. Norton & Company, 2005, pp. 1-24 がある。
54) "'Jim Crow's Sweetheart Contract," *Philadelphia Tribune*, February 12, 16, 19, 23, and 26, 1963.
55) Memorandum, May 20, 1963, Subject: Conclusions and Recommendations Pertaining to Employment Discrimination on Certain City Work Contracts and in the Construction Trade [Record Group 148. 15].
56) Sullivan, *Build Brother Build*, pp. 45-46.
57) *Ibid.*, p. 63-69; Countryman, *op. cit.*, pp. 83-110.
58) Countryman, *ibid.*, pp. 70-84; "Selective Patronage Program of 400 Philadelphian Ministers," *Philadelphia Bulletin*, April 17, 1962. 『ブルティン』紙自身も不買運動のターゲットになった。

59) Countryman, *op. cit.*, p. 134 ; Paul Lyons, *The People of This Generation : The Rise and Fall of the New Left in Philadelphia*, University of Pennsylvania Press, 2003, pp. 20, 170.
60) セシリー・バンクス氏（Ms Cecily Banks）、セシル・ムーアの長女への著者によるインタヴュー（2006 年 2 月 27 日録音）。
61) "CORE Says It'll Prod Tate Until City Job Bias Ends," *Philadelphia Bulletin*, April 17, 1963 ; Core Stages Hour Sit-down in Mayor's Room at City Hall," *Philadelphia Bulletin*, April 19, 1963 ; "Labor Board Tells Mayor It Can't Bar Bias," *Philadelphia Bulletin*, April 23, 1963.
62) "500 Pickets City Hall Here in Protest Over Birmingham," *Philadelphia Bulletin*, May 12, 1963.
63) "Sit-ins Win, Tate Orders Rayburn Plaza Job Halted. He Tells CORE Unions Must Admit Negroes," *Philadelphia Bulletin*, May 14, 1963 ; "Tate Yields on University City Plan After City Hall Sit-in," *Philadelphia Bulletin*, May 16, 1963 ; "Idled Workers Stage 2nd Protest," "CORE Tells City It Plans to Picket All Projects," "Negroes Urges to Seek Cards in Building Trades Unions," "Officials Fear Tate Opened Door to Sit-ins," *Philadelphia Bulletin*, May 19. 1963 ; "City Is Asked to Compel Negro Hiring," "NAACP Urges Schools to Stop All White Jobs," *Philadelphia Bulletin*, May 20, 1963.
64) Memorandum, "Subject : Conclusions and Recommendations Pertaining to Employment Discrimination on Certain City Work Contracts and in the Construction Trade," May 20, 1963 [Record Group 148. 15] ; "City Will Ask Contractors to Hire Negroes," *Philadelphia Bulletin*, May 21, 1963.
65) "Pact Reached in Work Bias, Mayor says," *Philadelphia Bulletin*, May 23, 1963 ; "NAACP Leads 300 Pickets at 2 schools," *Philadelphia Bulletin*, May 24, 1963 ; "6 Injured at School Picket Lines : NAACP Blocks Most Workers," *Philadelphia Bulletin*, May 27, 1963 ; "Negro Clergymen Threaten Mass Pickets at City hall Unless Demands Are Met Soon," *Philadelphia Bulletin*, May 29, 1963.
66) "Negro Labor Quota on Jobs Set by CORE," *Philadelphia Bulletin*, May 22, 1963.
67) "Picketing Ends, Negroes Hired at School : All Night Talks Reach Pact on New Workers," "PTC Union Leader Backs NAACP Pickets," *Philadelphia Bulletin*, May 31, 1963 ; "NAACP Plans to Resist Other Negro to Pickets," *Philadelphia Bulletin*, June 2, 1963.
68) "Racial Board Chief Quits, Blames Tate," *Philadelphia Bulletin,* June 4, 1963 ; "George Schermer Speaks Out, Tate Is Accused of Failure As Leader in Race Crisis," *Philadelphia Bulletin*, June 9, 1963.
69) "Mayor Signs City's Fair Practice Law," *Philadelphia Bulletin.*, June 10, 1963 ; "Contractors Asked to Tell City of Hiring," *Philadelphia Bulletin*, June 13, 1963 ; "Put Negroes In 15% of Jobs, Bias Panel Told—Ministers, CORE Make Demands for Union Membership," *Philadelphia Bulletin*, June 20, 1963.
70) "Begin Testing Negroes for Skilled Construction Jobs : Figure 120 Will be Processed by End of the Week : Commission on Human Relations in 1st Big Step," *Philadelphia Tribune*, June 29, 1963 ; Willis, *op. cit.*, pp. 99.
71) "Unions Vow to End Race Bias on Jobs : 300 Labor Leaders Hear Kennedy Plea at White House," Philadelphia Bulletin, June 14, 1963 ; Graham, *op. cit.*, pp. 287-297 ; John F. Kennedy , XXXV President Of the United States 1961-1963, Executive Order 11114, June 22, 1963, *The American Presidency Project.* http://www.presidency.ucsb.edu/ws/?pid=59053 （2013 年 10 月 29 日閲覧）
72) "Bar Job Bias Now, Meany Asks Senate," *AFL-CIO News*, June 27, 1963 ; " 'Let Us Move Together,' Meany Urges NAACP," *AFL-CIO News*, July 13, 1963.

第 2 章　「下からのアファーマティブ・アクション」

73)　"6 Craft Unions Here Agree To Accept Non-Whites-OK Accord With City, Deny Bias," *AFL-CIO News*, August 20, 1963.
74)　Affirmative Programs Employment Practices Files, 1964-1966.〔Record Group 148. 11〕
75)　"Race Riot! The Time Bomb Haunting All Large U. S. Cities; Judge Alexander Denies Phila. 'A Racial Tinderbox', Refutes Claim by Urban League Head That City Is Headed for 'Explosion'," *Philadelphia Tribune*, August 8, 1964.
76)　"Trib Photog Gives Blow-by-Blow Account of Columbia Ave. Rioting: Sees Looters Strike Stores Like Soldiers: Ducks Brick Which Clunks NAACP Prexy," *Philadelphia Tribune*, September 1, 1964; "449 Arrested So Far: Move Hearing Site," *Philadelphia Tribune*, September 1, 1964; "Social Agencies See Recent Violence as Product of 'Centuries of Injustice'," *Philadelphia Tribune*, September 5.
77)　Sullivan, *Build Brother Build*, pp. 108-131.
78)　Arlin M. Adams（第 13 区連邦巡回控訴裁判所判事）からニクソン大統領への手紙参照。この手紙には *U. S. News & World Report*, February 17, 1969 が添付されている。参照、Graham, Hugh Davis（ed.）, *Civil Rights During The Nixon Administration, 1969-1974 Part 1: The White House Central Files*, A microfilm project of University Publications of America, 1989, Reel No. 5（以下、*CRN* と略記）。
79)　"Statement of Rev. Leon H. Sullivan, chairman of the board of the Opportunities Industrialization Center," in *Civil Rights during the Johnson Administration, 1963-1969, Part V: Report of the National Advisory Commission on Civil Disorders*（Kerner Commission）, Reel 3, Box 3, edited by Steven F. Lawson, A microfilm project of University Publications of America, Inc., 1989.（以下、*CRJ* と略記）
80)　川島正樹「公民権運動から黒人自立化運動へ――南部を中心に」川島正樹編『アメリカニズムと人種』名古屋大学出版会、2005 年。
81)　ジラード・カレッジは、ステファン・ジラード Stephen Girard の遺言により、白人男子の孤児の教育を目標に 1848 年に開校した寄宿学校である。1968 年に人種統合された。その後、女子も受け入れるようになった。Willis, *op. cit.*, pp. 146-160.
82)　Herbert J. Gans, "Riots! Causes—And What Must Be Done to Prevent Them", *Philadelphia Tribune,* December 19, 1967.（トリビューン紙は 4 回にわたって、ガンズの論文を第 1 面に連載している。）*Memorandum* to M. C. Miskovsky from Sarah C. Carey, Subject: Philadelphia High School Demonstration, dated November 21, 1967, attached to the letter from Executive Director of the National Advisory Commission on Civil Disorders, Nov. 27, 1967, in *CRJ*, Part I, Reel 10. このメモはカーナー委員会がフィラデルフィア黒人運動指導者のリーダーシップを高く評価し、このデモンストレーションを他都市で起こった暴動とは区別していることを示している。Keiser, "The Rise of a Biracial Coalition," pp. 49-72; Countryman, *Up South*, pp. 180-257.　この高校生デモを暴力的に弾圧した当時の警察署長フランク・リッゾは、1960 年代末から、ムーアと政治的にも対立し、後に保守派の市長となる。Paolantonio, *Frank Rizo* を参照。
83)　Countryman, *Up South*, pp. 189-192.
84)　Reverend Leon H. Sullivan, "From Protest to Progress: The Lesson of the Opportunities Industrialization Centers," in *Yale Law & Policy Review* Volume IV, Number 2, Spring/Summer 1986, pp. 364-374. Ms Thomasenia Cotton, President & COO of OIC of America は、OIC のターゲットは「危険なほど不利な立場にある人々（truly disadvantaged at risk）」であり、このような人々を人種にかかわらず受け入れたと語っている。筆者による聞き取り（2004 年 9 月 7 日録音）。

85) "Philadelphia Poor Pledged $1 Million by Business Group," *New York Times*, May 12, 1968.
86) 筆者による聞き取り、2006 年 2 月 27 日録音。
87) Philadelphia Anti-Poverty Action Committee, *Progress Report, 1965-1966* [Record group 60-2-2].
88) Countryman, *Up South*, pp. 296-300.
89) "Statement of Rev. Leon H. Sullivan, Chairman of board of the Opportunities Industrialization Center," in *CRJ*, Reel 3, Box 3.
90) Countryman, *Up South*, 2006 は、北部における市民権運動の展開の重要性がこれまでの研究では看過されてきたと述べる。
91) ピーター・N・キャロル（土田宏訳）『70年代アメリカ——なにも起こらなかったかのように』彩流社、1994 年。
92) Marcus Anthony Hunter, *Black Citymakers: How the Philadelphia Negro Changed Urban America*, Oxford University Press, 2013, p. 180.
93) Paolantonio, *Rizzo*, 2003.
94) Judith Goode and Robert T. O'Brien, "Whose Social Capital? How Economic Development Projects Disrupt Local Social Relations," in Richardson Dilworth (edit), *Social Capital in the City*, Temple University Press, 2006. なお、以下も参照、Jenifer Lee, "The Comparative Disadvantage of African American-Owned Enterprises: Ethnic Succession and Social Capital in Black Communities," in *ibid*。
95) W. E. B. Dubois, *The Philadelphia Negro: A Social Study*, University of Pennsylvania Press, 1996 (Originally published in 1899).
96) Hunter, *Black Citymakers*, pp. 115-165.
97) W. Wilson Goode with Joann Stevens, *In Goode Faith*, Judson Press, 1992, pp. 141-165.
98) Hunter, *op. cit.*, pp. 159-161.
99) Hunter, *ibid.*, p. 188.
100) *Ibid.*, pp. 185-187; Goode, *op. cit.*, pp. 167-187.
101) 公約だったごみ焼却場は実現せず、財政赤字を残して任期を終えることになる。また、黒人ラディカリストのグループに対して爆撃を含む過度の弾圧を行使し、子供を含むグループの構成員を殺害した責任も問われている。一方で、1984 年、「落書き撲滅ネットワーク Philadelphia Anti-graffiti Network」を立ち上げた。この運動は、その後「壁画美術プログラム Mural Art Programs（MAP）」に発展し、コミュニティの環境改善、住民の共同意識の涵養、青年の雇用機会の提供などに貢献してきた。現在 3000 枚を超える壁画が、市の景観に色を添えている。以下を参照。Hizkias Assefa and Paul Wahrhaftig, *The Move Crisis in Philadelphia: Extremist Group and Conflict Resolution*, University of Pittsburgh Press, 1990; Jane Golden and David Updike (Edit), *Mural Arts @ 30*, Temple University Press, 2014.
102) Keiser, op. cit., pp. 49-72.
103) Stephan Salisbury, "Moore's Activism Countered Stereotypes," *Philadelphia Inquirer*, July 7, 2004.
104) Willis, *op. cit.*, pp. 156-158.
105) Robin D. G. Kelley, *Yo Mama's Disfunktional!: Fighting Culture Wars in Urban America*, Beacon Press, 1997.（村田勝幸・阿部小涼訳『ゲットーを捏造する——アメリカにおける都市危機の

第 2 章 「下からのアファーマティブ・アクション」

表象』彩流社、2007 年、217-218 頁。「エンパワメント」については、ジェイムズ・ジェニングズ（河田潤一訳）『ブラック・エンパワメントの政治——アメリカ都市部における黒人行動主義の変容』ミネルヴァ書房、1998 年を参照。

第 3 章
ジョンソン政権のアファーマティブ・アクション
―― 1967年フィラデルフィア・プランを中心に ――

はじめに

　第3章と第4章では、現在のAAをその原点に立ち返って考察するために、連邦AAの最初期の試みであったフィラデルフィア・プランに焦点を絞って、検討を進めていく。フィラデルフィア・プランとは、1960年代末、政権が民主党から共和党に移行する中で、両政権によって発せられたAAの具体的指針である。1960年代末という、現代アメリカ社会の歴史的転換期の渦中、フィラデルフィア・プランは、ジョンソン政権では1967年の「オリジナル・フィラデルフィア・プラン（OPP）」として、ニクソン政権では1969年の「リヴァイズド・フィラデルフィア・プラン（RPP）」として相次いで実施された。この二つのプランは、それぞれ異なる歴史的コンテクストのもとで異なる役割を果たしたと考えられる。第3章と第4章では、二つのフィラデルフィア・プランの実施現場で起こった論争や紛争を追うことによって、現行AAが孕む問題を明らかにしたい。

　1965年、ジョンソン大統領は、EO11246を発し、連邦職員の採用においてマイノリティを積極的に雇用することを宣言し、さらに国費による大規模建設を請け負う業者に対しても、マイノリティを積極的に雇用することを義務付けた。これは、「貧困との戦い」を掲げて発足した政権が、もっとも底辺にあるとされた黒人市民の生活改善と雇用の確保のために、緊急の措置として採用したものであった。その背景には、1964年市民権法の制定によって南部の人種隔離が撤廃され、法的には平等が実現したにもかかわらず、社会的、経済的不平等が一掃されたとは言えない現実があった[1]。ジョンソン政権は、EO11246によるAAを北部大都市で次々に具体化していった。OPPは、都市の名を冠した複数あるAA政策のうちの一つである。しかし、OPPを実施した現場では、建設労働者が反発を示し、少なからぬ混乱が生じた。ジョンソン政権はこの混乱を危惧し、民主党の支持基盤を脅かす事態になりかねないとして、1968年の大統領選挙の敗北とともに、このプランを廃止

第 3 章　ジョンソン政権のアファーマティブ・アクション

した。

　1969 年、政権は民主党から共和党に移ったが、AA は継続、むしろ「強化」された。1969 年にニクソン政権が発した RPP では、フィラデルフィア市域で連邦政府が行う大規模建設事業を請け負った業者には、地域のマイノリティ人口に見合ったマイノリティ労働者、特に人種統合が遅れていると措定された建設技能労働者を優先的に雇用するという義務が課されていた。さらに 1970 年、ニクソン政権は「労働長官命令第四号」によって、RPP 方式を全国に拡大し、しかも、厳格・詳細、かつ包括的な内容を持つ連邦主導の AA として提示した。この「命令」は、全ての政府機関、政府との契約業者、および政府の交付金等を受ける機関（大学を含む）を対象とするもので、マイノリティ（のちに女性を含むことになる）の雇用状況を調査、分析し、地域の人種分布に見合ったマイノリティ人数を配置するよう、予定表を作成し、その実現に向かって誠実に努力することを義務付けた。以後今日まで、AA と称して実施されている政策のほとんどは、この人種を特定した数値目標を含む AA である。ニクソン政権による RPP は、まさしく今日の AA の原点であったと言ってよいだろう。

　OPP から RPP への推移の経過を見るときに生ずる最大の疑問点は、なぜ、ニクソン共和党政権が、前政権の「貧困との戦い」を全面的に否定しながら、「貧困との戦い」の最重要政策であった AA だけは、強化・改訂して推進しようとしたのかということである。しかも、いったん廃止された OPP を「復活・改訂」し、実施しようとしたのである。この疑問に答えることが、現在の AA の問題点を浮かびあがらせることになるであろう。

　フィラデルフィア・プランに関しては、ヒュー・デイヴィス・グラハムやジョン・デイヴィッド・スクレントニーによる詳細な研究をはじめとして数多くの先行研究があるが、その関心は主に RPP に向けられている。しかも、民主党から共和党への政権交代と政策的発展の問題として議論が展開されるために、RPP は政策としての有効性や妥当性の問題として議論されることが多かった[2]。これらの研究は、市民権問題に関する政府文書を主な史料として参照し、RPP はニクソン政権の国内政策とは矛盾する「アイロニー」

であったと議論している[3]。

　本書では、この指摘に注意を払いながらも、まず、第3章で、RPPの先駆的形態であるOPPに注目し、OPPの実施が惹起した雇用や労働の現場の混乱を検討する。この混乱ないしは紛争が、ニクソン政権のRPPを誕生させる土壌となったと考えられるからである。AAを、政策を作る側の視座のみならず、この政策によって影響を被る側の視点・論理、すなわち労働者の側から見ることによって、AAの異なる側面を明らかにしたい。続けて第4章で、ニクソン改権のRPPが今日のAAに残した問題点を検討する。AAの意味を変容させた因子は、政権の意図だけではないだろう。OPPからRPPへの展開は、1960年代末という社会的コンテクストの中で捉えられなければならない。アメリカはこの時期、いまだ冷戦の只中にあり、しかも、ヴェトナム戦争の泥沼化の中で孤立し、ヴェトナム戦費の膨張は「貧困との戦争」を疲弊させ、国民の不安や不満が暴動という形で噴出していた。このような社会情勢の中で、1960年代の市民権運動や労働運動を担ってきた人々を含め、アメリカ国民の人種問題に対する意識は、1960年代初頭とは変容しつつあった。連邦政府はもとより、アメリカ国民の中の危機意識が、1960年代の末に新たな国民統合の境界線、「カラー・ラインの再生」という役割をAAに与えたのではないだろうか[4]。

　第3章の目的は、OPPの形成と実施が惹起した、市民権運動と労働運動の相互作用・相克に焦点を合わせ、今日のAAをめぐる対立構造の起源を探ることである。よって、ここでは主要な史料を、労働者、ないしは労働組合側の文書に求めた。ジョージ・ミーニー記念史料館（George Meany Memorial Archives：Silver Springs）は、アメリカ労働総同盟・産業別労働組合会議（American Federation of Labor and Congress of Industrial Organizations：AFL-CIO）のフィラデルフィア・プラン関連の議事録、書簡、声明等の文書を保管している[5]。この史料を分析し、白人労働者階級が必ずしもAA反対を固持していたのではないことを明らかにする。フィラデルフィア・プランは、市民権運動と労働運動に深く関わる問題であるにもかかわらず、管見によれば、このAFL-CIO史料を参照・引用している研究は見当たらない。

第3章　ジョンソン政権のアファーマティブ・アクション

　前記グラハムが、「市民権運動指導部内部における、黒人運動と労働運動の分裂については——このことをニクソン政権は利用しようとしたのだが——ジョージ・ミーニー記念史料館に労働側の史料がある[6]」と紹介しているが、これまでの研究ではあまり顧みられていないのである。本書が労働側の観点を重視するのは、AA＝積極的差別是正策という固定観念の見直しを試みているからであり、また、AAの原初的試みであるフィラデルフィア・プランに対する労働側の見解の中に、AAの基本的問題点についての、あるいはその弱点の指摘があるのではないかと考えるからである。さらに、前章で検討したフィラデルフィアにおける「下からのAA」との関連にも目を配るために、フィラデルフィア公文書館所蔵の、人間関係委員会（Philadelphia Commission on Human Relations：CHR）の活動記録も渉猟した。この史料によって補足的に、黒人運動と労働運動の決定的分裂を回避するために、黒人コミュニティやCHRが果たした役割についても確認する[7]。また、事態の推移、詳細な経過を見るためにフィラデルフィアの地方紙を参考にした[8]。

1　背景

　1961年、ケネディ大統領はEO10925を発して、人種差別の解消のために「政府としてAAを実施する必要がある」ことを、歴史上初めて公式に認めた。しかし、具体的な政策を明示することはできなかった。ケネディ大統領は、アメリカ社会はあまりにも多様（mixed）であり、人種を特定して優遇し、優先枠を設けることは不可能であるとの認識を示していた。AAの内容は、1960年代の市民権運動の展開と、これに対する政府による対応の模索のなかで具体化していくのである[9]。

　1964年の大統領選挙は、民主党ジョンソンの圧勝であった。ジョンソン政権は、「貧困との戦い」をスローガンとして掲げ、すべてのアメリカ人が世界でもっとも豊かな国に住む恩恵に浴することを可能にすべきだと主張し

た。法による政治的平等の保証（市民権法）は「偉大な社会」への単なる入り口であり、教育や雇用などにおける社会的・経済的平等に向けての施策が緊急の課題とされ、市民権運動もこの認識を共有していた。1965年、M・L・キング牧師は、招待されたAFL-CIOの大会で、黒人の貧困問題はアメリカ労働者全体の問題だと力説した[10]。また、この時期AFL-CIOは、繰り返し人種差別的雇用に反対の立場を表明し、建設労組など一部組合支部による人種差別を批判した。同時に非白人青年の職業訓練事業（Job Corps）を発足させる取り組みを北部諸州で行った[11]。一方で、1960年代後半には、1964年に市民権法が成立したにもかかわらず、都市の非白人住民の生活苦が解消されていないという不満が、夏ごとに繰り返される暴動という形で表明され、大きな社会問題となっていた。政府の側でも、非白人の雇用、所得は「白人以上に急激に改善されているが、なおも白人の水準には達していない」と認識していた[12]。ジョンソン民主党政権、市民権運動勢力の両方が、「貧困との戦い」の戦略を模索していたのである。その中で、法的整備に加えて、都市の黒人住民の生活を改善するための公的な雇用対策はきわめて重要な政策的地位を占め、また民主党政権にとっては、自党の二大支持勢力維持のための政略的意味をもつものでもあった。「貧困との戦い」を掲げたジョンソン政権の真価が問われていた。

　NAACP委員長ロイ・ウィルキンスは、黒人の不満は高まっている、劣悪な居住環境・貧困・失業率の高さ、非白人の青年がまともな仕事を得られない状況は、新たな人種間の緊張を生む原因だとして、連邦・地方自治体の責任を問うていた。NAACPは、市民権法第七編に則って黒人の雇用平等は保障されるべきであり、政府との契約業者が「法令順守」を行わないなら契約を解除するというクリーブランド・プラン（オハイオ州）を支持し、「黒人のいないところでは仕事はさせない（No Negroes, No work）」と主張した[13]。さらに、1967年には、1964年市民権法の立役者であったM・L・キングもまた人種統合を前提とした「貧者の行進」運動を開始した。以上のように、市民権運動側の強力な要請を受けて、連邦のAA構想は、政治的な文脈の上でも、ますます重要性を増していたのである。

第3章 ジョンソン政権のアファーマティブ・アクション

1965年、ジョンソン大統領はEO11246を発し、国費による大規模建設の現場に、国の政策としてのAAを採用し、連邦との契約業者にこれを義務付けた。EO11246は、セントルイス、サンフランシスコ、クリーブランド、フィラデルフィアなどで相次いで具体化されてゆく。これらはモデルシティ・プログラムと呼ばれる都市再開発事業と結びつけて推進された。政権がこうした政策をとった背景には、都市再開発事業では、黒人居住区が建設工事現場になることが多かったにもかかわらず、建設現場における非白人技能労働者が少ない点が、NAACPなどの市民権団体の指弾の的となっていたという事実があった。1967年、連邦契約遵守局（Office of Federal Contract Compliance：OFCC[14]）責任者であったエドワード・シルヴェスターは、AAを定義して、以下のように述べた。

> AAは、時期、地域により、程度においても、様々なものになるだろう。それは、実施される地域の事情、そこに住む人々、適用する事業の状況に基づくからである。AAについて固定した、しっかりした定義などというものはない[15]。

とはいえ、この時期に実施された、上記の都市の名を冠したプランは、それぞれの都市の実情に適合させたというよりは、時期が遅れるにつれてAAの内容を強化したことが見て取れる。その背景には、都市暴動の悪化や黒人住民の要求の高まりがあった。1967年、ジョンソン政権はフィラデルフィアをモデル・シティとしてAAを実施しようと試みることになる。一連のモデルシティ・プログラムの集大成であり、翌年には大統領選挙も控えていることもあって、ジョンソン政権にとって失敗は許されない事業であった。フィラデルフィアは、政権にとっては格好のモデル・シティになるはずだった。なぜなら、前章で述べたように、フィラデルフィアには「下からのAA」という成功例があり、民主党の支持基盤である市民権運動と労働組合運動は盤石であると考えられたからである。1967年6月末、ジョンソン大統領はフィラデルフィアを訪問した際に、OICに立ち寄り、大歓迎を受けた。大統領は、OICが彼の「貧困との戦い」の勝利の証明であると賛美している[16]。

これは、連邦 AA（OPP）策定に向けての地ならしとも取れる。

　以上のように、1960年代後半、北部大都市で繰り返される人種暴動の渦中で、ジョンソン民主党政権、市民権運動勢力の両方が「貧困との戦い」の結果を示す必要があった。同時に、その実現に至る道筋をめぐる意見の不一致も表面化していた。M・L・キングをはじめとする市民権運動リーダーが、「貧者の行進」を準備し、人種統合的運動を提唱したのに対し、台頭してきたブラック・パワー勢力は、むしろ黒人の自立、エンパワメントを叫び、勢力を拡大していた。以下では、OPP の拙速な実施が惹起した現場の反発、混乱を具体的に見ていきたい。

2　フィラデルフィア・プランの展開

2.1　OPP の導入

　OFCC は、1965年、EO11246 の実施という行政機能を持った機関として、労働省の中に設置された。しかしながら、政府との全契約業者に AA を義務付け、実施を監督するという任務に対しては、財政的にも人員的にも力不足であった。前述のように、OFCC 責任者のシルヴェスターが、AA を緩やかに定義しているのにはこのような事情もあった。厳格な AA を一律に全契約業者に要請することは、不可能に近かったのである。いきおい、OFCC は、特定の都市や特定の業種を実験的に選んで、AA を推進するという方法を採らざるをえなくなっていた。大規模建設を請け負う業者をターゲットにすることは、伝統的に「リリー・ホワイト[17]」であった建設技能職およびその組合にメスを入れるという意味でも効果的であると考えられた。また、大規模建設の現場で、黒人技術者が採用されることは AA の成功例としての宣伝効果も期待できた。OFCC は、1966年1月、セントルイス・プランを発表し、

第 3 章　ジョンソン政権のアファーマティブ・アクション

　その後 12 月にサンフランシスコ・プラン、1967 年 2 月にクリーブランド・プランを発表した。相次いで発表されたこれらのプランは、各地で実験的に試行されながら、次第に厳格になっていった。スクレントニーによれば、その意味では、OFCC にとって、OPP は、先行するいくつかのプランより、周到に準備して発せられたものであったという[18]。

　1967 年 10 月、連邦政府は OPP を公布し、その直後には、連邦フィラデルフィア行政局長ウォーレン・フェランが実施に関する詳細を文書で発表した。この文書は、連邦契約遵守局（OFCC）が実施について中心的責任を担うことを確認し、連邦関連事業における低額入札業者は、落札の前に AA を文書で提出すること、さらにこの AA には、EO11246 の中で要請されているように、建設業務に関わるすべての職種とすべての工程においてマイノリティ集団の人員（representation）を確保しているという「結果」を示すことを求めた。またこのフェラン報告は、とりわけ努力が必要な職種を、電気工、板金工、配管工、屋根葺き、鉄骨組み立て工、蒸気管工、エレベーター設置工、機械技師であると特定し、提出する AA プログラムで充分な配慮が示されていないなら受け入れがたいと規定していた。これらの職種は、一定の技能・資格要件を満たす必要があり、待遇の良い技術職である。フェランの報告は、さらに、フィラデルフィアの建設業における非白人労働者の雇用実態分析を、以下のように行っている[19]。

　　　建設技能労働者は高給で優遇されている一方で、この業種におけるマイノリティの雇用は著しく低い。問題のある業種は、板金工、配管工、屋根葺き職、鉄骨組立工、エレベーター工、機械技師である。フィラデルフィア地域で 225,000 人の AFL-CIO 組合員のうち、産業労働者は 160,000 人である。建設労働者は 75,000 人、その中で職人組合員は 35,000-45,000 人と推定される。フィラデルフィアには技能職の組合が 22 支部あり、これらは全体で 28,000-30,000 人の組合員を擁しているが、このうち 8 支部は高給を得ている熟練工の組合であり、特にマイノリティ組合員数が少ない 7 支部を含む。これらの支部は 8,500-9,000 人の組合員を擁するが、マイノリティは 50 人に満たない。

その原因は、組合と企業の労使協定（working agreement）である。この協定により、組合は唯一の求職者推薦機関として、組合によって資格が与えられた技能労働者の名簿を保持し、この中から求人数に応じて推薦する。企業は、組合の推薦を得た者のみを正規に採用するという「慣習、ないしは伝統」のもとで、求人数に対し組合の手持ち人数が足りない場合にのみ、組合員外から採用するが、彼らは臨時工として処遇される。見習い工の訓練・熟練工テスト・認定は組合支部によって行われているため、企業は自由に労働者を雇用できない。

一方で、地域コミュニティの中にはマイノリティの技能労働者育成機関が存在し、このような場で訓練を受けて認定テストに応募するものもいるが、彼らが組合の行うテストに合格するのはまれである。彼らが技術的に劣っているわけではないが、組合に所属しようとしないことも、合格しても採用されない原因となっている。OIC、アーバン・リーグ、教会などが持つ教育機関と労働側の連携が望まれている。業者、組合がAAを採用し努力することが重要である[20]。

フェランの報告は、組合の人種差別という表現は注意深く避けながら、建設業の雇用実態を批判し、企業・組合に対して現場で黒人が働いているという「結果」を示すよう迫っている。一方で、OPPが明確な目標値等を示すものでなかったために、実施段階で様々な困惑を生むことになるのだが、フェランは、このプランに関わる連邦関連の出資事業は1968年には2億5千万ドルに値することになるだろうとして、法令を順守すれば企業・組合の経済的利益につながることも示唆していた。

2.2 現場の困惑

AFL-CIO建設労働組合は、これまでAAに対し、基本的に協力の姿勢を示してきた。組合以外の技術学校で技能訓練を受けた若者を実際に雇用し、現場で働かせるためには、労働組合の協力が不可欠であった。そのため、雇用実績を必要とする政府・市当局は、この問題に関してAFL-CIO建設労働組合と恒常的に協議を重ねていた。クローズド・ショップ制をとっていた建

第 3 章　ジョンソン政権のアファーマティブ・アクション

設労働者の組合と AFL-CIO 側は、平等な雇用の実現のためには黒人の熟練工を養成し、組合員資格テストに合格させることが最重要であり、数だけの追求は危険であるとかねてから主張していた。この態度は黒人運動側をいらだたせるものではあったが、フィラデルフィアでは、CHR を中心に交渉のテーブルには着き続けてきた。組合側にも、市が立ち上げた反貧困行動委員会（PAAC）に OIC、NAACP などとともに構成団体として参加し、マイノリティ青年の教育や就業に協力しているという自負があった[21]。しかしながら、OFCC によるプラン発表に AFL-CIO のフィラデルフィア支部側は動揺を示している[22]。

以下は、AFL-CIO フィラデルフィア支部所属のロバート・マックグロトンから、AFL-CIO の市民権部責任者であったドナルド・スレイマンへの書状の一部である。

> 契約遵守手続きについては監視が必要であると考えます。すなわち、OFCC 役人から、「何人の黒人がその現場にいるのか」という質問ばかりが頻繁に聞かれます。私は、当局が数合わせ（number game）を行っているというように判断し始めています。この問題について、われわれは話し合ってきましたが、さらに注視しておく必要があります。…組合員のジョー・スパークは、現場で数の査定に関する質問を受け、彼は、数人の黒人組合員を別の場所に移動させて、数を満たしていることを示さねばならなかったと発言しました[23]。

文面から、OFCC による「数」の追求に対して、現場では「数」のごまかしで対応したこともうかがえる。現場では適切な技能をもった労働者が必要とされているのに対し、OFCC の視点は黒人の頭数のみであったことが組合の反発を招いたのである。それでも、労組は AA に協力した。黒人コミュニティや高校へのリクルートを市民権団体とともに取り組み、黒人技術訓練工に給料を支払うことを雇用者に求めた。しかし、「ドアを開けることは組合の責任」だとしながらも、「テストのレベルを下げることはしない」とも言明している[24]。

2 フィラデルフィア・プランの展開

　建設労組は積極的姿勢を示すために、1968年1月に、黒人職能組合指導委員会（The Negro Trade Union Leadership Council：NTULC[25]）との共同プログラム（Joint Apprenticeship Outreach Program）を立ち上げた。その趣意書によれば、同プログラムの目的は、リクルート、紹介、講習を通して、マイノリティ・コミュニティの「能力と資格のある」青年を技術養成プログラムに迎え入れることであった。このプログラムの実施のために、NTULC の呼びかけで、労働省職能訓練局、AFL-CIO フィラデルフィア支部、OIC、NAACP、全国都市同盟フィラデルフィア支部（National Urban League of Philadelphia）、教育委員会など、黒人雇用に関わる関係団体が網羅的に参加する協議会が開かれ、予算措置を行うように政府に共同で要求した。AFL-CIO 建設労働組合委員長 C・J・ハガティーは、「黒人の技術者養成が決定的に重要である。彼らが訓練校への入学資格を得るよう教育すること、組合の従来の方針の欠陥を修復することが必要である」との見解を発表している[26]。しかしながら、プランにおいて名指しで特定された職種の組合支部には、非協力的な部分があったことも否めない。AFL-CIO 機関紙は、組合が黒人労働者を受け入れることの意味を説き、一部支部の事実上の黒人排除の慣習を批判していたが、早くも1968年初頭に、連邦プランの実際の運用は困難をともなうことが明らかになってくる[27]。

2.3　雇用者の不満

　ただし、OPP にいち早く公然と不安と不満を表明したのは雇用者側である。OFCC の指導は場当たり的であり、明確な数の指定がなかった。また、建設業務を落札した契約企業側にとっての不満の原因は、急に建設が中断され、契約解除の警告を受けること、新たな黒人労働者の雇用はコスト増になることなどであった。OFCC が現場で黒人労働者数を数え、契約業者は「相応な数の黒人労働者」を雇用しなければ契約を失い、しかも、悪質と見なされた会社はブラック・リストに載り、契約の資格が永久に剥奪されることになると警告していたからである。特に規模の小さい下請業者は憂慮を表し

た。業種ごとに「黒人の数」を揃えることは中小業者にとっては不可能に近かったのである[28]。

契約者との会議で、フィラデルフィア OFCC の責任者であったスタルヴィは以下のように発言していた。

> すべての業種で雇用されるべき労働者数とマイノリティの職人の数を知りたい。指定された八業種では二人以上のマイノリティの数をそろえてほしい。一人では単なる見せかけの数である。…フィラデルフィアでマイノリティと言えば黒人のことだ。契約業者は、一括、元請、下請にかかわらず、この要請を遂行できなければ仕事は停止される[29]。

また、別の契約者との会議では、発言はさらに厳しさを増している。スタルヴィは、「フィラデルフィア・プランとは、全ての工程、全ての職種において、マイノリティ集団に相応する人員数（representation）を示す必要性があるということであり、その結果を確実なものにするよう要請しているのだ」と述べつつ、優先枠（quota）と代表人員数（representation）とはどう異なるのかと質問され、以下のように回答した。「（何人の黒人かは）合理的な数である。地域の実情によって異なる。フィラデルフィアで黒人人口が30.2％という数字であるのはおわかりでしょう」[30]。

このような OFCC の対応に対して、OPP の要求を満たすためには、組合との協定にそぐわない雇用をすることになると契約業者（Hirsch, Arkin, Pinehearst, Inc.）は組合に相談している。この業者は、これまで OIC と協力しながら労働者を確保してきたとして、こうした OFCC の強引さを非難しているのである。

> 黒人職人が現場に何人居るのかということを申し述べるよう要請されています。組合との雇用協定があることから、この質問には貴方の側からお答え願いたいのです。役所を満足させる回答が得られるまでは、入札は棚上げとなります。回答がない場合には第二位の低額入札者の手に落ちることになると、はっきり

申し渡されています。貴方の協力が頼みです[31]。

　この依頼に対し、板金工組合委員長ジョセフ・バークは以下のように答えていた。

　　…次のように助言いたします。
　1.　貴方は我々と雇用周旋所条項を含む協定を結んでおり、故に、この条項ないしは要求事項のいかなる変更も単独で行うことはできません。
　2.　貴方に（OFCC から）課されている要請事項は、法的根拠がなく事実上不法であり、これを実行することは雇用差別を行うことになります。…
　5.　ワーツ労働長官も優先枠に反対しています。…貴方が最低価格による入札者であり、その責任と権利によって、不公正かつ非現実的な要請には反対されると信じています。我々はすでに AA を採用しています。その結果、90 名が技能訓練を受けており、そのうち何人かは技能テストを受験し、合格した者も多数います。もちろん何人かは不合格でした。そのことは遺憾に思いますが、白人訓練生も何人かが不合格だったのです[32]。…

　こうしたやり取りから、業者が OFCC の要求と組合との労使協定の板挟みとなって苦慮していることがうかがえる。公共建設を請け負う業者の組織、契約業者協会（General Building Contractors Association：GBCA）も、OPP が、競争入札の原則である、低価格提示者の落札権獲得原則を損なうものであるなどとして反対し、さらに、OFCC の要請に従うなら、市民権法第七編に違反する「人種を基準にした雇用」を行うことになると主張していた。また具体的には、建設業という性格上、現場で必要な職人はその作業工程によって週ごと、日ごとに異なるので、職人の選考は人種よりも技能で行われなければ作業工程に支障が起こるであろうと訴えた[33]。

　また、職業訓練学校建設を請け負うことになっていた業者（Joseph R. Farrell, Inc.）は、次のようにも主張した。

フィラデルフィアではすでに建設労働者の 40％から 50％が黒人です。…プランは法律と矛盾しています。なぜなら皮膚の色に基づく雇用を要請しているからです。政府は契約業者を身動きできなくしています。割当に基づく雇用に同意しないなら、学校や病院を建設する金を出さないと言いますが、契約業者が、人種に基づく雇用を行えば市民権法や大統領行政命令に背くことになるでしょう[34]。

ファレル社は、これまでフィラデルフィアで黒人の雇用を積極的に進めてきたが、この状況に困惑している。地域担当の OFCC 役人が、「優先枠とは言ってない」と、プランは優先枠ではないことを強調しつつも、フィラデルフィアの 30％の黒人人口に見合った労働者の数をそれぞれの職種に、またすべての現場で揃えるように要請したからである。この業者は、大統領に要望書を直接送ったが、連邦 OFCC の責任者であった労働省副長官のエドワード・シルヴェスターは、ほかの業種の契約業者は AA プログラムに応じているとして、雇用機会均等問題大統領諮問委員でもあったこの業者の要望を、慇懃ながら却下したのである[35]。

グラハムによれば、さらに GBCA は共和党議員を介して、会計検査院にプランの違法性について検討するよう要請し、結果的には、このことが連邦プラン廃止につながったという[36]。

2.4　労働組合の立場：反発・困惑・協力

一方で、AFL-CIO フィラデルフィア支部やワシントン本部は微妙な立場に立たされていた。建設作業が停止され、仕事が滞ることは組合員の利益に反するが、従来とは別の流れで雇用される労働者の扱いをめぐり、組合員の反発は免れ得ないという事情もあった。前述のように板金工組合委員長ジョセフ・バークは、OFCC のやり方を、「数の結果（representation）」を求めるだけの「優先枠（quota）」の押し付けであると非難していた。しかし、板金工組合は人種統合に関しては最も遅れている組合だとされており、バークは

これまでも問題発言を繰り返してきた。「数の結果」を示すべきというOPPの要求は、バークにとっては受け入れがたいものであった。こうしてバークの発言はOFCCに対してさらに敵対的になってゆく。

> …スタルヴィ氏の出席のもと関係企業、団体の会議が開かれました。…私の見るところでは、具体的かつ適切な疑問が呈されたのに、スタルヴィ氏が、まともに答えようとせず、はぐらかしたことには驚きました。現実の問題に直面しているのに無頓着であり、不公平なやり方をとり、その態度を変えようとしませんでした。…
> 契約業者と我々が、彼の要求するAAに応え、実行したとしても、黒人労働者が得られず、実際に仕事に就けることができないなら、我々の努力は何の意味もないということを匂わせました。…わたしは、これはまるで共産主義国の官僚のようだと感じました[37]。

下部組織からの強硬な突き上げと政府の曖昧な態度表明の中で、支部組織とAFL-CIO本部の間で交わされた以下の手紙の文面にはAFL-CIOフィラデルフィア支部の苦慮の状況が表れている。

> 状況は改善していません。今朝、スプリング・ガーデン校がジョンソン大統領に書簡を送付したという報告を受けました。この学校の建設は、OFCCが全職域における相応の黒人数の確保を強要していることにより中止となっています[38]。

> …ジョー・バーク、ヘンリー・フェノーズ、トム・デュガンと個人的に話をしましたが、彼らは、ジョー・バークの立場で完全に一致しているように見えます。OFCCから事態の進展が何もないならば、4月末までに話し合いをもつ必要があります[39]。

> 「モデル・シティ」というのは、北フィラデルフィア地域の改善計画です。もし、

第 3 章　ジョンソン政権のアファーマティブ・アクション

　　市外の非組合員の業者がこの仕事を受注するようなことになり、そこに金が支
　　払われるようになるなら、北フィラデルフィア地域の改善にはならないでしょ
　　う[40]。

　シルヴェスターやスタルヴィの発言は労働組合にとって衝撃であった。
OFCC の強硬な態度に直面して、AA の推進に関して労働省に協力してきた
と自認していた AFL-CIO は、「これまでの政府との話し合いは何の役にも
立っていない」と感じざるを得なかった[41]。地方新聞の論調は、黒人の雇用
が進まない原因を、業者が組合との協定に縛られていることに求めるものが
主流であり、クリーブランドでは問題なく同様のプランが実施されていると
して、フィラデルフィアの建設業組合を非難していた。このこともフィラデ
ルフィア建設労組支部の態度を硬化させた原因の一つである。そこで、
AFL-CIO 本部は、フィラデルフィア建設労組支部と連邦政府の両方に、す
べての関係機関が納得し協力できる方法を再考するようにと要請している。
しかし、この要請に対する労働省の反応は鈍かった。プランは現実に即して
いる、関係機関の協力をもって実行されるよう注意深く見守るなどと述べた
のみであり、AFL-CIO に対しては、アウトリーチ・プログラム（Outreach
Program[42]）の継続と OPP への協力を依頼するに留まっていた。これらの意
味するところは、何らの解決策も事態の打開案も連邦からは示されていない
ということであった[43]。

　さらには、NAACP などの黒人市民権擁護団体は、一斉に OPP への支持を
表明し、州政府にも働きかけた。それに応じる形で、州知事レイモンド・
シェイファー[44]は OPP を州全体に拡大するという声明を出した。フィラデ
ルフィア自身は、プランに対する疑問が出ていることから、無理な運用は避
けてほしいという態度であったため、NAACP などの市民権団体が州へ圧力
をかけていた。彼らは、建設業における黒人労働者の数は確かに増加してい
るが、高給与の技術職に、黒人の数をさらに増加するべきであると主張した。
雇用平等の中身は、単なる雇用の確保ではなく、専門職・技術職への平等な
参入へと変化していたのである[45]。

暫時、状況は行き詰まりを見せており、組合側にも打開策はなかった。OPPは1967年秋に発効したが、冬季は寒さのため建設作業はほとんど行われず、1968年春になってようやく工事現場が動き始めた。OPP問題の転機は5月に訪れた。フィラデルフィア中心部の連邦造幣局ビルの建設現場に、OFCCの指導で3人の非組合員の黒人電気工が配置されることになり、同時に3人の白人電気工が仕事を失った。これに抗議して白人組合員24人が仕事を放棄したために、工事が中止された。この現場では、契約業者は要求された黒人雇用者数を確保していないとして、OFCCが4月16日から工事をストップさせていたが、このローカル労組組合員による「山猫スト」で現場はさらなる混乱に陥った。フィラデルフィア電気工組合支部は、人種を採用の第一条件にしているOPPは、「我々の築いてきた技術者養成プログラムの偽物」であり、「即製の職人」が粗製濫造されていくだろうと非難した。黒人の進出によって職を失うことへの組合員の不安が一気に噴出したのだった[46]。

3　CHRによる収拾からOPPの廃止へ

積極的に収拾に動いたのはジェイムス・テイト市長の要請を受けたCHRであった。事件翌日、CHRが中心となって、市長、CHR、AFL-CIO建設労働委員会、NTULC、GBCA等の代表による対策会議が開かれた。会議では、CHRがこれまで行ってきた取り組みの続行を確認するとともに、AFL-CIOのアウトリーチ・プログラムの充実、これへの政府責任による教員の派遣要請、そして黒人技術者（journeyman）の質の向上が合意された。さらに協定文には、建設労組は黒人技術者を積極的に組合に迎えるという文言が含まれた。ただし、これまでの黒人組合加入率の低さは組合側に責任があるとしても、現在は誰に対しても門戸を開いているのであり、関係機関による黒人コミュニティ、高校などでのリクルート活動が必要であると指摘された。誰を

も非難せず、合意を目指した会議であった[47]。

会議後の記者会見で市長は、このような会議は1963年のフィラデルフィアの経験から学んだものであり、合意は「正しい方向への一歩」と自画自賛した。市長の発言には重みがあった。第2章で見たように、1963年には、NAACPやCOREが、「市の建設プロジェクトの契約におけるジム・クロウ[48]を終わらせよ」と要求し、市長室を占拠、座り込みを行い、市政が大混乱に陥った経験があったからである。市長自らが攻撃の矢面に立たされ、その椅子が危うくなるという事態の中で、当事者たちはさらなる混乱を回避するために妥協したということになる。このときも、CHRが調整役を果たしていたのである[49]。

CHRは独自に、従業員25人以上の市業務請負業者、および納入業者3,000社に「調査書」を発送した。調査書は、市の業務を請け負う業者資格として強力にAAを行うことを求めていた[50]。連邦OFCCの求めたAAと「CHR調査書」は二つの点で異なっていた。第一に、CHRは建設業のみならず全業者を対象としたこと。第二に、入札資格として「相応数のマイノリティを雇用し、さらに、従業員100人に少なくとも1人の慢性的失業者（hard-core unemployment）の雇用を要求したことである。CHRはこの「調査書」に対する業者からの回答をOFCCに送付し、参考にするように依頼した[51]。

これで火種が消えたわけではなかったが、市当局、企業、労働側、そしてNAACPを中心とする市民権運動のいずれもが「歩み寄り」の努力を示し、紛争の火を鎮めようとした。市長の自画自賛を俟たずとも、この動向は1963年の状況と似ている。市当局はこれまでAAを進めてきた経緯があり、その推進を担ってきた黒人コミュニティ、AFL-CIO労働組合、人種統合的CHRの協力関係が崩れることを望まなかった。しかし、1963年に市によるAA条例を実現したという実績を持つNAACP側にとっては、今回の流れは不本意なものであったであろう[52]。

OPP廃止の強力な議論は思わぬところから起こった。1968年末、ジョンソン政権内部でOPPの合法性をめぐって論議が交わされたのである。入札

業者に対しAAプランを入札前に提出することを義務付けることは、低価格者による入札権の獲得という原則を犯し、国費の無駄使いを政府に余儀なくさせるという理由で、会計検査院はOPPを違法と裁定した。また同年11月には大統領選挙が行われ、「法と秩序」を掲げた共和党ニクソンが、民主党ハンフリーを破り当選した。選挙後、ジョンソン政権はOPPを廃止し、その結果、フィラデルフィア・プラン問題は、ジョンソン政権からニクソン政権に引き継がれることになった[53]。

おわりに

　本章では、ジョンソン政権によるOPPの実施現場の混乱を見てきた。このプランはフィラデルフィアにおいて、仕事をめぐる人種対立の火種となった。特に注目したのは、今日でもAA反対勢力とみなされている、白人労働者階級の反対の論理である。検討を通して確認されたのは、彼らが必ずしも、「白人としての地位（niche of whiteness）」を擁護するためにフィラデルフィア・プランに反対したわけではないことである。確かに、OFCCの指導によって、黒人労働者が現場で働いている数を増やすために白人組合員が黒人労働者と置き換えられるという措置が取られたとき、白人組合員は抗議のために職場放棄を行った。しかしながら、これは、OPPが、雇用者と組合の雇用に関する協定を侵害したことに対する抗議行動であり、単に「白人としての地位」の侵害に対する抗議だとは言い難い。

　AFL-CIO本部は、優先枠には注意深く反対を表明しつつも、建設業組合支部などに残る人種差別的慣行や言動は戒め、人種平等の方針をとるよう促してきた。ジョセフ・バークに率いられた建設業組合が、AFL-CIOの人種統合方針に水を差してきたことは明らかだが、OPPをめぐる労働組合の動きは、OPPへの反対とAAへの反対が、単純に同列ではないことを示している。かたくなに独自路線をとった板金工組合委員長バークの言動は、組織

第 3 章　ジョンソン政権のアファーマティブ・アクション

内の会議で批判されているのである[54]。

　ジョンソン民主党政権が提案した OPP は、その実施現場で雇用者と労働組合の両方の困惑を招き、機能不全となった。雇用者は、新たなマイノリティの雇用を強いられ、建設コストの負担増となることに反発し、組合側は組合員資格のない者の雇用によって、組合員が解雇されること、労働の質の低下が起こりかねないことを危惧した。しかし、OPP は「貧困との戦い」の一つの柱であった。黒人市民をはじめとするマイノリティの生活状況の悪化が、社会の不安定、都市暴動の原因であると捉えられ、彼らの雇用増を図ることが OPP の基本理念であった。ジョンソン政権の政治的判断で、連邦 OPP は 1968 年に廃止されたが、フィラデルフィアで AA が失われたわけではなかった。フィラデルフィアでは、1960 年代初頭から、市民権団体、労働組合、市当局等によってこの基本理念に基づく AA が模索されてきた。また、AFL-CIO は OPP 廃止後も、こうした AA 関連の取り組みを継続し、ニクソン政権成立後の 1969 年になっても全国的に彼らの AA を展開しているのである。

　NTULC によれば、フィラデルフィアにおいて 1968 年下半期に、アウトリーチ関連の技能訓練を受けた人数は 223 人、テスト合格者 127 人、契約成立した者 63 人であり、技術職による契約の約 40％がマイノリティであった[55]。フィラデルフィアにおいては、三つの勢力、すなわち、黒人コミュニティ、市当局、AFL-CIO 労働組合が、それぞれ異なる利害関係にありながら、AA の維持という点では協力し、歩み寄り、一致点を見出そうとしたことが、OPP をめぐる人種間の軋轢をひとまず鎮静化させた。CHR の仲介でかろうじて妥協が図られたのである。ジョンソン政権は、同様の混乱や対立がアメリカ各地で発生することを恐れ、民主党支持勢力の維持のために OPP を廃止したのである。

　1969 年に登場したニクソン政権は、さらに強化した AA を提案することになる。これが、NAACP や CORE などの要請と経営者団体の意を受けた「改訂フィラデルフィア・プラン（RPP）」であった。ジョンソン政権のプランが内包した問題点（ゼロサム的方向）は、ニクソン政権でさらに厳格さを

おわりに

増していた。ニクソン政権によるRPPの登場で、黒人運動と労働運動は新たな問題に直面することになるだろう。このことについて、第4章で検討する。

注

1) ジョンソン大統領のハワード大学での演説、「平等とは単に権利や理論上のものではなく、事実としての、また、結果としての平等である」は、AAの基本的理念となった。President Lyndon B. Johnson's Commencement Address at Howard University: "To Fulfill These Rights." http://www.lbjlib.utexas.edu/johnson/archives.hom/speeches.hom/650604.asp（2012年8月閲覧）

2) Hugh Davis Graham, *The Civil Rights Era: Origins and Development of National Policy 1960-1972*, Oxford University Press, 1990, especially see Chapter XI "From Johnson to Nixon: The Irony of the Philadelphia Plan." John David Skrentny, *The Ironies of Affirmative Action: Politics, Culture, and Justice in America,* University of Chicago Press, 1996.

3) たとえば、Steven F. Lawson (ed.), *Civil Rights during the Johnson Administration, 1963-1969* [microfilm], University Publications of America, 1984 や、Hugh Davis Graham (ed.), *Civil Rights during the Nixon Administration, 1969-1974* [microfilm], University Publications of America, 1989 は、各政権の市民権問題の政府内公文書史料を網羅したマイクロフイルム集である。特に後者はグラハムが *The Civil Rights Era* を著す中で、収集・編纂されている。

4) Thomas Sugrue, "Affirmative Action from Below: Civil Rights, the Building Trades, and the Politics of Racial Equality in the Urban North, 1945-1969," *The Journal of American History*, Vol. 91 No. 1, June 2004, pp. 145-173 は、筆者とは異なる視点から、現代AAの原点としての「下からのAA」を検討した。

5) AFL-CIO市民権部が収集・保有しているフィラデルフィア・プラン関連文書のファイル、Unprocessed Records-RG9, "Philadelphia Plan" of the AFL-CIO Office: Civil Rights Department は、ジョージ・ミーニー記念文書館に所蔵されている。以下、注ではGMMA fileと略記。

6) Graham, "Essay on Sources," in *Civil Rights Era*, p. 479.

7) [Record Group 148], Commission on Human Relations, Philadelphia Information Locator Service, には、CHRの活動記録、年報、啓蒙パンフレット、また、CHRが扱った人種差別問題の処理記録など、1948年から1990年代までの関連史料が収められている。フィラデルフィア市公文書館所蔵。

8) *The Philadelphia Inquirer*, *The Philadelphia Bulletin*, *The Philadelphia Tribune*.
The Philadelphia Tribune は1884年から発行されているアメリカで最も古い黒人紙である。

9) 1960年代初頭のAAが「人種優先」の意を含まなかったことに関しては、Kevin L. Yuill, *Richard Nixon and the Rise of Affirmative Action: the Pursuit of racial Equality in an Era of Limits*, Maryland: Rowman & Littlefield Publishers, Inc., 2006, pp. 43-44 および、Graham, *Civil Rights Era*, pp. 100-120 を参照。

第 3 章　ジョンソン政権のアファーマティブ・アクション

10) 1965 年 10 月 7 日、イリノイ州 AFL-CIO 大会にて。Martin Luther King, Jr.（Michael K. Honey, edit.）, *"All labor Has Dignity,"* Beacon Press, 2011, pp. 112-120.
11) White House Conference, "To Fulfill These Rights," November 17, 1965, in *CRJ*, Part II, Reel 1；"Anti-Bias Program Adopted by Building Trades Unions," *AFL-CIO News*, June 29, 1963；"Negro Hiring Gains In Building Trades," *AFL-CIO News*, April 10, 1965；"AFL-CIO Seeks to Recruit 500 Here for Job Corps," *Philadelphia Bulletin*, March 30, 1967. この時期 *AFL-CIO News* は、市民権運動と労働運動の連帯を繰り返しアピールしている。
12) United States of Labor: Bureau of Statistics, United States Department of Commerce: Bureau of the Census, *Social and Economic Conditions of Negroes in the United States*, U. S. Government Printing office, October 1967, pp. VII-X.
13) "Racial Ills Grow Worse in City: Dangers Mounts, Warns Urban League Head," *Philadelphia Tribune,* July 15, 1967；"NAACP Opens Drive for Jobs in Construction," *New York Times*, June 28, 1967.
14) EO11246 によって労働省内に設置された、AA の執行、監視機関。
15) "Statement of Edward C. Sylvester, Jr. in Report of 1967 Plans for Progress Fifth National Conference, Jan. 22-24, 1967, at 73-74," in U. S. Commission on Civil Rights, *Federal Civil Rights Enforcement Effort: A Report of the United States Commission on Civil Rights, 1970*, U. S. Government Printing Office, 1970, p. 159.
16) "Johnson Hails War on Poverty in Sudden Visit to North Phila., 'Great Day for Poor of All Races' Leon Sullivan Says," *Philadelphia Bulletin*, June 29, 1967；Leon H. Sullivan, *Build Brother Build,* Macrae Smith Company, 1969, pp. 132-141.
17) Lily White とは、黒人を排斥した、白人中心の機関、学校、企業などを表現している。
18) Skrentny, *Ironies*, pp. 136-137.
19) "U. S. to Require Builders to Hire Negroes," *Philadelphia Bulletin*, October 26, 1967；Graham, *Civil Rights Era*, p. 288.
20) Memorandum, "Philadelphia Executive Board, October 27, 1967, to All members of the Philadelphia Federal Executive Board, from Warren P. Phelan, chairman, Subject: Philadelphia Pre-award Plan starting date," in *The Philadelphia Plan: Congressional Oversight of Administrative Agencies, The Department of Labor: Hearings Before the Subcommittee on Separation of Powers of the Committee on the Judiciary: United States Senate Ninety-First Congress First Session on the Philadelphia Plan and S. 931, October 27 and 28, 1969*, U. S. Government Printing Office, 1970, pp. 244-254.
21) Countryman, *Up South*, pp. 84-179 and 296-300；David Hamilton Golland, "Only Nixon Could Go to Philadelphia: The Philadelphia Plan, the AFL-CIO, and the Politics of Race Hiring," Paper presented at the Race and Labor Matters Conference, December 4-5, 2003, p. 14；Sugrue, "Affirmative Action from Below," p. 163；"Labor's Attitude Key to Success, Action Group Unveils Slum Housing Plan," *Pittsburgh Press*, June 18, 1967.
22) Letter to Robert McGlotten, AFL-CIO, from Bennett O. Stalvey Jr., Area Coordinator, U. S. Department of Labor Office of Federal Contract Compliance, July 11, 1967（GMMA file）.
23) Meeting with Building Trades Council, Philadelphia, Penn., August 4, 1967," in Letter to Don Slaiman from Robert M. McGlotten, August 10, 1967； "Meeting with Federal Contract Compliance

Officer Philadelphia, Pennsylvania – October 4, 1967," in Letter from Don Slaiman to Robert McGlotten, October 10, 1967 (GMMA file).
24) "Building Trades Council Moves to Recruit Negro Apprentices," *Philadelphia Tribune*, December 23, 1967; "Philadelphia Outreach Program," in Letter from Robert M. McGlotten to Don Slaiman, March 11, 1968 (GMMA file).
25) NTULC は、1959 年にフィリップ・ランドルフによって創設された、黒人の技術者を養成、援助するための AFL-CIO 内の組織である。以下を参照。Thomas J. Sugrue, *Sweet Land of Liberty: The Forgotten Struggle for Civil Rights in the North*, Random House, 2008, pp. 125-126; David Hamilton Golland, *Constructing Affirmative Action: The Struggle for Equal Employment Opportunity*, University Press of Kentucky, 2011, p. 106.
26) "Building Trades Council to Recruit Negro Workers," *Philadelphia Bulletin*, March 2, 1968.
27) Paper, dated January 6, 1968, attached to the letter from Robert McGlotten to Don Slaiman, January 24, 1968 (GMMA file).
28) Letter from C. J. Haggerty to Hon. Willard Wirtz, February 1, 1968, reprinted in *Construction Craftsman*, Vol. 24, No. 1 (January/ February/ March 1968), quoted in Golland, "Only Nixon," pp. 14-15.
29) "Pre-Award Conference held February 26, 1968, Job: Drexel Institute Home Economics Building, Low bidder: Joseph R. Farrell, Inc.," in Memorandum by General Building Contractors Association for Meeting with Representatives of the United States Department of Labor, March 21, 1968 (GMMA file).
30) "Pre-Award Conference held March 7, 1968, Job: Spring Garden Institute, Low Bidder: Harold E. Irwin, Inc.," in the memorandum above; Letter to Robert McGlotten from Don Slaiman, March 11, 1968 (GMMA file).
31) Letter from David Hershman to Mr. Joseph Burke, Feb. 28, 1969 (GMMA file).
32) Letter from Joseph F. Burke, President, to David Hershman, March 5, 1968 (GMMA file).
33) Memorandum by General Building Contractors Association for Meeting with Representatives of the United States Department of Labor, March 21, 1968 (GMMA file).
34) "Stalemate Over Hiring of Negroes Stymies Building and Road Projects," *Philadelphia Bulletin*, April 21, 1968; "Negro Hiring at 'Stalemate,' Contractor Says," *Philadelphia Inquirer*, April 23, 1968.
35) "U. S. Sidetracks Plea on Negro Job Quota by Vocational School," *Philadelphia Inquirer*, April 20, 1968; "U. S. Upholds Phila. Hiring Plan," *Philadelphia Inquirer*, April 21, 1968.
36) Paper enclosed in a letter to Donald Slaiman, Civil Rights Department AFL-CIO, from Joseph B. Meranze (GMMA file); Graham, *Civil Rights Era*, pp. 290-297.
37) "Phila. Federal Ex. Bd. Construction Contract Compliance Comm. Withholding of Contracts for Racial Reasons, etc.," in Letter to David Turner, Secretary-Treas., Sheet Metal Worker's International Ass'n., from Joseph F. Burke, President, March 11, 1968 (GMMA file).
38) Letters from Joseph B. Meranze to Robert McGlotten, April 17 and April 25, 1968 (GMMA file); "Three More Projects Imperiled Here Over Issue of Negro Hiring," Philadelphia Inquirer, April 18, 1968.
39) Letters from Robert MacGlotten, Staff Representative, Civil Rights Department AFL-CIO to Joseph B. Meranze, March 27 and 29, 1968 (GMMA file).

第 3 章　ジョンソン政権のアファーマティブ・アクション

40)　"Building Trades Unit Certifies 2 Negro Firms," Newspaper clip attached to the letter of Note 39（GMMA file）.
41)　Letter to Donald Slayman, Civil Rights Department, AFL-CIO from Joseph Meranze; Paper by Thomas H. Hiller, Secretary-Treasurer, Pa. State Bldg. Trades Councils（GMMA file）.
42)　アウトリーチ・プログラムとは、公的機関や労働組合などが、就職支援のために、教育機関、コミュニティなどに働きかけて、マイノリティの就業困難者に対して、技術訓練、教育、動機づけなどの援助を行うこと。AFL-CIO は 1960 年代から、これを AA 政策の一環として積極的に提案し取り組んだ。
43)　Skrentny, *Ironies*, pp. 127-144; Golland, *Constructing Affirmative Action*, pp. 115-118; "Fund Delay Tied to Building Trade Bias, Caught in the Middle," *Philadelphia Inquirer*, April 19, 1968: "At Spring Garden U. S. Spurns Negro Job Quota Plea," *Philadelphia Inquirer*, April 20, 1968; "Stalemate Over Hiring of Negroes Stymies Building and Road Projects," *Philadelphia Bulletin*, April 21, 1968; Letter to C. J. Haggerty, President, Building and Construction Trades Department from James J. Reynolds, Undersecretary of Labor, April 23, 1968; Letter from Henry S. Rogers, President, June 21, 1968（GMMA file）.
44)　Raymond Philip Shafer、1963 年から 1971 年までペンシルヴァニア州知事（共和党）。
45)　"Shafer to Extend Phila. Plan to State Projects," *Philadelphia Inquirer*, April 28, 1968; Paper dated May 7, 1968（GMMA file）.
46)　"24 Quit Jobs at Mint Project over Phila. Plan," *Philadelphia Inquirer*, May 7, 1968; "25 Electricians Quit Mint Job over Negroes," *Philadelphia Bulletin*, May 4, 1968; "Union Charges 3 Whites Were Denied Mint Jobs," *Philadelphia Bulletin*, May 8, 1968.
47)　"Trade Unions Agree on Plan of Recruitment, More Negroes Sought to Apprentice in Building Trades, *Philadelphia Bulletin*, May 8, 1968; Memorandums among Ben Stahl, AFL-CIO Staff Representative, Don Slaiman, Robert Macgrotten, dated from May 23 to June 14, 1968（GMMA file）.
48)　Jim Crow：差別的人種隔離の意。1964 年市民権法によって廃止されるまで、南部各州は、生活のあらゆる分野における人種隔離を実施してきた。北部でも、法的には人種隔離は禁止されてはいたが、慣習的には、様々な場面で、人種分離、隔離ないしは差別が存在していた。1963 年、北部フィラデルフィアでのこの語の使用は、象徴的な意味であるが、事実上の人種差別的雇用慣習を表している。
49)　1960 年代初頭のフィラデルフィアの雇用平等を求めた闘いについては、本書の第 2 章で詳細に述べている。Guian A. Mckee, *The Problem of Jobs : Liberalism, Race, and Deindustrialization in Philadelphia,* University of Chicago Press, 2008, pp. 72-73 も参照。
50)　調査書（アンケート）は、1963 年以来、CHR が行っているものである。
51)　Memorandum, to Honorable James H. J. Tate, Mayor, from Clarence Farmer, Executive Director, Subject, Weekly Report, May 17, 1968, [148. 5 Division of Public Information Files 1967-1971].
52)　"Making an Invitation Believable," Philadelphia Bulletin, May 5, 1968; "Breaking the Barrier in the Building Trade Unions : A Special Report on the WDL Apprenticeship Training Program by Workers Defense League"（GMMA file）; Goland, "Only Nixon," pp. 15-16; Sugrue, "Affirmative Action from Below," p. 173.
53)　Graham, *Civil Rights Era*, p. 296.
54)　Letter to Robert McGlotten to Don Slaiman, December 2, 1968.（GMMA file）ジョセフ・バーク

は1960年代初頭、市CHRによる組合への人種統合要求に対して、「黒人を雇うから、あんたをこの仕事から外す、などと組合員に言えるものか」と発言し物議を醸している。以下を参照。Sugrue, "Breaking Through," pp. 43-48. 建設業組合が歴史的に、白人だけの労働者の組織であったのみならず、エスニック同胞的組織であったことの起源については、南修平「ハード・ハットの愛国者たち――ニューヨークの建設労働者の日常世界とその揺らぎ――」『アメリカ研究』第42号、2008年を参照。

55) Robert Robinson, Director, "NTULC Outreach Program Philadelphia Pennsylvania: Monthly Progress Report for Month of December, 1968" (GMMA file); "Labor Helps Finance Plan to Rebuild Ghetto Homes: Program to Train, Hire Area Poor," *AFL-CIO News*, January 11, 1969; "Auto Workers Follow Trades on Apprentices," *AFL-CIO News*, January 25, 1969; "Future Carpenters Hone Skills at Illinois Job Training Center," *AFL-CIO News*, February 22, 1969.

第 4 章

ニクソン政権のアファーマティブ・アクション

―― 1969年改訂フィラデルフィア・プランを中心に ――

はじめに

　本章の目的は、現行 AA の原点であるニクソン政権の改訂フィラデルフィア・プラン（以下、RPP）の形成過程を検討することによって、AA が抱えることを余儀なくされた基本的矛盾を明らかにすることである。第 3 章では、RPP の先駆的形態であるオリジナル・フィラデルフィア・プラン（以下、OPP）に注目し、OPP の実施が惹起した、雇用や労働の現場での混乱を検討してきた。この混乱ないしは紛争は、ニクソン政権の RPP を誕生させる土壌となった。1968 年に廃止されたジョンソン政権による OPP が、1969 年、ニクソン政権によって RPP として再提案されることになったのである。本章では、この RPP が巻き起こした賛否の議論、ないしは紛争の様相を検討する。ジョン・デイヴィッド・スクレントニーは、RPP は次期選挙戦を見据えたニクソン政権による「南部戦略」の一環であったと論じている。それに対し、本書では、ニクソン政権の RPP には、さらにもう一つの役割、「諸刃の剣」の役割が付加されたことを検証したい。すなわち、民主党支持の二大勢力であった市民権運動と労働運動を対立させた〈南部戦略〉だけではなく、それぞれの運動内部にも亀裂をもたらす役割も担っていたのである。

　人種差別解消のための政策であった AA が、アメリカの世論を二分する政策となった歴史を鑑みると、RPP の持つ意味は大きい。RPP については多くの研究業績があるが、そのなかでも、ヒュー・D・グラハムとスクレントニーは、政治史の側面から注目すべき議論を展開している。彼らは、1960 年代の最後に登場した共和党ニクソン政権が、前政権が「貧困との戦い」の重要な一環として提起した AA 政策について、「貧困との戦い」は否定しながら、AA 政策のみは残し、改訂、むしろ強化して提起したことの意味を検討した。彼らによれば、ニクソン大統領の提案によるフィラデルフィア・プランの真の意図は、その建前とは裏腹に、民主党支持勢力の分断にあり、彼の「南部戦略」の一部であった。人種差別の克服という国民的課題を、経済

的、政治的利害対立の火種にしたのである。このアイロニーが、後の AA を逆差別だとする主張の土壌となったことは確かであろう[1]。

ただし、上からの政策という視点からだけでは、社会運動史家トマス・スグルーの言う、AA を挟んで対峙した黒人市民権運動と労働運動の間にある草の根の葛藤は見えてこない。スグルーは、1990 年代中葉以降の研究によって、「人種差別」は南部という「遅れた」地域の「人種隔離」という、時代錯誤的な黒人の処遇の問題ではなく、むしろ北部大都市における雇用、住宅、教育という社会生活の基本に関わる問題をめぐる市民の中の「紛争」であることを示した。さらに、それと関連して、白人労働者の特権意識（niche of whiteness）も明らかにした。1960 年代末以降の AA 関連の紛争が、ほとんど北部大都市で起こっている事実は、スグルーの議論を裏付けている。スグルーによれば、1960 年代、北部都市の黒人労働者が、「労働者の権利」への「平等」なアクセスを政府に求めたとき、その具体的施策たる AA をめぐって、労働現場では、「ふたつの権利要求」が衝突した。すなわち、白人労働者の「雇用安定の権利」と黒人の「平等の権利」がぶつかり合う人種間闘争の場となったのである。さらに、デイヴィッド・R・ロディガーも、アメリカの労働者の階級意識に棲む人種意識を指摘している[2]。

確かに、AFL-CIO などの労働組合員のみならず、白人労働者階級の人種意識は 19 世紀以来の歴史を持ち、労働組合の人種統合は、遅々として進まなかった。しかし、労働組合内の市民権運動活動家の尽力によって、1963 年 8 月 28 日のワシントン行進が実現し、市民権運動と労働運動は手を携えてこれに参加した。行進のスローガンは「仕事と自由をすべての者に」であった[3]（写真 6）。こうした協力関係をどう考えるべきなのだろうか。1960 年代中葉以降の市民権運動推進派内部の対立、ブラック・パワー勢力の台頭、暴動の果たした役割、白人市民の対応、さらにこれらの動きに対する連邦施策の展開などの複雑な絡み合いを見ずに、白人労働者は「安定」を、黒人労働者は「平等」を要求したという単純な構図のみでは、この時期に提起された RPP とこれが巻き起こした紛争の意味を十分に説明することはできない。また、今もなお続く黒人市民の経済的、社会的窮状の原因を、白人の人種主

はじめに

MARCH ON WASHINGTON FOR JOBS AND FREEDOM
AUGUST 28, 1963

LINCOLN MEMORIAL PROGRAM

1. The National Anthem — Led by Marian Anderson.
2. Invocation — The Very Rev. Patrick O'Boyle, *Archbishop of Washington.*
3. Opening Remarks — A. Philip Randolph, *Director March on Washington for Jobs and Freedom.*
4. Remarks — Dr. Eugene Carson Blake, *Stated Clerk, United Presbyterian Church of the U.S.A.; Vice Chairman, Commission on Race Relations of the National Council of Churches of Christ in America.*
5. Tribute to Negro Women Fighters for Freedom — Mrs. Medgar Evers
   Daisy Bates
   Diane Nash Bevel
   Mrs. Medgar Evers
   Mrs. Herbert Lee
   Rosa Parks
   Gloria Richardson
6. Remarks — John Lewis, *National Chairman, Student Nonviolent Coordinating Committee.*
7. Remarks — Walter Reuther, *President, United Automobile, Aerospace and Agricultural Implement Wokers of America, AFL-CIO; Chairman, Industrial Union Department, AFL-CIO.*
8. Remarks — James Farmer, *National Director, Congress of Racial Equality.*
9. Selection — Eva Jessye Choir
10. Prayer — Rabbi Uri Miller, *President Synagogue Council of America.*
11. Remarks — Whitney M. Young, Jr., *Executive Director, National Urban League.*
12. Remarks — Mathew Ahmann, *Executive Director, National Catholic Conference for Interracial Justice.*
13. Remarks — Roy Wilkins, *Executive Secretary, National Association for the Advancement of Colored People.*
14. Selection — Miss Mahalia Jackson
15. Remarks — Rabbi Joachim Prinz, *President American Jewish Congress.*
16. Remarks — The Rev. Dr. Martin Luther King, Jr., *President, Southern Christian Leadership Conference.*
17. The Pledge — A Philip Randolph
18. Benediction — Dr. Benjamin E. Mays, *President, Morehouse College.*

"WE SHALL OVERCOME"

写真6 "View the 1963 program from the March on Washington"
http://dailynightly.nbcnews.com/_news/2013/08/28/20233297-view-the-1963-program-from-the-march-on-washington?lite （2013年8月31日閲覧）

第4章　ニクソン政権のアファーマティブ・アクション

義や差別意識にのみ帰することはできないだろう。ウィリアム・J・ウィルソンの提起する、都市のアンダークラスの起源にも留意する必要がある。ウィルソンによれば、中流化を果たした黒人市民の郊外化によって、大多数を占める黒人貧困層はインナー・シティに取り残された。また、同時に起こった北部の大都市地域の産業の空洞化は、失業の増大と労働者の貧困化をもたらし、都市部の荒廃を昂進させたとしている。AA政策は、これら多くの「真に不利な立場に置かれた」人々には届かない政策であった[4]。

　グラハムは、市民権期を第一期（1960-1965）と第二期（1965-1972）に分け、差別をなくし平等な扱いを要求する闘いが主流であった第一期から、結果の平等を目指す第二期へと変化したと論じる。彼によれば、目標の変化は手段の変更をともなっていた。AAという手段は「加算合計主義（positive sum）」から「零和主義（zero-sum）」になった。つまり、第一期のAAは、過去の差別による結果を修復するための、黒人への援助、特別の技術訓練、教育、ヘッド・スタートなどの取り組み、財政的援助が主体であり、それは個々人を対象とし、彼らを労働市場に迎え入れる（加える）ための取り組みであった。ところが、市民権法などの一連の法的措置が整った第二期では、AAによって改善ないしは補償すべき社会の有り様は、統計的数値、すなわち割合（proportion）で測られ、AAの達成は、数値・割合のみで計測された「結果の平等」で評価されることになった。ある地域の黒人人口比に相応した労働者が職場で雇用され、人口比に相応した利益の分配を受け取っているということが「結果の平等」のゴールである。EEOCやOFCCは、政府機関として、数値的な「結果の平等」という目的を達成するための役割を担うことになった。グラハムによれば、このことが、「AAの内なる矛盾、すなわち、過去の差別の結果を是正するための、人種やマイノリティという指標による不平等な扱い・優遇の必要性」を生み出した[5]。RPPは、グラハムが指摘するAAの変化、つまり「平等のための優遇＝AA」への変化の結節点に位置する。RPPのAAに対する決定的な重要性はここにある。

　本章では、今日のAAに至る歴史をその原点に立ち返って考察するという問題意識から、RPPの導入と実施に対して、市民権運動と労働運動がどの

ように対応したのかを具体的に見てゆく。すなわち、この章の目的は、平等雇用をめぐって、RPPの形成と実施が惹起した市民権運動と労働運動の相互作用・相克に焦点を合わせ、今日のAAをめぐる基本的問題の起源を探ることである。そうすることによって、少なくともOPPには存していた「真に不利な立場にある者」の救済というAAの原点が、数値に表された結果の平等を目標とするRPPでは失われてしまったことを明らかにしたい。さらに、RPPによってAAにはもう一つ重大な新しい役割も与えられた。労働組合の解体である。このことこそがAFL-CIOをAAから後退させる結果になったことを検証したい。

　史料としては、第3章に続いて労働者、ないしは労働組合のフィラデルフィア・プラン関連文書を多用した[6]。また、ニクソン政権の市民権問題に対する姿勢を検証するために、Hugh Davis Graham (ed.), *Civil Rights during the Nixon Administration, 1969-1974* [microfilm], University Publications of America, 1989 (以下、*CRN* と略記) に収集された史料を渉猟した。市民権運動の動向については、フィラデルフィアの黒人新聞 *The Philadelphia Tribune* に依った。加えて、フィラデルフィア人間関係委員会史料 ([Record Group 148], Commission on Human Relations, Philadelphia Information Locator Service)、フィラデルフィアで発行されている地方紙、*The Philadelphia Inquirer*、*The Philadelphia Bulletin* 等を参照した。

1　背景

1.1　1960年代末の市民権運動

　グラハムは前述のように、市民権運動期には二段階の展開があったと主張している。第二期 (1965-1972) には、運動の目標が「結果の平等」へと変

化し、それにともなって社会改革（平等）の指標が統計的数値（割合）で表現されるようになり、目標の達成が、数値的結果で評価されることになったと述べているのである。また、スクレントニーは、1960年代末の社会的混乱が、「危機管理（crisis management）としてのAAを政府に迫ったと述べる。その結果、政府は、早期に効果を出さなければならないという圧力のもと、零和主義（zero-sum）的方向のAAを実施しようとした[7]。一方で、この時期、市民権運動内部にも運動の目標や方法に関して少なからぬ意見の不一致、ないしは混乱が生じていた。AAは、1960年代末の社会問題解決のための切り札として政府から提案されたものだが、市民権運動の側はこれをどのように受けとめていたのだろうか。

フィリップ・ランドルフ[8]は、1959年のAFL-CIO大会で、「労働組合はこれまで、人種差別や人種隔離の解消を怠ってきた」と述べた。AFL-CIOも、1960年代になると、市民権運動の高まりの中で変わらざるをえなかった。1960年、AFL-CIOは組合内に黒人労働者委員会を設置し、ランドルフを委員長に据え、組合内外の黒人労働者の利益擁護と市民権運動との連携に着手した。さらに、1961年AFL-CIOの大会で、M・L・キング牧師は次のように演説した。

> 黒人は、ほとんど全員が働く人々である。黒人の百万長者や黒人の企業主はほんの数えるほどである。我々が必要とすることは労働組合が必要とすることと同じである──相応の賃金、公平な労働条件、暮らせる（livable）住居、老後の安定、健康福祉政策、育児・教育のできる家庭環境、地域社会の改善等[9]。

キングは市民権運動と労働運動が自由で民主的な社会を建設するために協力すべきだと強調したのである。

南部の市民権運動を率いていた南部キリスト教指導者会議（The Southern Christian Leadership Conference：SCLC）や学生非暴力協同委員会（Student Nonviolent Coordinating Committee：SNCC[10]）は、南部の運動を全国的なものとするためにも、北部を中心に活動を展開していた人種平等会議

（Congress of Racial Equality：CORE）などと協力する必要性があった。これらの組織の結成のほとんどすべてに関わっていたのは、バイヤード・ラスティン[11]である。ラスティンやランドルフは、北部の人種問題と南部の人種隔離の問題を結び付け、国民全体を巻き込む、人種統合的な大きな運動を展開しようとキングらに呼びかけていた。これが1963年8月の「ワシントン大行進」に結実した。この行進の企画は、AFL-CIO、NAACP、全国都市同盟（National Urban League：NUL）、CORE、SCLC、SNCCの6組織の代表によって練られたものであった[12]。「ワシントン大行進」（写真7）の成功は、1964年市民権法に第七編「公正雇用実施条項 Fair Employment Practice：FEP」を挿入させるという成果を生んだ。

このように、1960年代の市民権運動と労働運動は協力を模索していたのである。キングの運動の原則は、労働運動と共同し、人種隔離の撤廃、市民権、雇用などを、全労働者の共同行動で実現しようとするものであった。1965年、キングはAFL-CIOイリノイ州の年次大会において、「アメリカの魂を回復し、貧者と抑圧された人々を生き返らせるために、この歴史的な（市民権：筆者）闘争に参加しよう」と呼びかけ、以下のように発言している。

> この30年間で、国家を変革した最もダイナミックな二つの運動が、労働運動と市民権運動である。この二つの運動が力を合わせるなら、壮大なものとなる可能性がある。我々は、いまだ、その力を、我々自身と社会全体のために使ったことがない。我々が、貧困との戦いを全面戦争にし、全ての働く人々のより豊かな生活のために、生活水準の向上を求めるなら、我々にはそれを達成する能力がある[13]。

この時期、キングら市民権運動リーダーにとっては、AAは、労働組合運動と協力し、アメリカ社会をいっそう平等で民主的なものに変革する運動のことであり、そのために連邦政府や自治体を動かすことであった。

しかしながら、同時に、キングは「十字路」に差し掛かっていたと言われている。彼は、「貧困との戦い」を全面戦争にと呼びかけたが、ヴェトナム

第4章　ニクソン政権のアファーマティブ・アクション

写真7　「ワシントン大行進」が労働運動と市民権運動の共同行動であったことを示すAFL-CIOの機関紙
AFL-CIO News, August 31, 1963

戦争は泥沼化し、戦費の拡大が「貧困との戦い」を圧迫していた。1967 年、キングはヴェトナム戦争に反対を表明するが、このことによって、ジョンソン政権と対立し、NAACP などの市民権団体のリーダーたち、AFL-CIO など労働組合からも距離を置かれることになった。また、「非暴力・不服従」を北部の市民権運動に持ち込んだことにより、北部大都市の白人住民からの反発を受けることにもなった。他方で、台頭してきたブラック・パワーの若者たちは、キングの共同行動の方針を生ぬるいと批判した[14]。1968 年、「貧者の行進」準備中の 4 月に、M・L・キングは凶弾に倒れた。「貧者の行進」は、キングによる人種統合的市民権運動の集大成とも言えるものであり、まさに、「インナー・シティ」の「アンダークラス」の統一行動計画であった[15]。キングのこの計画に対して、ブラック・パワーのリーダーは当初懐疑的だったが、彼らも協力を約束していた。キングの暗殺で、彼らの「怒り」の表現は燃えあがり、各地で暴動が起こった。「貧者の行進」はかなめを失い、実施されはしたものの（4 月 29 日）、市民権運動の衰退を露呈した[16]。

　1960 年代後半の市民権運動の展開、特にブラック・パワーの台頭とその要求は、キングの構想から遠のいていた。市民権法や投票法によって、法的には人種隔離が取り除かれ、教育や雇用の平等の法的保証が達成されたとはいえ、黒人市民の実生活には、経済的、社会的不平等の事例が溢れていた。ブラック・パワーは、黒人市民の側からのフラストレーションの表明であった。彼らは、「黒人の自立的、政治的権力」の構築の必要性を説いた[17]。具体的には、地方自治体議会などの公職に黒人を送り込むこと、公務員、警察などの権力機構への黒人の参入などを目指した。労働運動が掲げた「公正雇用の完全実施（FEP）」を通じて雇用平等を確保するという方向性よりは、早急な AA の実施の要求や自立的黒人企業の育成といった目標が、ブラック・パワー運動の主流になっていったのである。たとえば、人種平等会議（CORE）代表ロイ・イニスは、黒人コミュニティは、自主性と独立性を確立しなければならないと主張し、そのためには、商品やサービスの流通を黒人自身がコントロールする必要があると説いた。なぜなら、そのことが黒人社会の質を高める、すなわち黒人が「経済力」を持つことであり、それは「ブ

ラック・キャピタリズム」の成長によって実現するからだと主張した。イニスは、一貫して共和党支持者であり、こうした主張はまさに、1968年共和党大統領候補であったニクソンの主張と重なるものであった。ブラック・パワーのこのような主張は、専門職・技術職・幹部職の黒人を増加せよという要求ともなって現れた[18]。

　もちろん、ブラック・パワーという名称で呼ばれる勢力の具体的な主張と行動は、地域・時期によって大きく異なっている。フィラデルフィアにおけるブラック・パワー勢力は、黒人コミュニティの中にその活動の基点を置き、福祉や教育という黒人の生活向上のための地道な活動に携わっていた[19]。

　しかしながら、社会・経済・政治の主流への参入という要求や願望が、1960年代末、ニクソン政権の「ブラック・キャピタリズム」と共鳴したことは確かである。黒人コミュニティ内部には、AAを利用して社会的地位の向上を果たすことのできた層と、AAの網では救えない層の分離が進んでいたのであり、以下で詳しく検討するが、AAはまさしく前者の要求を掬い上げたものだった。また、黒人の分離・自立のスローガンは、カラー・ラインの強調によって階級格差を見えにくくする作用も果たした。1969年、AFL-CIOは、RPPが労働組合の団結権や団体交渉権の侵害につながり、黒人労働者の権利をも損なうと主張し、これに強硬に反対した。しかし、この時期、市民権運動側は、カラー・ラインは強調したが、クラス・ラインに対しては盲目であったのか、こうした議論に関心を示さなかった。市民権運動側からは、RPPに反対する者は人種主義者とみなされた。

1.2　ニクソン政権と市民権問題

　1968年、大統領選挙を制したのは、共和党リチャード・ニクソンだった。ニクソン政権の登場は、「第二の再建期」を終えようとしていた1960年代末のアメリカ国民の意識の混乱の反映でもあった。1960年代の末、騒然としていたアメリカ社会に、ニクソンは「法と秩序」を訴えることで、政権の座についた。勝利したとはいえ、その得票は共和党ニクソン43%、民主党ハ

ンフリー 43％、独立党ウォレス 14％であり、辛勝であったとも言える。フィラデルフィアでは、ハンフリーが 2 倍以上の得票差でニクソンを上回っていた。フィラデルフィア北部黒人地区と OIC はニクソンが訪問した唯一の黒人コミュニティであったにもかかわらず、黒人の 95％以上が民主党に投票した[20]。

　ただし、全国的には、ニクソンと、超保守派候補ウォレスの票を合わせると、57％に達している。1960 年代末の「混乱期」に、この選挙は、「法と秩序」の回復を叫んだ保守派の勝利であった。ニクソンの「法と秩序」のスローガンは、白人中産階級に強く訴える狙いがあった[21]。彼らは 1960 年代に慢性化した都市暴動、暗殺などの社会不安、インフレ、そして泥沼化したヴェトナム戦争などに辟易し、利己的・孤立主義的になりがちであり、同時に「アメリカの夢」を追う多数派でもあった。ニクソンは彼らを「サイレント・マジョリティ」と呼び、彼らの声に耳を傾けるとして、国民に「静かになる[22]」ことを要求した。

　当然のことではあるが、ニクソン政権に対する評価は、市民権運動側の立場からは一般的には芳しくなかった。ニクソン政権は、公立学校の人種均衡のためのバス通学には反対し、また、連邦最高裁判所判事に保守派のクレメント・ヘインズワースと G・ハロルド・カースウェルを据えようとした。さらに、副大統領のスピロ・アグニューを使って、「都市の暴動者」、「福祉をごまかして受けている者」、「左翼学生」、「兵役忌避者」等の言葉で、リベラル勢力や反戦運動、マイノリティを攻撃したために、市民権運動側からの批判を招いていたのである[23]。

　グラハムによれば、ニクソンは、就任当初、国内問題、特に市民権問題に対して明確なヴィジョンを持っていなかった。反面、少数与党であるがゆえの議会対策、行政府官僚のコントロールにはことさら注意を払うなど、調停的手腕には長けていた。このことは、大統領顧問に民主党ダニエル・P・モイニハンを据え、都市問題や人種問題に関して助言を受けたことにも表れている。モイニハンの 1969 年 3 月の大統領に対する報告書は、黒人の中の 50％以上は深刻な貧困状態にあり、社会の大きな重荷であることを認めた。

しかし同時に、1960年代に、黒人中産階級が収入においても教育においても大きく成長しており、彼らがアメリカ社会システムの中枢への参入を望んでいるとも分析していた。すなわち、黒人が、公務員、警察官、教師、軍人、専門職、技術者など、これまで白人エスニックが担ってきた分野に対等に参加することを求めており、それはブラック・パワーが掲げる要求に通じるとしたのである。モイニハンは大統領に、「黒人経営者、銀行員などには、我々の勢力に入りたがっている者もいる」、彼らを受け入れても南部戦略を損なうことはないと助言した[24]。

実際、モイニハンの仲介で、1969年当初から、ナショナル・アーバン・リーグ（NUL）委員長ロイ・ウィルキンス、人種平等会議（CORE）委員長ロイ・イニスなど、市民権運動のリーダーはニクソンと会談を行った。モイニハンは大統領に、穏健で「指導的な、新しい黒人」と緊急に接触を持ち、ホワイト・ハウスに招くよう要請した。「彼らは多大な価値のある友人となる可能性がある」のだから[25]。ニクソンが保健教育福祉省次官補にCOREの創始者であったジェイムズ・ファーマーを任命したことは、人々の驚きを買ったが[26]、さらに、ニクソンはモイニハンの助言に従って、8月にEO11478を発した。この大統領行政命令は、マイノリティ出身の政府職員が「監督的・管理的職種に昇進する機会の増進」を強調し、「多様なエスニック・人種・宗教的背景を持つ人々が指導的役割を担うため」に、連邦政府は積極的に取り組むと謳っていた[27]。

一方で、ニクソンは、労働長官にはシカゴ大学大学院商学研究科長であったジョージ・P・シュルツを任命した。シュルツは、シカゴ大学の人脈を労働省の官僚として呼び寄せ、前政権の「貧困との戦い」路線を一掃しようとした[28]。特に民主党政権時代の労働組合勢力との「デュエット」を批判し、1970年には、建設労働者の最低賃金が当該地域の給与水準を下回ることがないように定めたデイヴィス・ベイコン法（1931年制定、1964年改訂）を中断した。シュルツは、人種問題に関わる役職「賃金・労働基準局副長官」に、アーサー・A・フレッチャーを配置した。フレッチャーは、元フットボールの選手で、黒人共和党員の企業家であったが、政界進出にも意欲を持ち、

ある意味ではブラック・パワーを体現する人材だった。フレッチャーは、政権の RPP 実施に携わることになる[29]。

　ニクソン政権の黒人問題に対する姿勢を、大統領側近であったモーリス・スタンズは次のように述懐している。

> ニクソンは"マイノリティ・キャピタリズム"として問題を捉えていた。…彼らに単に仕事を与えるというのでなく、経営者になるチャンスを与えるべきだ。黒人経営者数を増加する方法であり、そうすれば彼らは雇用者側の立場になり、国家財政上の重荷という存在から納税者となる。彼らへの福祉予算の削減もできる[30]。

　この発言は、1969 年にニクソン政権が実施することになる AA が、まさにその軸足をマイノリティの中の「有利なもの」においていたことを示唆する。前政権にとって AA は、「貧困との戦い」の一環であったのだが、その根本的な目的が大きく転換されようとしていたのである。同時に、政権は発足の時点で、すでに次期大統領選に向けての戦略を練っており、従来「一枚岩」で民主党支持を誇っていた黒人票を、「ブラック・キャピタリズム」の育成によって共和党に取り込めると考えていた。AA はそのための武器となるはずであった。

1.3　フィラデルフィア・プランの再生

　1969 年 6 月、労働省副長官フレッチャーは、RPP を発表した。労働省は、政府との「契約業者と職能組合による長い差別的慣行の歴史」が、AA の効果的な実施を妨げており、その改善のためにはより強制力のある AA が必要であるとして、会計検査院によって違法とされた前政権の OPP に欠けていた明確な数値の設定を RPP に盛り込んだ。歴代の政権が慎重に避けてきた「割当て（quota）」に一歩踏み込んだのである[31]。

　RPP には、建設業における「マイノリティ従業員雇用目標割合」が設定

第 4 章　ニクソン政権のアファーマティブ・アクション

されていた。OFCC は、旧 OPP では数値目標が明確でなかったことが、業者入札に混乱を招く原因になったのであり、AA の円滑な実施には雇用「数」の提示は不可欠だと考えていた。また、目標達成のための「誠実な努力」を業者に義務付けるという条項を付け加えることによって、「割当て」の強制という違法性から免れることができるとフレッチャーは進言していた[32]。

　RPP 発表の記者会見で、フレッチャーは、アポロ 11 号の月面着陸に言及して、「ゴールと時間表を設定し、目標到達に向かって努力すること」が結果を生み出すと述べた。また、(前政権の) 失敗はこのゴールと時間表の欠落が原因であったとして、これは優先枠という排除の理論に基づくのではなく、目標数という包摂の理論であると強調した。さらに、650 万ドルの税金をつぎ込んだ公共投資が、フィラデルフィア市人口の 30% を占める黒人に恩恵を施さず、白人企業と白人労働者の懐にほとんど入るなどということは連邦のするべきことではないとも述べている[33]。

　ニクソン政権が、その最初の AA 政策をフィラデルフィアで具体化しようとした背景には、フィラデルフィアの黒人コミュニティの支持があった。フィラデルフィア NAACP 支部やアーバン・リーグも新政権に対し、前政権が廃止した「フィラデルフィア・プラン」の復活を要請していた。また、ニクソンの「マイノリティ・キャピタリズム」を具現した格好の人材もフィラデルフィアにいた。すでに何度も触れているが、1964 年、北部黒人地域に職業訓練校 (OIC) を設立した教会牧師、レオン・サリヴァンである。ニクソンは大統領選挙中に OIC を訪問し、歓迎を受け、サリヴァンを「ブラック・キャピタリズム」の模範と賞賛した[34]。サリヴァンは、ニクソン政権発足後間もない 1969 年初頭には早くも、ロビー活動を展開し、大統領秘書官、労働長官と面会し OIC への助成を求めている。経済界や政界は、彼が社会の負担となっている人々を「経済的生産者」にしようとしていると称え、援助を約束した。ニクソン政権も、3 月に大統領行政命令で設立した「マイノリティ企業局 (OMBE)[35]」から 100 万ドルを OIC に融資した。*U. S. News & World Report* は、フィラデルフィアで「『ブラック・キャピタリズム』を自称し成功させているのがレオン・サリヴァン牧師である」とした特集を掲載

した[36]。

　ニクソン政権が RPP を実施しようとした理由については、スクレントニーが以下のように分析している。第一に労働省副長官フレッチャーの存在である。彼は、閣議の席で、自分を例に挙げて、政権が AA に取り組む必要性を熱心に説いた。フレッチャーは、共和党政権が AA への積極的な姿勢を黒人市民に示すことは「危機管理」＝暴動対策として効果的であるばかりでなく、RPP は自助能力のある納税者を実際に産み出す措置でもあると主張し、政権の中での自己の存在意義を強調した。また、RPP は共和党の従来の路線に反するものではなく、共和党の指導者が容易に採用できるものだとも述べている。第二に、前政権が棚上げにしたプランを、これを倒した現政権が持ち出すということは、このプランの孕んでいた問題点を蒸し返すことになるということである。ニクソン政権は、労働組合がジョンソン政権のフィラデルフィア・プランに難色を示していたことを、十分に利用する価値があると見ていたというのである。スクレントニーによれば、ニクソン政権にとっては、民主党の牙城であるフィラデルフィアにおいて RPP を適用することには共和党支持票を獲得する上で多大な意味があったのである[37]。

　ただし、NAACP 指導部の一部は、ニクソン政権の市民権問題に対する姿勢にはいまだ懐疑的であった。フィラデルフィア NAACP の弁護士であったオースティン・ノリスは、新政権がヴェトナム戦争やインフレ対策などの問題を抱える中、貧困や都市問題など黒人に関わりのある問題に積極的に取り組むどころか、失業者対策費、職業部隊（Job Corps）、技術者養成等のための支出を削減して、黒人住民を失望させたと批判した。また、当時 AFL-CIO フィリップ・ランドルフ研究所所長であったバイヤード・ラスティンは、RPP 自体を厳しく批判した。ラスティンは、RPP の目的は、権力による市民権運動の管理＝穏健化であると指摘し、市民権運動の一部が政権に擦り寄る傾向にも苦言を呈した[38]。彼は「ブラック・キャピタリズム」が一部黒人から受け入れられていること、ブラック・パワー勢力もこれに追従していることを認めながらも、「ブラック・キャピタリズム」については、もっと慎重な分析が必要であるとした。すなわち、「ブラック・キャピタリズム」

第 4 章　ニクソン政権のアファーマティブ・アクション

は黒人への心理的影響はあるかもしれないが、アメリカ経済全体にとっては、まったく無意味に等しく、単なる黒人のスローガンに過ぎない。また、「ブラック・キャピタリズム」があたかも黒人の経済発展を意味するかのように宣伝されているが、圧倒的多数の黒人貧困者とは関係のない代物であり、いま黒人市民に必要なことは、まともな仕事、見苦しくない家、優秀な学校であると強調した。実際、AA のバックボーンであった地域再開発事業（Model City Program）は、75％も削減され危機に瀕していた[39]。

　ニクソン共和党政権の出現による緊張を孕みながらも、1969 年当初のフィラデルフィアでは、黒人運動の指導層、労働運動の指導層、市当局が協力して問題の解決を図らなければならないという意識を共有していた。彼らは、フィラデルフィアの抱える第一義的な「問題」は、黒人青年層の慢性的失業・貧困だと認識し、この層を「ハード・コア（hard core）」と呼び、その教育・訓練・自立について常に話し合っていた。OPP はすでに消滅していたが、第 3 章で述べたように、労働組合と黒人職能組合指導委員会（The Negro Trade Union Leadership Council：NTULC）、フィラデルフィア CHR、NAACP は独自の取り組みを進める体制をとっていた。建設労働組合が表明した技術者養成プランは、「人種、信条、皮膚の色、宗教または出身国にかかわらず」基本的な資格（高校卒業）を満たしておれば受け入れるとしており、黒人コミュニティ側からもおおむね好意的に評価された。『トリビューン』紙は、「資格のある若者」は勇気を持って「期日までに応募せよ」と呼びかけている。労働省長官シュルツもこの時点では、マイノリティ・グループの技術者養成テスト合格率が上昇し、受験者全体の合格率は 9％であるのに対し、マイノリティ受験者の合格率は 19％であると認めている。この間の労働組合の平等雇用を目指す取り組みは、見過ごすことはできないものであったと言えるだろう[40]。

　以上のように、政権が民主党から共和党に移行したことによる国内政治の転換に対して、1960 年代に市民権運動を牽引してきた人々の期待と失望が交錯し、先行きの不透明感の漂うなかで、新政権によって RPP が提案されたのである。

2 RPP をめぐる紛争

本節では、改訂・再提案されたフィラデルフィア・プラン（RPP）が、1969年12月末に連邦議会を通過するに至るまでに、市民、労働者の中でどのように議論されたのかを検討する。政治史家スクレントニーは議会の論戦を詳細に検討しているが、それは、RPP が大義名分として雇用平等の実現を掲げて提案されながら、現実には、ルーズベルト連合と呼ばれた民主党支持勢力の分断が法案提出の真意であったことを検証するためである。ここでは、それとは少し視点を変えて、AA 実施によって影響を受ける人々、その中でもとりわけ、労働者ないしは労働組合側の論点に注意を払いたい。そうすることで、彼うが、RPP には組合の団体交渉権侵害の意図が同時にあり、低賃金、無権利の非組合員労働者の雇用に道を開く、組合にとっては危険な方向だと主張したことを明らかにする。

2.1 8月公聴会

労働省は「ゴールとタイム・テーブル」の詳細な設定のために業者、当該団体との協議の場を設け、1969年8月末にフィラデルフィアで公聴会を行うと発表した。公聴会では、RPP は労働組合の猛反発を受けることになるが、市民権運動側も RPP に反対する労働組合に対し、厳しい批判を展開し始める。公聴会を機にフィラデルフィアの人種関係は一気に緊張した。

フレッチャーは、公聴会前日からフィラデルフィアに入り、記者会見を行うなどして、フィラデルフィア黒人コミュニティの利益を守るために行動していることを強調した。NAACP は、会場をデモンストレーションで取り囲み気勢を上げた。『フィラデルフィア・トリビューン』紙は、この公聴会を第一面に大きく取り上げ、「黒人団体、問題の AA をめぐって、建設労働組合と闘いの構え」と報道した。また、ちょうど同時期にペンシルヴァニア州

ピッツバーグでは、AA による黒人技術者の雇用をめぐって建設作業が中断され、白人労働者と黒人労働者の暴力沙汰があり、警察の介入により逮捕者も出るという混乱が起こっていた。このことも論戦の形勢に影響を与えた[41]。

黒人団体の代表は、黒人に対し雇用差別を行っている業者は制裁を受けるべきである、また、組合側の技能資格テストは、不必要に合格基準を高く設定しているなどと主張した。さらに、これまで長く排除されてきた黒人やその他のマイノリティがアメリカの主流の労働力人口に参入するためには、賠償的機会が与えられるべきであり、多額の税金を費やして行われる公共事業から黒人が排除されていることは法に反すると論じた。NAACP フィラデルフィア支部前委員長セシル・ムーアは、自分は「フィラデルフィア・プランの父」であるとして、1963 年の NAACP 委員長時代のフィラデルフィアの闘いを誇示した。また、もし連邦が RPP を再び葬るようなことになれば、ピッツバーグと同様のことが起こるだろうと「暴動」を予言した[42]。ムーアは、CORE の若者にも影響力のある、1960 年代初頭からの運動の組織者であり、この言葉には信憑性があった[43]。

一方、AFL-CIO 建設労働組合フィラデルフィア支部書記長（Business Manager）のジェイムス・ローリンは、RPP を全面的に批判し、次のように発言した。RPP は「明らかに違法」である。なぜなら、市民権法が禁じている「人種の要素」を雇用の基準に持ち込み、「優先枠」を設定して、ある人種を優遇し他の人種を排除するからである。また、業者は「誠実な努力」を示して法令順守をすることを求められ、制裁を科すか否かは、この「誠実な努力」に対する評価次第である。雇用決定の基準が、労働者の「技能・質」よりも、「誠実な努力」と黒人雇用者の数という結果とを示すことに移り、業者の方は、監査や制裁をおそれ、RPP に従うことを表明するしかない。高い技術を持つマイノリティ労働者の養成という視点も文言も RPP には見当たらない。こうした RPP 的方法によって、AA は、人種差別を廃し雇用平等を目指すという本旨から外れる結果となる。また、「優先枠」の押し付けは、実質的に機能しないだろうし、道徳的にも堕落である。労働の質の低下、

無駄なコストの上昇、従業員名簿に無能な労働者を掲載する結果になるだけである。AA の目的は、能力のない臨時の採用者を増やすことではなく、持続性のある技術力を持った建設労働者を黒人コミュニティに育成することである[44]。

ローリンの発言には、RPP に対して以後繰り返される組合の一貫した見解が言い尽くされている。組合側が問題視したのは、RPP の以下の部分である。

3　政策
　連邦助成金によるプロジェクトにおいて平等雇用の機会を完全に実現するために OFCC の政策は次のように定める。フィラデルフィアにおける 50 万ドル以上の連邦資金または連邦助成金による建設プロジェクトにおいては、入札業者は容認しうるアファーマティブ・アクション計画を提出しなければ、どのような契約も、孫契約も得ることはできない。このアファーマティブ・アクション計画にはマイノリティ労働者の活用の具体的な目標と日程が含まれていなければならない。具体的な目標とは、以下の職種の従業員を使用している業者の入札募集基準となるものである。
　　鉄骨組立工
　　配管工
　　蒸気管工
　　板金工
　　電気工
　　屋根職人・防水工
　　エレベーター建設工[45]

8月公聴会の後、論戦はさらに白熱した。連邦議会では超党派の RPP 支持の派閥が結成された。また、共和党の中から、プランの実効性は少ないと反論を始める者もおり、賛否の議論は入り乱れていた。さらに、ピッツバーグの紛争はフィラデルフィアの論戦に大きな影響を及ぼし、両者の対立を激

化させたのである[46]。

一方で、8月末のヒアリングで危機感をつのらせた AFL-CIO フィラデルフィア支部は、CHR、OIC、教育委員会等との会議を行い、RPP に代わる彼らの AA を構築するとして、熟練工育成のためのアウトリーチ拡充のプランに合意している。会議では、1969年9月までの訓練修了者の数が 102 人と報告され、彼らが「優先枠」などではなく自身の努力と実力で資格を得たことが強調された[47]。

2.2　建設労働組合大会　——RPP 絶対反対を決議——

9月22日、23日には建設労組の年次大会がアトランティック・シティ（ニュー・ジャージー州）で開催された。RPP は重要な議題であり、執行部から RPP 反対の決議案が提案された。決議案は、RPP が「どのような言い回しで粉飾されていても、優先枠システムであり、絶対反対である」とした。しかしながら同時に、資格のあるマイノリティ熟練工を育成し、彼らを組合に平等に迎え入れることが組合の基本方針であるとも述べていた。

大会には連邦住宅都市開発問題担当官僚リチャード・C・V・デュセンが出席し、組合に対してマイノリティ労働者の労働力への参入拡大の努力を促し、建設業における黒人技能労働者の率が 2％ と少ない点に苦言を呈した。この発言に対して、建設労働組合全国委員長の C・J・ハガティがすぐさま、デュセンの示した数字には困惑する、ここ数ヵ月間にわたって政府とも協力して行ってきた組合の努力と成果を無視していると反論した。というのも、この 2％ という数字は、1967年に OPP を提案したウォーレン・フェランの示したものだったからである。ハガティは、デュセンが 1967 年以降の組合の努力を無視しているとした。さらに、建設業組合は技術水準を低下させるような訓練や認定を認めるわけにはいかない、多くの黒人熟練工を育て組合員とすることにはやぶさかではないが、見習い期間やテストの基準は人種を問わず平等であるべきだと付け加えた。大会は RPP 反対を議決した[48]。

この大会期間中に労働省は修正「RPP」を発表した。8月に会計検査院が、

2　RPPをめぐる紛争

RPPは優先枠を採用し、市民権法第七編に違反していると指摘していたからである。労働省は「目標」の文言を「マイノリティ活用の範囲（range of minority utilization）」とした。ある一定の期間までに問題のある職種のマイノリティ労働者数を、OFCCの定める割合の範囲に引き上げるよう求めるものであった。RPPを遵守すること、すなわち、OFCCの定めたガイドラインに対して「誠実な努力」を示すことを入札業者の条件とした。このガイドラインによれば、たとえば、最も高給とされていた板金工は、1970年に4-8％の範囲、1971年に9-13％の範囲、1972年に14-18％の範囲、1973年には19-23％の範囲となっており、業者は自社のマイノリティ雇用の現状を分析し、数値で表し、ガイドラインの範囲の「目標数値（goal）」を定め、OFCCに提出することが入札の条件となるのである。また同時に、マイノリティとは誰なのかが示された。「マイノリティという語は、黒人、東洋人、アメリカ・インディアン、そしてスペイン語の姓を持つアメリカ人を意味する。スペイン語の姓を持つアメリカ人にはメキシコ人、プエルトリコ人、キューバ人、又はスペイン系の子孫のすべての人々を含む」と定められたのである。

　目標が百分率で示されたことでRPPの優先枠的性格がより明確になったとして、労働組合の態度はさらに硬化した。なぜなら、ニクソン政権の公共事業削減のなかで、建設コストの切り下げのため、建設労働者の雇用そのものが縮小していたからである。分けるべきパイが縮小する中で、RPPは、パイの奪い合いを促すものと受け止められたのである。また、グラハムは、プランがターゲットとするマイノリティの範囲にキューバ難民を含めたことも、AAの「歴史的に差別されてきた人々に対する補償」という本来の意味を曖昧にしたと指摘している[49]。

　AFL-CIO Newsは、バイヤード・ラスティンの論評を掲載した。彼は、「連邦政府は75％も建設事業を削減すると同時に、黒人を建設業に呼び入れるなどとよく言えたものだ」、（RPPは、）建築コストの削減のため建築労働者の給与を削減したいという経営者の意にかなったものだと書いている。さらに、市民権運動の中で勝ち取ってきた社会改革的法改正を後戻りさせようとする「右」の勢力の意図を見抜かなければならない。黒人と白人の労働者の

共通の要求は、「適切な仕事、適切な住居、適切な教育」であり、AFL-CIO はこれらの実現のために闘わねばならないなどと述べていた[50]。

9月末にはシカゴでも、黒人建設労働者の雇用をめぐって、ピッツバーグと同様の暴動に近い事態が起こっている。『フィラデルフィア・トリビューン』紙によれば、2,000人以上の白人暴徒が建築現場で黒人労働者に襲いかかり、5人が負傷、9人が逮捕され、しかも逮捕者のうち6人は襲われた側の黒人であった。白人建設労働者のある者は酒を飲み、国歌を歌い、市民プラザ前のピカソの作品に星条旗を掲げ「建設労働者に市民権を」と叫んだという。こうしたAAをめぐっての軋轢は、各市で起こっていた。フィラデルフィアの関連団体は、シカゴの暴動にも言及し、フィラデルフィア独自の取り組みの必要性を強調している[51]。

9月30日の『フィラデルフィア・トリビューン』紙は、建設労働組合が黒人マイノリティに対し、高収入・高技術職へのドアを閉ざし、人種差別的雇用関係に固執していると宣伝していた。「このような光景がいつまで続くのか」とした見出しとともに、「あまりにもありふれたシーンなので、人々は振り返りもしない。黒人が溝を掘っている傍らに、白人が機械の上に座り、たばこを吸いながら、冷たいまなざしで見張っている、RPP がこの兄弟を溝から救い出すことを願う[52]」と書かれている（写真8）。このような記事が、ますます、黒人労働者と白人労働組合の反目を昂進させたことは間違いない。フィラデルフィア市自身は行政的に市民権組織、労働組合、CHR などの協議を継続し、その中ではアウトリーチ・プログラムの成果も公表され、協力的関係を持続することが確認されてはいたが、RPP をめぐる論争と対立は協力の接点を消していった。

2.3　10月公聴会

黒人紙『フィラデルフィア・トリビューン』は、RPP に反対する者は「人種主義者」であると強調していたが[53]、連邦議会における RPP 問題の駆け引きは、もっと複雑で政治的だった。10月末、ワシントン DC において、

2 RPP をめぐる紛争

How Long Will This Scene Go On?

WILL THE PHILADELPHIA PLAN, which was recently made law, bring about an end to scenes like this? The sad fact is that these photos represent something so commonplace that most people wouldn't even think about taking a second look: the black man digs ditches while the white man, as in this center city project, sits cooly atop his machine and watches with a cigar in his mouth. The Philadelphia Plan will make mandatory the hiring of representative numbers of non-whites Federally-financed construction projects. Ma be it will help the brother out of the ditch.

写真 8　建設業の人種差別を象徴するとされた現場写真
Philadelphia Tribune, September 30, 1969

　連邦議会の法制小委員会が公聴会を開催した。この公聴会の目的は、法制小委員会議長であったサム・J・アーヴィン（民主党上院議員・ノースキャロライナ）が「開会の辞」で以下のように述べている。RPP が「アメリカ社会に悩ましい問題をもたらしていることに鑑み」、同様の方法が「シカゴ、ピッツバーグ、シアトルなどで抗議を受け」、混乱を引き起こしていることから、「労働省による議会権限を越えたこのような越権行為を検討する。」アーヴィンは、混乱の原因は労働省の RPP にあるとしながらも、労働省と会計検査院が RPP の適法性に関して見解の相違があることを踏まえて、この場で双方の意見を聞くとしたのである。アーヴィンは、1964 年市民権法第七編に強力に反対した民主党上院議員だった。彼は当時、市民権法七編は憲法違反であるとの議論を展開したのだが、今回 RPP 問題に関しては、市民権法違反を根拠に反対の立場で議長席に座った。10 月公聴会は、明らかに、8 月にフィラデルフィアで行われた労働省主催の公聴会とは性格を異にするものであった。実際、11 人の証言者のうち、7 人が RPP 反対論者であっ

157

第4章　ニクソン政権のアファーマティブ・アクション

た[54]。

　アーヴィンは、議長席から労働長官シュルツに対して、「AAのゴール」、「一定の数量的範囲」とは何を意味するのか、「割当て（quota）」とはどう異なるのかを、明確に説明するように求めた。労働省はRPPの中で、AAの目標を「マイノリティの雇用率の範囲の拡大」と変更して契約者にこの追求を要求しながら、このような要求は（市民権法）第七編違反ではないと強弁しているが、これは「こじつけ」ではないか。AAがこれまでの不平等な扱いに対する補償的措置であるとしても、EO11246は「人種、皮膚の色、宗教、又は国籍に『関わりなく』雇用される」ことを要求しているのであって、RPPが人種を「考慮して」雇用することを求めることとは矛盾するのではないかと詰問したのである[55]。

　シュルツはこれに答え、以下のように発言した。

> 言葉には常に背景と意味があるのであって、私にとっては割当てとは、制限を意味するものです。つまり、たとえば、ある組織が割当てを持つということは、ある特定のタイプの人間を一定の数だけメンバーにする、あるいは特定の割合だけ認めるといったものです。これは制限であり、物品の輸入等の分野には割当てというものがあります。それは一定の量だけ輸入できるという意味であり、制限であります。それは、本質的に何かを抑制するという考えであります。我々がやろうとしていることは、マイノリティ集団をこれらの仕事に参入させるよう、人々に要求し、機会の扉を開くことなのです[56]。

　シュルツのこの発言に対しては、目標や日程表は「締め切り付き人種割当ての婉曲表現」に過ぎないとの批判が相次いだ[57]。また、AFL-CIO建設労働組合顧問弁護士ルイス・シャーマンは、アーヴィンに呼応する形で9月の建設業組合大会決議を引用しながら、RPP絶対反対の議論を次のように展開した。RPPは疑わしい事実、古すぎる資料と調査、予断に基づいている。また、「マイノリティ活用範囲」は希望的観測であって、政権による公共事業（モデル・シティ・プラン）の予算削減の影響などが考慮されていない。

RPP は 1964 年市民権法に違反し、市民権法第七編を定めた 1964 年の連邦議会の論議を無視したものであり、さらに、ジョンソン EO11246 とも矛盾する。大統領行政命令には「人数枠（numerical quotas）」の条項はなく、「資格のある」応募者の中での人種差別的扱いを禁じるシステムの構築を謳っているのである。RPP の「マイノリティ活用の範囲」はまったく根拠のない、フィラデルフィアの実情にそぐわない OFCC による恣意的数値である。RPP という「数合わせ」によって「適切でない建設労働者」の数を増加することが、人種差別を解消するどころか、かえって人種的偏見や悪感情を助長するする恐れがある。さらに、RPP の意図は別のところにある、組合の「団体交渉権」を破壊するものである。シャーマンはこのように強調したのである[58]。

　会計検査院委員長スターツは、自分は AA のアイディアそのものに反対しているのではなく、「"強制的"というプランの特質によって、このプランに従わざるをえなくなる契約業者は、差別的求人と雇用に従事する結果になる」と表明した。また、「マイノリティ活用の範囲」と言い換えたとしても現実には「割当て（quota）」なのだから、会計検査院としては、国費の違法・不当な支出に当たるような入札基準を設定する RPP は違法であるとの立場から、RPP は連邦議会の議決事項であると主張した[59]。

　11 月、連邦 RPP をめぐる議論は沸騰し、政権、会計検査院、議員がそれぞれに議会工作を展開していた。しかし、連邦議会の政治的状況とは別に、フィラデルフィアではこの間、市民権団体、組合、CHR の協議や協力はかろうじて維持され、黒人技術者養成の取り組みなども継続していた。NTULC はアウトリーチ・プログラムの成果をさらに発展させることを提案し、11 月には、CHR が、AFL-CIO 建設業組合との協議と協力で「黒人とプエルトリコの建築技術者増加」が可能になったと報じた。市長テイトはアウトリーチ作戦が成功しつつある、フィラデルフィアは懸案事項の解決に向かって歩を進めており、今年は 114 人の建設技術見習い工が誕生したと表明した。連邦 RPP をめぐっては、かみ合わない組合と市民権グループではあったが、市の AA に関しては協力の体裁を保っていたのである[60]。

第 4 章　ニクソン政権のアファーマティブ・アクション

2.4　12月議会採決

　12月には RPP が連邦議会の討議事項になる。議会論戦のポイントは、会計検査院委員長エルマー・スターツが RPP の問題点として提起していた「違法性」であった。スターツは、「会計検査院が連邦法違反であると判断したいかなる計画ないしは契約にも、連邦は出資しない」という RPP を制限する内容の付帯決議を提出したのである[61]。実際、議会の議論は RPP の中身に関してよりも、行政府による財政の支出を立法府が監査しうるという付帯決議に集中していた。この時期、最高裁判所判事任命やヴェトナム反戦運動の混乱などによって議会対策が窮地に陥っていたニクソン政権は、付帯決議に反対するために、RPP の効用に関する議論を活発化する議会戦術を展開した。RPP を葬り去ることは、政府が AA 政策を実施することそのものを否定する。雇用平等機会を保証することは、政府がとるべき基本的な立場である。政府はこの立場を棄てることはできないとして、会計検査院の決議案に反対する論戦を展開した。賛否の議論は民主党、共和党の枠を超え複雑に交錯した。共和党議員の一人はバイヤード・ラスティンの言葉を皮肉に引用し、「労働組合・市民権派の民主党支持連合は必ずしもこの議会では効果を発していないようだ」と述べている。また、スターツ自身、ニクソンへの私信の中で、自分は AA の理念に反対しているのではない、「付帯決議」の意図は異なると主張して、ニクソンの議会戦術に苦言を呈している[62]。

　だが、上院で RPP に反対する動議が可決されるという、政権にとっては由々しき状況の中、23日、下院での再議決に持ち込まれた[63]。再議決に備えて政権はラジオ・テレビなども動員し、フィラデルフィア黒人コミュニティ、市民権運動のリーダーの支持を取り付けることに腐心した。これを受けて NAACP 委員長ロイ・ウィルキンス、アーバン・リーグ委員長ホイットニー・ヤング、また連邦雇用機会均等委員会（EEOC）委員長ウィリアム・ブラウン（フィラデルフィア出身）等が相次いで緊急の支持を表明した。ヤングは労働組合が「市民権運動から後ずさりしている」と非難した[64]。

政権の努力が功を奏し、下院は一気に RPP 賛成に傾き、208 票対 156 票で上院議決を否決、上院での再投票でも 39 票対 29 票で RPP が採択された。RPP はここに、連邦の法律となったのである。ニクソンを取り巻く人々はこの夜、祝杯をあげたという[65]。

黒人紙は、政権の「確固たる姿勢」が、「皮膚の色のために締め出されてきた黒人技能労働者が雇用を獲得」することを可能にした、「ニクソン大統領のリーダーシップ」は高く評価すべきだと書いた。RPP を守ったことは、ニクソン政権の「肯定面」として認められ、この政権にも希望があると評価された。フィラデルフィア NAACP は直接大統領に感謝状を送った。一方 AFL-CIO News は、RPP が「政治的手口であり、政権の市民権問題からの撤退を覆い隠し、雇用のために何かをしているかのように見せかけ、人々を混乱させるという計算ずくの策略」だと書いた[66]。

ジョージ・ミーニー AFL-CIO 委員長は、1970 年年頭の記者会見で、RPP 反対の立場を再確認し、RPP は人種平等には「ほとんど役に立たず」、政権の「たくらみ」であり、組合を「身代わり」にして「点稼ぎ」をするものだと非難した。RPP によって労働組合の、団結権や団体交渉権が壊されている。RPP は、政府との契約業者が、組合に所属せず技術を持たない（マイノリティ）労働者を、組合以外のエージェントから「臨時に」「低い給料で」雇い入れることができる道を開いたと述べ、このことは、組合のみならず、RPP のもとで雇われた黒人労働者をも辱めることになると強調した。また、確かに建設業組合の一部支部では、組合加盟に事実上の人種的制限を設けてきたとしながらも、「我々は変化している」と述べ、政府は「罪人」をねつ造し、責任逃れをしているとも非難したのである[67]。

3　ニクソン政権の AA からの後退

1969 年末、ニクソン政権は、RPP 議案を連邦議会で可決し、RPP は、政

第4章　ニクソン政権のアファーマティブ・アクション

府の AA に関する基本方針として全国的に拡大実施されることになる。ところが、この方向とは反対に、1970 年代、共和党政権自身は、RPP のみならず AA、さらには黒人問題から後退していった。本節では、1970 年から 1972 年の、ニクソン政権の AA への姿勢の変化を検討する。

　1970 年 2 月、政権は「労働長官命令第四号」によって、RPP 方式による AA を、全国 20 都市に拡大し、建設業のみならず、政府との 50 万ドル以上の契約業者すべてに適用すると発表した。3 月には、ペンシルヴァニア州裁判所が「東部フィラデルフィア請負業者協会」による RPP 差し止め訴訟を棄却した。翌年 4 月には、連邦巡回裁判所における控訴審棄却判決によって、RPP の法的正当性が確定した。AFL-CIO 建設業部は「協会」の訴えを支持し、裁判でも意見陳述を行ってきたため、この判決に対して遺憾の意を表している[68]。立法と司法によって正当性を確認された RPP 方式の AA が、連邦主体の事業における雇用平等の基本姿勢として、1970 年代以後全国に拡大されることになった。行政機関であった OFCC は、各都市の当該団体の協議を主管し、AA 実施を監督することになる。ただし、実質的には、地域コミュニティの人種関係・力関係や経済事情によって、AA の実施形態は異ならざるを得なかった。こうした実施形態は「ホームタウン・ソリューション」と呼ばれ、RPP を全国一律で実施することの困難を物語っている[69]。

　RPP の推進役であったフレッチャーは、「ニクソン大統領は 200 万の新しい建設業の仕事をマイノリティに提供するという『黄金の機会』を創出した」と称揚し、「これは優先的扱いではなく、国家の富をマイノリティに適切に配分する試み」であると付け加えた[70]。ケヴィン・ユイルによれば、黒人の総収入が 1969 年 3,870 億ドルから 1972 年には 5,110 億ドルに上昇し、マイノリティ公務員数（連邦・州・地方）も 1960 年 630 万人から 1975 年には 1,200 万人に増加した。1973 年から 1974 年の増加率は、全体が 5％であったのに対し、マイノリティは 12％であった。ユイルは、その「受益者」は黒人の中の一部中産階級であったと述べている。しかし、そうであったとしても、黒人市民の目には、AA がまさに経済的・社会的不平等の解消のために効力を発揮していると映ったのであろう。AA を得たことによって、1960

年代の市民権運動の社会改革的気運は変容した。そのことを示すかのように、1969年以降、都市暴動も影をひそめた[71]。

一方で、RPP方式によるAA実施には多くの困難がともなうと連邦機関自身が報告している。RPP方式のような「強制力」のあるAAを全国に、全業種の契約業者に拡大して実施するには、政府と執行機関の確固たる意志と行政能力が必要である。しかも「ホームタウン・ソリューション」を採用することによって地域の実情に応じたAAが必要であり、手順は複雑化した。対応するOFCCも人員不足であった。連邦や自治体との契約業者は、全労働者の三分の一以上を雇用しており、たとえば、国防省だけでも3万近い契約企業を擁し、これらの企業で働く労働者は1,000万人以上に上る。「1970年合衆国市民権委員会報告」は、OFCCの業務は停滞せざるを得ない、OFCCの組織改革が必要であると書いている[72]。

フィラデルフィアでもRPPの問題点が指摘された。『フィラデルフィア・ブルティン』紙は、RPPが要求した、達成すべき「マイノリティ雇用率の範囲」の根拠になった1967年のフェランの報告そのものが、フィラデルフィア地域の1969年の実情を反映しておらず、労働組合は、早くも1970年末に、設定された雇用目標を超過達成したと報道している[73]。

1971年、NAACP委員長ハーバート・ヒルは、RPPを扱ったテレビ番組の中で、「1971年1月～3月に、62の連邦の建設事業において、黒人労働者は42,113時間の新規の雇用を得て、315,000ドル賃金を得た、この金額はRPPがなかったら不可能であった」と発言した。しかし、何人が雇用されたのかを示さず、時間給のみを示した報告に対して、疑問が呈された。一方、同番組では、バイヤード・ラスティンが、RPPを批判して次のように発言している。「RPPでは、黒人は数合わせのために、技術もないのに、『臨時に』配置されているに過ぎない。将来の保証は何もない。AFL-CIOの取り組んでいるアウトリーチは、技術訓練をしながら給料が支給される制度である。政権はこのようなプランにこそ出資するべきである[74]。」

しかしながら、OFCCの全国での悪戦苦闘[75]や上記のようなRPPに対する社会的関心とは裏腹に、1971年には、ニクソン政権自身は急速にRPPに

第 4 章　ニクソン政権のアファーマティブ・アクション

対する熱意を失っていく。すでに 1970 年 2 月には、ニクソンは、「市民権運動を支持してもほとんど政治的利益はない、フィラデルフィア・プランでは、黒人の信頼が得られなかった」と述懐していた。しかも、同時期には、モイニハンが、ニクソンに対し、黒人には「慎み深い無視」をするよう助言した[76]。1970 年には、「黒人問題」に関心がなくなっていたことを示す以下のメモを、ニクソンは残している。

> 我々はもう充分に黒人や若者、ユダヤ人のためのスケジュールに忙殺されてきた。これからはユダヤ人の採用はしない。それに黒人も我々が関心を払っていることを示す程度に充分採用した。今後は、イタリア人、ポーランド人、メキシコ人、ロータリー・クラブの会員、エルク会の会員（引用者註―白人男性の親睦・慈善団体）、中流アメリカ人、おとなしいアメリカ人、カトリック教徒などに集中することにする[77]。

> ＜黒人　若者＞忘れる[78]。

　市民権問題解決の切り札のはずであった AA は、政権にとっては対処の難しい重荷となっていたのである。このような中、1970 年 5 月には、ニューヨークの反ヴェトナム戦争のデモに暴力的に襲い掛かり、政権のヴェトナム戦略への支持を示した建設労働組合の存在が浮かび上がった。トレヴァー・グリフィは、この問題への政権の対処は「素早かった」と書いている。特別補佐官であったチャールズ・コールソンは、建設労働組合指導部と接触し、AFL-CIO 全体からヴェトナム戦争支持を取り付けるよう画策した。さらに、1971 年には、コールソンを介して、1970 年初頭の記者会見では厳しい反 RPP、反政権の発言をしたジョージ・ミーニーをホワイト・ハウスに招き、ニクソン自身が会談を行った。この会談で、ニクソンは RPP について、「政府は、建設業組合に対して有害な勢力になる意図はない」と約束した。この会談に先立って、コールソンがニクソンに対し、確かに建設業組合は、少しは変わる必要もあろうが、イタリア系やアイリッシュ系の大工などは強力で

あり、ずっと「我々の味方」であったと助言していたからである[79]。

　ヴェトナム戦争については、市民権運動のみならず、AFL-CIO も 1960 年代末、組合内の「行き過ぎた急進化」に手を焼いていた。ここで詳しく立ち入って議論することは避けるが、1950 年代のフランスによるヴェトナムへの介入の当初から、特にアメリカ労働総同盟（AFL）傘下の労働組合は、アメリカのヴェトナム戦争を支持していた。しかし、1960 年代末、戦争の「泥沼化」の中で、ヴェトナム反戦の世論が強力となり、民主党はこの問題による内部分裂で、1968 年大統領選挙を前に弱体化した。市民権運動内では、M・L・キングが反戦の立場を表明したことにより、NAACP やアーバン・リーグの戦争支持の立場は正当性を失っていた。AFL-CIO 内でも、自動車（UAW）、公務員労働者（AFSCME）などの有力な組織が、反戦の立場を公式に表明し、ミーニーは苦慮していた。その中で、その保守性や愛国主義的傾向によってハード・ハットと呼ばれた建設労組は、強固な戦争支持勢力であった[80]。この時期、ヴェトナム戦争をめぐる国論の分裂も、国民統合的社会改革の機運に水を差すものであったと言えるだろう。

　ニクソン政権はこの頃から、「建設業組合の横柄な人種差別は終わった、労働力供給の制御と人種差別の要塞を打ち壊す試みは成功した」として、RPP に関して発言することはなくなった。また再選に向けて、いわゆる「南部戦略」と呼ばれた戦略に傾注し、白人労働者層と保守的黒人層の取り込みを図った。すなわち、政権は、RPP を法律化し、その過程で民主党支持勢力の分断を意図しつつ、AA の軸足を黒人の中の「管理しやすい中産階級」の育成へと移し、彼らを共和党政権支持に取り込み、さらには AFL-CIO に対しても、その中の保守層を南部戦略に組み込むために、RPP から静かに後退しようとしたことになる。

　政府には、RPP を導入し、組合員でない建設労働者の雇用に道を開き、安価な建設労働者を増やすことによって、労働インフレ状況を解消するという意図があった。技能労働者の高給与は、雇用者の悩みの種であったので、建設コストの削減は、雇用者をも喜ばせたことになる。1971 年 2 月、ニクソン政権は、インフレ解消の措置として「デイヴィス・ベイコン法[81]」を一

時停止した。企業が低賃金の非組合員の雇用を増加することを助けるためであった。賃金抑制を達成すると再び復活させ、批判の声を抑えてはいたのだが、ニクソン政権内で、RPP の推進役を果たしていたフレッチャーは、「デイヴィス・ベイコン法の一時停止の本当の目的は『インフレ対策ではなく組合の弱体化、いや破壊』である」と発言した。この失言を理由に、ニクソンはフレッチャーを解任した[82]。RPP は、黒人の雇用を増加することと引き換えに、建設労働者の賃金の引き下げ、組合の弱体化、結果としての雇用の不安定化に道を開くものであったと、フレッチャーは口を滑らせてしまったことになる[83]。

OFCC 責任者であったフレッチャーは、1970 年、各地で AA の推進を援助して働いていたが、フレッチャーの解任は、政権の AA からの後退の象徴であった。ニクソンは、1970 年にヴェトナム戦争支持のデモを展開し、大学生などの戦争反対デモを襲撃したニューヨーク建設業組合の委員長であったピーター・J・ブレナンを、政権 2 期目には労働長官に据えた。ブレナンは、RPP を含めて AA には強固に反対していたので、建設労働組合批判の旗手であったフレッチャーの解任は、ブレナンへの気遣いでもあった。ニクソン政権が、RPP で傷ついた建設労働組合への面目を回復しようとしたことが見てとれる[84]。

以上のように、1970 年代早々に、ニクソン政権は AA に対して興味を失っていた。しかし、他方で、行政府による定式化された AA は、1970 年代以降、連邦・地方公共団体の職員の雇用、中小企業局を通じたマイノリティ企業の育成、そして政府交付金を受けている高等教育機関の職員・学生の採用・入学などに網が広げられ、全国で採用されることになる[85]。1970 年代から 1980 年代には、特に私企業での AA 採用が進んだ。この問題に関しては、次章で議論する。

以上、述べてきたように、ニクソン政権の AA＝RPP をめぐって、賛否の議論は極めて複雑に展開した。前政権が「貧困との戦い」の一環として提案した AA は、ニクソン政権の新たな政治的思惑によって、貧困とは戦えないものになった。しかも、それはジョンソン大統領の EO11246 を根拠にする

としながら進められた。このことが、今日の AA を多くの点で理解しにくいものにしているのである。

おわりに

　第 4 章では、RPP という、共和党政権による AA 政策提案・実施が巻き起こした市民権運動と労働運動への波紋を検討してきた。ジョンソン民主党政権の発案による OPP は、ジョンソン政権自身がその非実効性と政権にとっての危険性を認識して、大統領選挙の敗北とともに廃案にしたが、ニクソン政権は、民主党政権にとって有害なものは自政権には有益であると判断し、復活させた。市民権運動と労働運動の対立は、前政権にとっては由々しき事態であったが、ニクソン政権は、まさに、このような対立を引き起こし、これを利用するために RPP を取り入れた。1960 年代の末、AA は、法令順守という圧力によって企業・自治体、教育機関に一定の割合のマイノリティの雇用を義務付けるという内容の施策として法制化された。その象徴的な施策が RPP であった。OPP から RPP への変容の因子は、黒人市民の下からの要求というよりは、むしろ政権運営の意図・政治的思惑であった。

　人種差別の克服という国民的課題を達成するための政府の積極的行動の意味は、AA の後景に押しやられ、「安上がりの、安易な、役に立つ[86]」RPPが採用された。さらに、RPP は、労働運動と市民権運動の関係を第二次世界大戦後最悪の状態にしたのみならず、雇用平等を謳いつつ、複数の人種的・階級的ラインをよりわかりにくく引き直したことになる。以下、この問題についてまとめたい。

　本章では、主に労働側の史料を用いて、RPP をめぐる「紛争」を検討したが、そのことによって、RPP の抱える二つの矛盾が明らかになった。第一に、RPP は、労働組合の団結権や団体交渉権破壊の道具であったこと、第二に、AA の原点＝マイノリティの「貧困の克服」が意図的に消されてい

第 4 章 ニクソン政権のアファーマティブ・アクション

たことである。RPP は、AA の所期の目標、「一つは黒く、一つは白い、分離し不平等な二つの社会」への処方箋ではなく、むしろ「見た目は平等で実質は差別[87]」を生むシステムの構築を助けることになる。1970 年代以降の「差別システムの構築」とは、新自由主義的理論や政策が可能にした「格差社会」を意味する。

第一の矛盾によって、RPP は市民権運動と労働運動の利害の不一致を生じさせ、協同行動を困難なものにした。労働組合が守ろうとした、クローズド・ショップによる企業との雇用協定やシニオリティ・システムは、黒人の幹部登用や雇用の増加に一定の足かせとなっていたことも否めない。しかし、労働組合は、その生命線である団体交渉権に基づくこれらの既得権を、RPP とひきかえに明け渡すわけにはいかなかった[88]。経営者側は、労働者の給与や労働条件に関する組合との交渉や協約に関わりなく、低賃金のマイノリティ労働者の雇用が可能となり、コスト削減も果たせることになる。労働組合側は一貫してこの問題を指摘した。さらに、RPP がマイノリティの雇用目標を百分率で示したことは、そのゼロサム的性格をはっきりさせることになった。RPP とは、労働者の総数が一定、もしくは減少していく場合には、マイノリティ以外の労働者を解雇しなければ、割合（％）としての結果を出せない仕組みであった。1960 年代末から、1970 年代にかけてのアメリカの雇用状況はまさにそうであった。現行のほとんどの AA が RPP 方式を引き継いでいることを鑑みれば、これによって職を失ったり、入学を拒否されたりするマイノリティ以外の人々の不満は、必ずしも人種差別的な意図からではないことが理解できる。

本章では、OPP と RPP に対する労働組合の疑問や否定的態度は、単純に、白人組合員の仕事が黒人に奪われるからではなかったということについても考察してきた。それは、AA をめぐって労働組合が市民権運動と対峙したという構図を再考するためであった。ウィリアム・ハリスは、1960 年代後半、各地で労働組合と組合内外のブラック・パワー勢力との抗争が持ち上がったと述べている。彼によれば、特に主導権争いが激しかった分野は、教員、公務員、自動車、運輸、鉄鋼であった[89]。

おわりに

　しかしながら、「対立」ではなく「協働」という別の視角からの異なる議論の展開もあった。1970年代以降、今日に至るまで、労働組合全体の組織率は低迷してきた。ところが、黒人組合員数のみは増加している。黒人組合員は1971年の段階で15％となり、バイヤード・ラスティンは「アメリカで最も黒人の占める率の大きい機関」であるとしている[90]。このことは何を意味するのか。ラスティンは、アメリカ黒人のもっとも重大な関心事は「住居・雇用・教育」の抜本的改善であり、市民権運動と労働組合は共通の要求、共通の目標をもって、共同して闘ってきたとする。今日、労働組合は白人のものであり黒人の要求と対立するという論調が流布しているが、このような議論は現実に反するとして、上記の黒人の組合員数の増加を強調しているのである。ラスティンが論じたことは、今日でも生きている。アメリカの労働運動にとって、黒人を含めたマイノリティ労働者の組織化は、その存続に関わる問題となっている。

　第二の矛盾、RPPに貧困者救済の目的がなかったということは、現代AAにも影を落としている。今日のAAの目的が、経済的・社会的格差の是正というよりもむしろ、1990年代以降「多様性の保持」といった目的にその重点を移したのは、AAの所期の目的が達成されたからではない。1970年代の初めに連邦がAA（RPP方式）を提案した時点から、すでに、意識的に、貧困者の救済は、その目的とされていなかったのである。1990年代以降には、ウィルソンが論じたように、AAを支持する議論は「AAの目的＝差別是正」を維持できなくなっていた。AAの目的は「多様性の確保」に移っていった。AAを維持するためには新たな意味を付け加えることが必要となった。

　1960年代末から、AAの軸足は黒人の中の「管理しやすい中産階級」の育成へと移り、ゲットーの貧困地域住民の貧困・失業対策という意味は消え去っていた。現代AAの原初形態としてのRPPは、建設労働者の中の高給与の技能労働者への黒人の参入増を名目にしたものであった。バイヤード・ラスティンは、1971年、RPPを厳しく批判して、RPPは、「組合員でない」労働者を「低賃金で」数多く雇えることを可能にするための方策であり、経済界が進める「労働権法（Rights to Work Law）」に匹敵すると述べた[91]。本

第 4 章　ニクソン政権のアファーマティブ・アクション

章の考察によって、AA が、「真に不利な立場」に置かれたマイノリティへの視座を欠いたものに変容した結節点としての RPP の意味が浮かび上がるのではないだろうか。20 世紀の問題であった「カラー・ライン」は、「第二の再建期」の終わりには、確かに、社会の表面、表舞台からは消えたかのようである。しかしながら、それを消すための道具が RPP であったことによって、「国民の境界線」はさらに複雑に引き直され、わかりにくくなった。皮膚の色による境界線は、貧富の格差、居住地域の格差などによる境界と交差し、また重なり合っている。21 世紀の今日も確実にそれは存在している。

1960 年代、市民権運動が社会を変革する流れとなりえたのは、圧倒的多数のアメリカ人の共感と支持を得たからである。ブラック・パワー勢力の多くは、「黒人の自立」を叫びながらも、実践においては、大都市の貧困地域の黒人コミュニティの中にその活動の基点を置き、福祉や教育という地道な黒人の生活向上のための活動に携わっていた。しかし、1970 年代には、AA によって経済的・社会的地位の向上を果たし、「パワー」を獲得した黒人中産階級が都市中心部を離れ、郊外化し、都市の貧困問題に無関心となった傾向もある。インナー・シティに取り残され、政治的、経済的リーダーを失った黒人コミュニティの荒廃が、以後の大きな都市問題となっていることにも注意するべきである。AA が、黒人中産階級市民の社会的意識を変える役割を果たしたとも言えよう。黒人であり、貧困でないことは、時には「有利」になりうるという意識である。

RPP 方式は、全ての政府機関、政府との契約業者、政府の補助金を交付される団体、地方自治体の AA の基本的内容とされた。以後、AA は、差別是正の名のもとに様々な不公平、不公正な雇用や入学を生む原因ともなっていくことになる。1974 年、ラスティンは AA について、その基本理念は人種平等の目標を達成するために有効であり、不可欠であるとしながら以下のように述べた。

> しかしながら、AA が黒人の進歩のための戦略の中で、中心的役割を果たすものでもないし、そうあってはならないと考える。AA は、AA 以上の、もっと基本

的な経済の変革を目的とするような計画と結びつけられた時にのみ成功すると我々は信じる。…さらには、割当て（quota）、ないしは、いかなる比率の雇用には絶対反対である。…割当て制度のようなものが、これまで、黒人コミュニティの経済状況の改善について、何らかの前進をもたらしたことは、正直に言って、全く皆無である[92]。

ラスティンは、AAが開始された1969年以降よりも、それ以前の民主党政権時に黒人の状況は改善したと主張した。なぜなら1960年代には、(1)あからさまな差別を禁じた法律の制定、(2)差別されてきた者の立場に立った政府による経営者、大学その他の教育機関への介入と圧力、(3)民主党政府の「貧困との戦い」を基本にした、仕事を創出する経済政策があったからであると。ラスティンはAAだけに頼っても、失業、生活の悪化、インナー・シティの荒廃などの問題は改善することはない、AAでは失業の問題に対処できないと述べ、何より重要なことは、黒人だけでなく全国民のための経済政策を持つことだと強調した[93]。ところが、アメリカの経済と社会は、1970年代以降、ラスティンの言う「全国民のための経済政策」を持つ方向とは全く反対の方向に進んでいった。とりわけ、1980年代以降の「新自由主義的経済政策」への没頭は、国民の生活に深刻な影響を与えている。

第5章では、AAの問題点が象徴的に顕れた事例として、リッチモンド・プランの策定と実施、またこれの違憲性を問うたクロソン裁判について検討し、1970年代以降、AA政策がアメリカの人種関係の草の根に残した問題点を提示し、自明のごとくに「積極的差別是正策」と見なされてきたAA政策の再定義を試みたい。

注

1) Hugh Davis Graham, *The Civil Rights Era: Origins and Development of National Policy 1960-1972*, Oxford University Press, 1990, pp. 278-345 ; John David Skrentny, *The Ironies of*

Affirmative Action: Politics, Culture, and Justice in America, University of Chicago Press, 1996. 以下も参照。Kevin L. Yuill, *Richard Nixon and the Rise of Affirmative Action: the Pursuit of Racial Equality in an Era of Limits,* Roman & Littlefield Publishers, Inc., 2006.

2) Thomas J. Sugrue, "Crabgrass-Roots Politics: Race, Rights, and the Reaction against Liberalism in the Urban North, 1940-1964," *Journal of American History,* Vol. 82 (1995), pp. 551-578; id, *The Origin of the Urban Crisis: Race and Inequality in Postwar Detroit,* Princeton University Press, 1996(川島正樹訳『アメリカの都市危機と「アンダークラス」自動車都市デトロイトの戦後史』明石書店 2002 年); id, "The Tangled Roots of Affirmative Action," *American Behavioral Scientist,* Vol. 41 / No. 7, 1998, 886-897; id., "Breaking Through: The Troubled Origins of Affirmative Action in the Workplace," in John David Skrentny (edit.), *Color Lines: Affirmative Action, Immigration, and Civil Rights Options for America,* University of Chicago Press, 2001, pp. 31-52; id., "Affirmative Action from Below: Civil Rights, the Building Trades, and the Politics of Racial Equality in the Urban North, 1945-1969," *The Journal of American History,* Vol. 91 No. 1, June 2004, pp. 145-173; id., *Sweet Land of Liberty; The Forgotten Struggles for Civil Rights in the North,* Random House, 2008; David R. Roediger, *How Race Survived U. S. History: From Settlement and Slavery to the Obama Phenomenon,* Verso, 2008.

3) 1963 年ワシントン行進は、「政府に支持され」管理された「国民の祭典」として執り行われた、と上杉忍『アメリカ黒人の歴史——奴隷貿易からオバマ大統領まで』中公新書、2013年、134-136 頁は述べている。冷戦の只中で、アメリカの民主主義への取り組みの姿勢を世界に宣伝する役割があったことも確かである。

4) William Julius Wilson, *The Declining Significance of Race: Blacks and Changing American Institutions,* University of Chicago Press, 1978; id., *The Truly Disadvantaged: The Inner City, the Underclass, and Public Policy,* University of Chicago Press, 1987 [青木秀男監訳『アメリカのアンダークラス——本当に不利な立場に置かれた人々』明石書店、1999 年].

5) Graham, *Civil Rights Era,* p. 456-462.

6) AFL-CIO 市民権部が収集・保有しているフィラデルフィア・プラン関連文書のファイル Unprocessed Records-RG9, "Philadelphia Plan" of the AFL-CIO Office: Civil Rights Department (ジョージ・ミーニー記念文書館:シルヴァー・スプリング、メアリーランド州に所蔵:以下、GMMA file と略記)、および *AFL-CIO News* 等。

7) Graham, *Civil Rights Era,* p. 456-462; Skrentny, Ironies, pp. 89-91.「ワッツを超える暴動の連鎖 (a Chain of Super-Wattts) の防止のためには、『偉大な社会』の諸政策に協力しなければならない」という認識を経営者も共有した。

8) Asa Philip Randolph (1889-1979) ニュー・ディール期から市民権運動と労働運動で指導的役割を果たし、黒人寝台車乗務員の組合を組織した。1941 年、第二次世界大戦中にワシントン大行進を構えて、ルーズベルト大統領から、軍需産業での人種差別的雇用禁止を謳った EO8802 を引き出した。戦後も AFL-CIO 内で黒人労働者の組織化に力を尽くす。

9) Martin Luther King Jr. (Edited and Introduced by Michael Honey), *"All Labor Has Dignity,"* Beacon Press, 2011, p. 38. また、Bayard Rustin は、この演説を "The Blacks and the Unions," in the Harper's Magazine, 1971 の中で引用。以下を参照。Devon W. Carbado and Donald Weise (edit.), *Time on Two Crosses: The Collected Writings of Bayard Rustin,* Cleis Press Inc., 2003, p. 243.

10) Student Nonviolent Coordinating Committee: SNCC は、「学生非暴力調整委員会」と翻訳され

ることが多いが、本書では、「学生非暴力協同委員会」が適切な日本語訳ではないかと考えた。
11) Bayard Rustin（1912-1987）は、市民権運動の表舞台に出ることは少なかった。人種問題は基本的には経済の問題の一環であるとの立場から、1930 年代から A・フィリップ・ランドルフとともに、北部市民権運動の基本的課題は雇用・住宅・生活改善であるとして、労働組合運動と市民権運動を結び付けることに尽力してきた。CORE、SNCC などの創立に深く関わり、祖母の影響による宗教的立場から、一貫して非暴力・不服従の立場を貫いた。1930 年代共産党に所属したこと、第二次世界大戦中の兵役拒否による投獄経験、ホモ・セクシュアルであったことなどが負の条件となり、NAACP や NUL などの伝統的な黒人組織からは排除された。しかし、フィリップ・ランドルフの推挙によって、1963 年 8 月の市民権運動史上最大の示威行動であったワシントン大行進の総責任者となり、これを成功に導いた。1965 年には、1964 年市民権法以後の市民権運動の方向性の指針ともなる "From Protest to Politics: The Future of The Civil Rights Movement," League for Industrial Democracy, 1965（http://www.crmvet.org/docs/rustin65.pdf）を著した。以下を参照。James Haskins, *Bayard Rustin: Behind the Scenes of the Civil Rights Movement*, Hyperion, 1997.
12) Honey, "All Labor Has Dignity," p. XV.
13) *Ibid.*, pp. 111-120.
14) *Ibid.*, pp. 121-123. また、川島正樹『アメリカ市民権運動の歴史――連鎖する地域闘争と合衆国社会』名古屋大学出版会、2008 年も参照。
15) Martin Luther King Jr. talks about the Labor Movement, "Speaking to shop stewards of Local 815, Teamsters and the Allied trades Council, May 2, 1967. http://www.aft.org/yourwork/tools4teachers/bhm/mlktalks.cfm（2013 年 4 月 3 日閲覧）
16) 土田宏『アメリカ 1968――混乱・変革・分裂』中央公論社、2012 年、53-108 頁。
17) ラスティンは、ブラック・パワーの台頭を「感情的なフラストレーションや失望」の表れであるとして、いま最も必要なのは労働者運動と市民権運動の連帯であると主張したが、市民権運動のリーダーたちをブラック・パワーに走らせた責任の多くは、有効で展望の持てる政策を提案できない「リベラル派」の政府勢力にあるとも述べている。Bayard Rustin, "Black Power and Coalition Politics," in *Commentary*, 02-1965.
http://cf.linnbenton.edu/artcom/social_science/clarkd/upload/BLACK%20POWER%20and%20Coalition%20Politics-Rustin.pdf（2013 年 8 月 15 日閲覧）David Goldberg and Trevor Griffey（Edit.）, *Black Power at Work: Community Control, Affirmative Action, and the Construction Industry*, Cornell University, 2010, p. 5 も参照。
18) Roy Innis, "Separatist Economics: A New Social Contract," in William Haddad and C. Douglas Pugh（edit.）, *Black Economic Development*, Prentice-Hall, 1969, p. 58; Timothy Mason Bates, *Black Capitalism: A Quantitative Analysis*, Praeger Publishers, Inc., 1973, p. 2.
19) このことに関しては、第 2 章で詳述。Mathew J. Countryman, *Up South: Civil Rights and Black Power in Philadelphia*, University of Pennsylvania Press, 2006 も参照せよ。
20) 独立党は、ジョージ・ウォレスが民主党から分離して結党した。南部州ではウォレスがほとんどを制した。"Nixon Defeats Humphrey in Close Race: Clark Beaten as Democrats Carry State Vice President Wins in Phila. by 267,099: Huge Plurality Here Gives Him Penna Victory," *Philadelphia Bulletin*, November 6, 1968. なお、この日の開票段階で、全国票ではニクソン 29,598,783 票、ハンフリー 29,572,567 票、ウォレス 9,186,058 票、フィラデルフィアではニク

第 4 章　ニクソン政権のアファーマティブ・アクション

ソン 248,027 票、ハンフリー 515,126 票、ウォレス 62,487 票と同紙は発表している。1968 年大統領選挙戦に関してはピーター・N・キャロル、土田宏訳『70 年代アメリカ――何も起こらなかったかのように――』彩流社、1994 年、13-98 頁も参照。

21) 松尾文夫『ニクソンのアメリカ』サイマル出版会、1972 年、110-115 頁。

22) Richard Milhous Nixon, "To lower our voices would be a simple thing. In these difficult years, America has suffered from a fever of words; from inflated rhetoric that promises more than it can deliver." This appeared in the inaugural address of January 20, 1969. http://www.presidency.ucsb.edu/ws/?pid=1941（2013 年 3 月 28 日閲覧）

23) "Racial Golden Era to End with Nixon, Norris Writes," *Philadelphia Tribune*, November 16, 1968.

24) Graham, *Civil Rights Era*, pp. 301-321.

25) Memorandum, for Kenneth Cole, signed by Daniel P. Moynihan, dated January 28, 1969; Letter from Dick Nixon to Mr. James A. Linen, President, and Mr. Whitney M. Young Jr., Executive Director, dated February 4, 1969, in Hugh Davis Graham (ed.), *CRN*, Reel 5, Box 6.

26) "James Farmer Needed No Excuse for Taking Job," *Philadelphia Tribune*, March 1, 1969; "James Farmer, Civil Rights Giant In the 50's and 60's, Is Dead at 79," *New York Times*, July 10, 1999. ただし、ファーマーは翌年辞任した。

27) 3 月の大統領行政命令 11458 では、マイノリティ企業局（Office of Minority Business Enterprise: OMBE）も創設している。以下を参照。Commission on Civil Rights, *Enforcement Effort: A Report of the United States*, U. S. Government Printing Office, 1970, pp. 74-132.

28) Judith Stein, "Affirmative Action and the Conservative Agenda: President Richard M. Nixon's Philadelphia Plan of 1969," in Glenn Eskew (edit.), *Labor in the Modern South*, The University of Georgia Press, 2001, pp. 182-206. さらに、Roediger, *op. cit.*, pp. 201-202 によれば、ジョンソン政権で創設された経済機会局（OEO）の局長に、3 人の後の国防長官、ドナルド・ラムズフェルド、ディック・チェイニー、フランク・カールッチを相次いで任用して OEO を無力化し、死に追いやったとしている。シュルツはこの後、1972 年からは財務長官を務めた。1982 年からはレーガン政権の国務長官として 8 年間務めることになる。また、2000 年からのブッシュ政権の政策顧問でもあった。ニクソン政権の経済政策について、当時の『朝日新聞』も、「労働の意欲を重視『新連邦主義』を提唱　米大統領が新福祉政策」と書いている。『朝日新聞』1969 年 8 月 9 日を参照。

29) Graham, *Civil Rights Era*, pp. 301-318.

30) Gerald S. Strober and Deborah Hart Strober, *Nixon: An Oral History of His Presidency*, Harper Collins Publishers, Inc., 1994, pp. 112-113.

31) "Memorandum, to Heads of all agencies from Arthur A. Fletcher, Assistant Secretary of Wage and Labor Standards: Subject, Revised Philadelphia Plan for Compliance with Equal Employment Opportunity Requirements of Executive Order 11346 for Federally-Involved Construction," in *The Philadelphia Plan: Congressional Oversight of Administrative Agencies, The Department of Labor: Hearings Before the Subcommittee on Separation of Powers of the Committee on the Judiciary: United States Senate Ninety-First Congress First Session on the Philadelphia Plan and S. 931, October 27 and 28, 1969*, U. S. Government Printing Office, 1970, pp. 26-30.（以下、*Hearings, October 27 and 28, 1969* と略記）

32) Skrentny, *Ironies*, p. 195.

33) "U. S. Plans Minority Job Quotas, System Slated for Contracts in Construction," *Sunday Morning Star,* June 27, 1969; "Construction Work Bidders Required to Hire Blacks for Better-Pay Jobs," *Philadelphia Tribune*, July 5, 1969; "Union Bias Severe Blow," *Philadelphia Tribune,* July 19, 1969; "Timetable for Hiring Black Artisans to Be Unwrapped Today," *Philadelphia Bulletin*, August 26, 1969.

34) OICには、1967年にジョンソン大統領も訪問した。この時は「貧困との戦いの勝利の証明」と賞揚された。1969年、レオン・サリヴァンはOICの成功物語をまとめ出版したが、その中でニクソンとの出会いを「ブラック・キャピタリズム」を確認し握手をしたと回想している。Leon H. Sullivan, *Build Brother Build*, Macrae Smith Company, 1969, pp. 134-136.

35) OMBEは、1953年創設された中小企業局（Small Business Administration: SBA）の活動と、その設立の趣旨そのものが交錯・重複していた。SBAも「中小スキャンダル局」と呼ばれるほど、政権と癒着するエスニック・マフィアの食い物になり、不明朗な融資スキャンダルを繰り返したとジョナサン・ビーンは論じた。Jonathan J. Bean, *Big Government and Affirmative Action: the Scandalous History of the Small Business Administration*, University Press of Kentucky, 2001.

36) "Black Capitalism at Work," *U. S. News & World Report*, February 17, 1969, pp. 60-67; "Nixon Promises to Support OIC, Now $1 Million in Debt," *Philadelphia Bulletin*, May 22.

37) Skrentny, *Ironies*, pp. 193-198.

38) "Blacks Not Satisfied with Nixon's Record to Date, Austin Norris Says," *Philadelphia Tribune*, April 19, 1969; "Many Whites on Welfare Rolls Have It Almost Bad as Negroes," *Philadelphia Tribune*, September 6, 1969; Whitney M. Young, "The Rich Get Richer, The Poor Get the Bill," *Philadelphia Tribune*, September 13, 1969; Bayard Rustin, "Ruling Class Robin Hood Hustles Poor, Aids Rich," *Philadelphia Tribune*, September 20, 1969.

39) Bayard Rustin, "Black Capitalism's Fine for Few; Murder for Masses," *Philadelphia Tribune*, March 4, 1969;

40) Memorandum to The Honorable James R. J. Tate, Mayor, from Clarence Farmer, Executive Director, Subject, Weekly Report, April 28 thru May 4, in [Record Group 148. 5], Divisions of Public Information Files, 1967-1971, City Archives of Philadelphia. この間CHRから市長への週報には必ず「フィラデルフィア・プラン」の項目が含まれている。また、CHRによる調査書の送付は3000社になるとしている。"100 Jobless Negroes To Be Trained Here In Construction Trades," *Philadelphia Inquirer,* February 13, 1969; "Job Corp Recruiters Set for 2-Day Session Arranged by AFL-CIO," *Philadelphia Tribune*, May, 6, 1969; "AFL-CIO to Aid Youth Cut Off by Job Corps," *Evening Bulletin*, May 6; "Labor Group Plans Effort to Cure Social Sickness," *Philadelphia Bulletin*, May 26, 1969; "Union Opens Door to Black Youth," *Philadelphia Tribune*, June 3, 1969; "Apprentice Programs Opened to Negroes by Two Craft Unions, *Philadelphia Tribune* , June 28, 1969; "Sheet Metal Affirmative Action Program, January 19, 1969" in *Bulletin* of the Roofing and Sheet Metal Contractors Association, January 23, 1969 (GMMA file); "Labor Helps Finance Plan to Build Ghetto Homes: Programs to Train, Hire Area Poor," *AFL-CIO News*, January 11, 1969; "Auto Workers Follow Trades on Apprentices," *AFL-CIO News*, January 25, 1969; "Future Carpenters Hone Skills at Illinois Job Training Center," *AFL-CIO News*, February 22, 1969; "Negro Apprenticeship Raised 46% in Chicago," *AFL-CIO News*, February 22, 1969; "Apprentice Rate Up 19% for

Minorities," *AFL-CIO News*, April 5, 1969.
41) "Unionists Call Phila. Plan 'Unworkable,'" *Philadelphia Bulletin*, August 28, 1969; "4,000 Whites March Again in Pittsburgh," *Philadelphia Bulletin*, August 29, 1969; "Biased Unions Are Blasted by Black Workers: Want Philadelphia Plan to Become Law of Land; All-Out Fight Pledged," *Philadelphia Tribune*, August 30, 1969.
42) C. De Lores Tucker, Vice President, Pennsylvania State NAACP, *Testimony on the Revised Philadelphia Plan,* presented at Public Hearing, U. S. Department of Labor Conference Room B (11th Floor) Federal Office Building 1421 Cherry Street, Philadelphia Pennsylvania, 2:00 p. m., Wednesday, August 27, 1969 (GMMA file).
43) ムーアの功績については、第2章で既述。以下も参照。 Arthur C. Willis, *Cecil's City: A History of Blacks in Philadelphia, 1638-1979*, Carlton Press, 1990.
44) Statement of James L. Loughlin, Business Manager of the Building and Construction Trades Council of Philadelphia and Vicinity, AFL-CIO, before the U. S. Department of Labor Hearing Panel, August 27, 1969 (GMMA file).
45) "Memorandum, to Heads of all Agencies from Arthur A. Fletcher," in *Hearings, October 27 and 28, 1969,* p. 26.
46) "Democratic Coalition Urged U. S. to Enforce Equal Job Program Here," *Philadelphia Tribune*, September 2, 1969; Commission on Human Relations, "Black Community Organizes to Seek Building Jobs," in *Pittsburgh Human Relations Review*, Vol. 12, No. 3, 1969 (GMMA file); *Memorandum* to Robert McGlotten from Ben Stahl, Area Manpower Representative, Subject Philadelphia Plan dated September 18, 1969 (GMMA file).
47) "Joint Apprenticeship Outreach Program Advisory Board Meeting," Wednesday, September 17, 1969 (GMMA file).
48) "Union Leader Raps Fair Job Plan as Unfair," *Philadelphia Tribune*, September 23, 1969; "Unions Voices 'Unalterable Opposition' to Phila. Plan," *Philadelphia Bulletin*, September 22, 1969; "Phila. Trade Unions at Parley Support Negro Apprentice Plan," *Philadelphia Bulletin*, September 23, 1969; "U. S. Official Asks Building Unions to Speed Output, Aid Minorities," *Philadelphia Bulletin*, September 23, 1969; *Statement of Policy on Equal Employment Opportunity* , adopted by the 55th Convention of the Building and Construction Trades Department (AFL-CIO), September 22, 1969 at Atlantic City, New Jersey (GMMA file).
49) "U. S. Guidelines Are Issued for Minority Hiring," *Philadelphia Bulletin*, September 22; "Contractors OK Phila. Plan Goals But Call Forced Hiring Unworkable," *Evening Bulletin,* September 27, 1969; *Memorandum* to Daniel P. Moynihan from Richard Blumenthal, the Philadelphia Plan dated October 2, 1969, *CRN*, Reel 18. また、Graham, *Civil Rights Era*, p. 328 は、キューバからの難民は多くが富裕な白人層であり、熱心な共和党支持者であったと指摘している。
50) "Bayard Rustin Warns Against Racial Division," *AFL-CIO News*, October 11, 1969.
51) "2000 Construction Union Members Attack Negroes Outside U. S. Building," "Panther Captain's Arrest Is Seen As A Racist Political Power Play," *Philadelphia Tribune*, September 30, 1969.
52) "How Long Will This Scene Go On?" *Philadelphia Tribune*, September 30, 1969.
53) "Working Class Whites Seen Brimming with Hatred and Jealousy of Blacks," *Philadelphia Tribune,* October 7, 1969.

54) "Dixie Senator Acts to Halt Philadelphia Plan," *Philadelphia Inquirer,* October 9, 1969; "Philadelphia Plan Faces 2-day Hearing Before Senate Foe," *Philadelphia Inquirer*, October 27, 1969; "Builders Assails Quota System in Philadelphia Plan," *Philadelphia Inquirer*, October 28, 1969; "U. S. Threatens Suits to Back Philadelphia Plan," *Philadelphia Inquirer*, October 29, 1969; Graham, *Civil Rights Era*, p. 336.
55) "Opening Statement," in *Hearings, October 27 and 28, 1969,* pp. 1-5.
56) *Hearings October 27 and 28, 1969*, p. 134; Skrentny, *Ironies*, pp. 200-209.
57) Graham, *Civil Rights Era*, p. 337.
58) "Statement of Louis Sherman, General Counsel, Building and Construction Trades Department, AFL-CIO," in *Hearings October 27 and 28, 1969*, pp. 185-192; "Statement of C. J. Haggerty, President Building and Construction Trades Department, AFL-CIO on the Amended Revised Philadelphia Plan of September 23, 1969, To Be Presented before the Subcommittee of the U. S. Senate on the Judiciary on Separation of Powers, Washington, D. C., Tuesday, October 28, 1969," (GMMA file); "Fact Sheets on the AFL-CIO Position on the 'Philadelphia Plan'," dated Dec. 1969 (GMMA file).
59) "Statement of Hon. Elmer B. Staats, Comptroller General of the United States," in *Hearings, October 27 and 28, 1969*, pp. 139-163; Graham, *Civil Rights Era*, pp. 338-339.
60) "Success Stories Told by Black Apprentices," *Evening Bulletin*, October 9, 1969; "Project Proposed by the Negro Trade Union Leadership Council for the Training and Upgrading of Workers for the Building and Construction Industry," in the letter sent from Robert J. Robinson to Robert N. McGlotten; Joint Apprenticeship Outreach Program Advisory Board Meeting, September 17, 1969 (GMMA file); "More Blacks in Building Trades: Tate," *Philadelphia Tribune*, November 15, 1969.
61) 1968年、ジョンソン政権のOPPに関しても、会計検査院はこの問題点を指摘していた。第3章参照。
62) Skrentny, *Ironies*, pp. 204-209; Yuill, *Richard Nixon*, pp. 140-142; David Hamilton Golland, "Only Nixon Could Go to Philadelphia: The Philadelphia Plan, the AFL-CIO, and the Politics of Race Hiring," Paper presented at the Race and Labor Matters Conference, December 4-5, 2003, pp. 33-34.
63) 下院で議決された議案（RPP）が上院に持ち込まれ、上院でこの議案に事実上反対する動議が成立したことによって、下院で再討議・再議決されることになったのである。
64) "'Wealthy Peasants' Whitney Young Assails Attitude of Middle Class," *Philadelphia Tribune*, December 6, 1969; "Organized Labor Is Not Keeping Pace with Times," *Philadelphia Tribune*, December 9, 1969; "The Philadelphia Plan Killers," *Philadelphia Tribune*, December 20, 1969.
65) Skrentny, *Ironies*, pp. 204-209; Yuill, *Richard Nixon*, pp. 140-142; "Personal Attention," to John D. Ehrlichman from Elmer B. Staats in *CRN*, Reel 6, Box6.
66) "Pluses for Nixon," *New York Amsterdam News,* January 3, 1970; "Nixon Acts to Save Phila. Plan Which Aids Black Workers," *Philadelphia Tribune*, December 23, 1969; "President and Congress Must Not Racists Kill Philadelphia Plan," *Philadelphia Tribune*, December 27, 1969; "Philadelphia Plan to Increase Negro Workers in Trades," *Philadelphia Tribune*, January 3, 1970; Letter from William H. Brown III to Mr. President dated December 24, 1969; Telegram from Whitney M. Young Jr., Executive Director National Urban League to Daniel Patrick Moynihan dated December 24, in *CRN*, Reel 6, Box 6; "Lot of Razzle-Dazzle: Nixon's Score on Civil Rights Shows 'Pretty Bad' First

第4章　ニクソン政権のアファーマティブ・アクション

Year," *AFL-CIO News*, January 10, 1970.
67)　George Meany, *Labor and the Philadelphia Plan,* based on an address by AFL-CIO President George Meany to the National Press Club, Washington, D. C. on January 12, 1970, AFL-CIO (GMMA file);"Meany Hits Double Standard: Philadelphia Plan Held Tied Up With Nixon's Southern Strategy," *AFL-CIO News*, January 17, 1970.
68)　"Federal Judge Overrides Challenge to Phila. Plan in Contractors' Suit Here, Hiring Law Praised as 'Fresh Air'," *Philadelphia Inquirer*, March 14, 1970;"Federal Court Confirms Philadelphia Plan by Ruling Against Suit by Contractors," *Philadelphia Inquirer,* April 23, 1971;"Contractors Lose Plea on Philadelphia Plan," *AFL-CIO News,* March 21, 1970.
69)　"U. S. to Extend Hiring Plan to 20 Cities," *Washington Post*, February 7, 1970. たとえば、シカゴ・プランは、RPP方式と異なるAA（ホーム・タウン・ソリューション）であった。シカゴでは、前年の秋、マイノリティの雇用をめぐって建築現場で暴動に近い混乱が起こったことにより、市当局、黒人団体、契約者、労働組合などの関係団体の話し合いが続けられていた。AFL-CIOはこのプランに対しては賛成した。このプランがRPPよりもむしろ組合の「アウトリーチ方式」に添った形での合意であり、連邦による「仕事の増加」がマイノリティ雇用増の鍵と確認されているとして組合は推奨している。シカゴ・プランは、1969年に結成された「コミュニティ行動連合（Coalition for United Community Action：CUCA）」によって推進された。CUCAは黒人青年の技術習得、生活の改善を援助し、AFL-CIO建設業組合にも働きかけ、雇用平等を進めた。以下を参照。Chicago Minorities Pact Hailed as Key to Jobs," *AFL-CIO News*, January 17, 1970;"Key to Results:'Real Opportunities' Credited to Labor-Backed Chicago Plan," *AFL-CIO News*, February 14, 1970; Eric S. Gellman, "The Stone Wall Behind: the Chicago Coalition for United Community Action and Labor's Overseers, 1968-1973," in David Goldberg and Trevor Griffey（edit.）, *Black Power at Work,* pp. 112-133.
70)　U. S. Commission on Civil Rights, *Federal Civil Rights Enforcement Effort: A Report of the United States Commission on Civil Rights,* U. S. Government Printing Office, *1970,* p. 176.（合衆国市民権委員会による大統領への年次報告）
71)　Yuill, *Richard Nixon*, pp. 177-178. またこの時期、マイノリティの大学院生は全体の7.7%（1970）から9.1%（1972）に増加した。ただしアジア系の比率が拡大したことによる。
72)　U. S. Commission on Civil Rights, *Federal Civil Rights Enforcement Efforts*, pp. 218-219.
73)　"Philadelphia Plan Fails Its Early Tests," *New York Times*, May 3, 1970;"Union Project Exceeds Goal in Black Apprenticeships," *Evening Bulletin*, November 2, 1970;"Philadelphia Plan Topping Hiring Goals, Labor Agency Says: Minority Workers in Five Trades Rose to 22.7% of 180 Employers, Survey Shows," *Wall Street Journal*, November 9, 1970（GMMA file）.
74)　"The Advocates," *Transcript*（WGBH/KCET on PBS）, 9:00-10:00 p. m. June 29, 1971, Topic:"Should the Philadelphia Plan be extended to all federal and federally assisted construction?"（GMMA file）.
75)　労働長官命令第4号によって、RPP方式が全国20都市に拡大されたことによって、各都市で混乱が発生していた。参照、Yuill, *Richard Nixon*, pp. 147-149.
76)　Trevor Griffey, "The Blacks Should Not Be Administering the Philadelphia Plan," in Goldberg and Griffey（edit.）, *Black Power at Work,* p. 142.
77)　Yuill, *Richard Nixon*, p. 173.

78) コールソンが残した、ニクソン大統領との電話の手書きメモ。Ibid., p. 212.
79) Griffey, op. cit., pp. 145-146 and 154.
80) Edmund F. Wehrle, *Between A River and A Mountain : the AFL-CIO and the Vietnam War,* University of Michigan, 2005, pp. 135-171.
81) The Davis-Bacon Act：「連邦政府契約建設工事賃金維持法」と翻訳されている（『研究社ビジネス英和辞典』）。連邦政府の発注による契約額 2000 ドル超の建設・修理工事での労働者の賃金・付加給付は地域の現行水準を下回ってはならないとする法律。1931 年に制定されて以来今日まで、4 回停止措置があった。
82) Judith Stein, "Affirmative Action and the Conservative Agenda," in Glenn Eskew（edit.）, *Labor in the Modern South*, pp. 182-206. ヴェトナム戦争を支持してくれた建設労働組合との関係を改善するためには、フレッチャーが障害になるとニクソン政権は判断したとここでは述べられている。
83) 1969 年 RPP 構想を話し合ったのと同じ日の会議で、政権は「デイヴィス・ベイコン法」の一時停止について議論していた。RPP とデイヴィス・ベイコン法一時停止は、二つとも組合対策の一環であった。以下を参照、Skrentny, *Ironies*, p. 203。
84) フレッチャーは、政権のバックアップが不十分であることに対して、遺憾の意を表している。参照、Stein, "Affirmative Action," p. 144 および、Yuill, Richard Nixon, pp. 148-152。また、Kevin P. Philips, *The Emerging Republican Majority*, Doubleday & Company, Inc., 1970 は、民主党支持勢力であった労働者・下層・中流階級の保守化と共和党支持へのなだれ現象について予見している。さらに、Anthony S. Chen, *The Fifth Freedom : Jobs, Politics, and Civil Rights in the United States, 1941-1972,* Princeton University Press, 2009, pp. 19-23 は、企業主やその議会の代表である共和党保守派及南部民主党は、市民権法第七編つぶしと EEOC の無力化を画策し、公正雇用実施（Fair Employment Practice：FEP）のための諸法には反対して、AA、すなわち RPP に傾斜していったと論じている。FEP は労働組合擁護的であると彼ら経営者は考えていたと。
85) Yuill, *Richard Nixon,* pp. 159-183.
86) *Ibid.*, p. 108. ユイルは、"cheap, easy, available"と表した。
87) 藤川隆男『人種差別の世界史』刀水書房、2011 年、112 頁。藤川はここでは 19 世紀以来の「人種差別システム」を定義してこの語を使っている。
88) Paul D. Moreno, *Black Americans and Organized Labor : A New History,* Louisiana State University Press, 2006, pp. 206-284; William H. Harris, *The Harder We Run : Black Workers Since the Civil War*, Oxford University Press, 1982, pp. 165-177. モレノは、それでも黒人労働組合員数は 1980 年代にも増加し、アメリカで最も人種統合が進んだのは労働組合であるとしている。ハリスは、1960 年代以降、教員、公務員、自動車、運輸、鉄鋼などの労組内で、人種・エスニシティ間の主導権争いが激しくなったと論じている。
89) Harris, *The Harder We Run*, pp. 165-177.
90) Bayard Rustin, "The Blacks and the Unions," in *Time on Two Crosses*, pp. 239-255. 斉藤　眞・鳥居泰彦監訳『アメリカ歴史統計　植民地時代～1970 年　第Ⅰ巻』東洋書林、1999 年、176-178 頁では、AFL-CIO 内の黒人組合員、1960 年 1,507 万 2,000 人（31.3％）、1970 年 1,597 万 8,000 人（27.4％）である。
91) "The Advocates"（GMMA file）．以下も参照。Cezar E. Chavez and Bayard Rustin, "Right to

第 4 章　ニクソン政権のアファーマティブ・アクション

Work" Laws – A Trap for America's Minorities, A Philip Randolph Institute/ United Farm Workers, AFL-CIO, 1969.
https://archive.org/details/rightToWorkLawsATrapForAmericasMinoritiesderechoATrabajarUna
「労働権法」とは「組合への加入と組合費の支払いの義務化を廃止する法律」である。1947年「タフト・ハートレイ法」の主要な内容の一つであった。「労働権法」を採用している州は現在 24 州、南西部に多かったが、2012 年にはミシガン州が導入した。規制緩和によって工場や企業を呼び込み、経済の活性化を図るという新自由主義的経済政策の一環である。参考、堤未果『(株)貧困大国アメリカ』岩波新書、2013 年、188-195 頁。
92)　Bayard Rustin, "Affirmative Action in an Economy of Scarcity," in Devon W. Carbado and Donald Weise (edit.), *Time on Two Crosses*, pp. 259-260.
93)　Ibid.

第 5 章
現代アファーマティブ・アクションの展開
―― 1983年リッチモンド・プランを事例に ――

はじめに

　これまでの章では、今日の AA 政策の原点となったフィラデルフィア・プランの誕生とそれがもたらした社会的波紋を検討してきた。その中で、AA が人種差別是正・貧困の克服という目標を掲げて導入されたにもかかわらず、むしろ、貧困・格差の原因から人々の目をそらし、市民的対立の火種となった現実を見てきた。同時に、1960 年代末の「改訂フィラデルフィア・プラン（RPP）」によって、AA は「ブラック・キャピタリズム」の育成が主要な目的となり、黒人の貧困・失業問題への対策という意味は希薄になったことを強調した。

　本章では、1969 年末以来実施されてきた「RPP 型の AA」が、地方自治体で実際にどのように適用され、どのような結果をもたらしたのかを、ヴァージニア州リッチモンドの AA を事例に検討する。ここで言う「RPP 型の AA」とは、統計的数値に表された人種的不均衡の是正のために、マイノリティ雇用の「数値目標」、「取り置き」、「予定表」などを、政府や自治体、及び公共事業を請け負う政府との契約者、教育機関などに義務付けた AA である。本章が、リッチモンドの AA（リッチモンド・プラン）を事例にする理由は、三つある。第一に、これが「RPP 型の AA」を忠実に実施しようとした典型的な例であること。第二に、「ブラック・キャピタリズム」の育成という RPP の目的を共有していたこと。第三にリッチモンド・プランは 1989 年に連邦最高裁判所において違憲判決（クロソン判決）を受け、1990 年代以降の AA のあり方に多大な影響を与えたと考えられるからである。

　北部大都市フィラデルフィアの事例を検討する際、本書では、対立や分断と同時に、協働や自立の側面にも注意を払ってきた。市当局、黒人コミュニティ、労働組合などが、フィラデルフィアの人種問題の解決のため共同のテーブルに着き、協議する中で、「RPP 型の AA」は、むしろ柔軟性をもって運用されることになった。また、1970 年以降、「労働長官命令第 4 号」に

第 5 章　現代アファーマティブ・アクションの展開

よって「RPP 型の AA」は全国で展開されることになったが、現実的には、各地方自治体、教育機関、また私企業は、それぞれの実情に沿った AA 政策を実施せざるを得なかった（ホームタウン・ソリューション）。そうした中にあって、リッチモンドが前述のように、極めて忠実に「RPP 型の AA」を実施しようとしたのはなぜなのか。リッチモンド特有の事情があったのか。またその結果、リッチモンドにおける人種関係はどう変化したのか。本章では、リッチモンドにおける黒人コミュニティの状況、市民権運動の展開、リーダーの役割、白人保守派やリベラルの対応などを検討することによって、上記の問いに答えてみたい。また、そのことによって、リッチモンド・プランが「国民の境界線」の問題とどう関わっていたのかを明らかにしたい。

1983 年、リッチモンド市議会は、リッチモンド・プランを可決した。これは、市再開発関連の契約業務の 30％をマイノリティ企業に取り置く（セット・アサイド）というものであった[1]。リッチモンドでは、1960 年代初頭から、市民権運動の勢いが増すにつれて黒人が市議会で着実に勢力を拡大し、1977 年には多数派を擁することになる。そして 1983 年には、黒人市長の下で、議会がリッチモンド・プランを採択するに至ったのである。ところが、プランにより水道工事請負権をはく奪され、不利益を被ったとする企業（クロソン社）が、プランを逆差別であるとして提訴した。この訴訟において、連邦最高裁判所は、1989 年にリッチモンド・プランは違憲であるとの判決を下した[2]。

AA の妥当性をめぐる訴訟は、1960 年代末、つまりこの政策の実施当初から多数提起されてきた。これらの裁判の判決は、近年、特に 1990 年代以降、AA に対して厳しい内容となっている。ただし、ベンジャミン・バエズによれば、近年の裁判の判決には一つの傾向があるという。すなわち、過去の差別に対する救済的な意味を持つ AA が訴えられた場合には、AA 敗訴の判決が出る傾向があり、これに対して、多様性の確保を主眼とした AA は勝訴する傾向があるというのである[3]。

リッチモンドの AA に対する 1989 年の連邦最高裁判所の判決、いわゆるクロソン判決は AA に対する 1990 年以降の社会的逆風の端緒となったもの

である。クロソン判決の約十年前、1978年のバッキ判決は、カリフォルニア大学医学部による「15％」マイノリティ優先入学枠をかろうじて合憲とした[4]。しかし、クロソン判決はこれをも覆すものであった。判決後、政府や自治体はこれまでのAA政策を見直す必要に迫られ、AA政策は「厳格な審査（strict scrutiny）」を経なければならなくなった。AAに対する世論も大きく動き、1990年代末にカリフォルニア州などで行われた住民投票のように、AA廃止を求める流れへと向かった。リッチモンド・プランの違憲判決は、合衆国全体のAAの動向に大きな影響を及ぼしたのである。

リッチモンド・プランはまさしく「RPP型」のAAであった。しかも、リッチモンド市議会は、連邦や他市の動向を見ながら、リッチモンド・プランの実施に踏み切った。しかし、1971年にフィラデルフィアでは合憲とされたAAは、1989年にはリッチモンドで違憲判決を下されたのである。二つのAAには、どのような違いがあったのだろうか。リッチモンド・プランが導入されるに至った1960年代から1983年にかけてのリッチモンドにおける人種関係のあり方とAAとの関連について検討を進めてゆく。

ここで、これまでのリッチモンド・プラン関連の研究にふれておきたい。アメリカではAAに関する研究は多数あるが、リッチモンド・プランに関する歴史学的研究は少ない。その理由としては、クロソン判決の評価がまだ定まっておらず、しかもAAそのものが、現在も進行中の政策論争の渦中にあることが考えられる。それがリッチモンド・プランを歴史研究のテーマとして取り上げることを躊躇させる原因となっているのだろう。日本では、判決の出た1989年という時期に着目し、レーガン大統領の任命した連邦最高裁判所判事が下したAAに対する保守的判例として法学的見地から評価する研究がある[5]。本章においては、このようなクロソン判決の評価ではなく、リッチモンド・プランそのものの社会的意味を問題にした研究史を中心に見ておきたい。

その一つはミシェル・ビンの学位論文である。この論文は、リッチモンドにおけるAA政策の発展過程を丁寧に追っている。彼女は、リッチモンドでは、黒人の市民権は、「運動」というよりもむしろ「投票」による黒人市議

会議員の政治的影響力の増大によって獲得されたと論じ、AA政策についても、黒人市長の誕生なしには効果を発揮するものにはならなかったことを強調している[6]。これに対しW・エイヴォン・ドレイクとロバート・D・ホルスワースは、市民権運動家でもあり、リッチモンドの市民権運動に自らが関わる中で、その保守性に着目し、リッチモンド・プランの意味を再検討している[7]。また、ルイス・ランドルフとゲイル・テイトは、人種、ジェンダー、階級の視点から、1960年代のリッチモンド市民権運動の意味を問い直している。ここでも、リッチモンド黒人コミュニティの保守性が問題とされている[8]。さらに、リッチモンド社会の保守性に関しては、クリストファー・シルヴァーが南部大都市を「セパレート・シティ」、すなわち分断され不平等な二つの地域が併存した都市とする観点を打ち出している。彼は、都市再開発の利害対立に基づく市議会における人種・階級を横断した権力闘争を描写することで、人種による境界線のみならず、黒人市民を横断する階級による境界線の存在を浮かび上がらせた[9]。

本章では、これらの先行研究を手掛かりにしながら、リッチモンドの人種関係における白人リベラル派の協力、白人保守派の対応、さらには黒人コミュニティ内の権力闘争を見ることで、リッチモンド・プランが、誰のためのAAであり、どのような役割を果たしたのかを考えたい。史料は、先行研究に多くを依拠しつつ、以下のような一次史料を使用した。まず、事実経過の確認のためにリッチモンド市域で発行されている新聞を利用した[10]。特に、リッチモンド市公文書館にて閲覧した「市民権関連新聞記事切抜きファイル[11]」が有益だった。さらに、1970年代にリッチモンド市人間関係委員会に関わったウィリアム・ダニエル関連文書[12]を渉猟した。文献資料の他にも、リッチモンドのAA政策制定に大きな役割を果たした黒人市長ヘンリー・マーシュのインタヴューの記録は、彼の思想のみならず、当時の黒人コミュニティの状況を知るうえで参考になった[13]。

第1節では、1977年にリッチモンド市議会の多数派を黒人議員が占めるに至る背景について、1960年代に遡り概観する。1960年代まで、南部連合首都としての位置、人種隔離制度の温存という歴史的背景のもと、白人保守

派が経済・社会の中枢を掌握していた。黒人は分離し、不平等ではあるが、自己充足的な空間の中で生活していた。1965年投票法までは、人口の半数を占める黒人市民のほとんどが、投票権をはく奪されていた。黒人市民が妨害の中で投票促進の運動を組織し、徐々に市議会に議席を持つようになった経過をたどる。第2節では、1977年から市議会で多数派となった黒人議員団が実施したAA政策の変遷を検討する。市議会は常に人種のラインで分裂し、混乱した。その中で、市政の運営を円滑に進めるために黒人市長が決断したのは、むしろ白人経済界との提携だった。リッチモンド経済界が進める市経済の活性化プランと連動してAA政策は進められた。第3節では、リッチモンド・プランがどのような時代的背景の中で採択されたのか、違憲判決を受けたとはいえ、5年間実施される中で市民にどのような影響があったのかについて考えたい。

1 セパレート・シティ

　本節では、1960年代から1970年代に、リッチモンド市政をめぐって起こった人種間、および人種内の利害の対立・軋轢の背景的構図を検討する。黒人居住地内のコミュニティとそのリーダーは、全国的な市民権運動の盛り上がりと、連邦議会における市民権法、投票法の採択という改革の追い風を受け、急速に市政に影響を及ぼすようになり、市街地再開発問題にも深く関与した。その姿勢はどのように形作られたのだろうか。
　南部ヴァージニアの州都リッチモンドは、ワシントンDCからアムトラックで約2時間の距離に位置し、2010年現在人口約20万人の中規模都市である。旧南部連合の首都であったため、南北戦争の戦場となり、戦後、市域は壊滅状態から復興した。その地理的位置、歴史的条件から、1960年代まで、白人保守派が政治的、経済的に圧倒的な勢力を保っており、1964年市民権法、1965年投票法が採択されるまでは、人種隔離制度のもとで黒人と白人

第 5 章　現代アファーマティブ・アクションの展開

貧困層の選挙権は事実上剥奪されていたのである[14]。1940 年代には黒人人口は約 6 万人で、市全人口のおよそ 30％を占めていた。黒人人口は 1960 年代には 40％、1980 年代には 50％を超えることになる。人種による居住地域境界線が明確に存在し、人種のみならず階級的境界線もそれぞれの居住地域で鮮明であった。

　クリストファー・シルヴァーは、北部大都市内のゲットーとは異なる南部都市の黒人居住地を「セパレート・シティ」と呼び、リッチモンドを典型的な例として挙げている。小規模ながら黒人経営の商店、企業、金融機関等が存在し、黒人居住区が「自己充足的」であることが、セパレート・シティの特徴である。地域の有力者、政治家、公務員などが地域内の様々な問題を取り仕切っており、彼らは全市的には白人の権力に従属していたとはいえ、一定程度の自立性を保持していた。黒人地域内に位置する「ジャクソン・ワード（Jackson Ward）」は 19 世紀から、黒人の商業、金融の全国的なセンターであった[15]。投票権剥奪以前には、リッチモンド市議会に 33 人の黒人議員が選出されていた。しかし、これら黒人議員は、黒人として団結していたわけではなかった。後にリッチモンド初の黒人市長となったヘンリー・マーシュは、リッチモンド黒人人口の 17-18％を占める中流階級は、紳士的、穏健であり、急激な変革を望まず、南部民主党を支持し、むしろ旧体制（南部の隔離体制）の維持さえも望んでいたと述べている[16]。

　シルヴァーによれば、20 世紀を通じてリッチモンド市民と市政の最大の関心事は、市の活性化とそれに付随する市街地再開発であった。1960 年代以降には、市街地再開発と市域の拡張をめぐってコミュニティの利害が衝突し、これに人種問題が加わって、市政の混乱が絶えない状況になった。市域内に明確な人種の境界線があり、また、富裕層とスラムの境界線も鮮明な都市では、一本の道路、ひとつの大規模建設、市域拡張がコミュニティの経済発展の明暗を分けたのみならず、政治地図をも塗り替えたからである。ただし、1960 年代まで、リッチモンドの市街地再開発は停滞していた。それは、強固な白人保守層が、旧市街地の保全を主張していたことによる。しかし、1960 年代に入ると、「遅れ」を主張する新しい実業家集団が形成され、市の

経済的発展のためには再開発が不可欠であるとし、黒人エリート集団の一部もこれに同調してゆくことになる。特に、ジャクソン・ワード周辺の再開発をめぐって、人種間のみならず人種内の利害が交錯し、対立が深まった[17]。

1.1 黒人の政治的影響力の拡大

　人種分離教育は違憲であるとした、いわゆる1954年ブラウン判決に抵抗した大運動（マッシヴ・レジスタンス）は、1950年代末から1960年代にかけて、南部ヴァージニア州の白人の根強い保守性を見せつけた[18]。ブラウン判決は、人種によって分離された学校は違憲であるとしたが、南部諸州では、判決を骨抜きにすることを目指した保守的白人の運動が盛り上がったのである。ヴァージニア州では上院議員ハリー・バードを中心に「マッシヴ・レジスタンス」運動が席巻した。バード・オーガニゼーションと呼ばれた白人保守派の影響力が圧倒的であった州議会は、州内の公立学校を閉鎖する決議を通したり、人種統合されている学校に予算を交付せず、閉校に追い込むなど、あらゆる手段で人種統合に抵抗した。1964年市民権法成立の後、1970年代の終わりまでヴァージニア州の人種統合問題はくすぶり続けた[19]。

　しかし同時に、時代の流れに逆らったこのような運動に対抗する、黒人エリートと白人リベラルの統一組織（Richmond Crusade for Voters：RCV）が1956年に形成された。RCVの目標は、これまで市政を牛耳ってきた白人保守勢力の影響力を、黒人の投票によって減じることであり、そのためには人種隔離を廃することは不可欠の条件であった。設立初期には、有権者登録と識字運動など黒人の政治参加を促す取り組みを行っていたが、1960年代には急速に黒人有権者の投票行動に影響を及ぼす存在となった[20]。

　白人保守勢力の妨害にもかかわらず、総有権者に対して黒人有権者が占める割合は、1950年の9％から1960年には22％に増加した。RCVはこの黒人票を一人の候補者に集中するという方法で、黒人市議会議員を送り出している[21]。また、立候補者の人種問題に対する政策によって、RCV推薦候補を決定し、彼らに対して黒人票を集めて当選させ、市議会への影響力を高め

た。1962年、市議会は「雇用平等政策」を採択し、市の職員採用、昇進などの際の人種的人事を廃し、能力のみを考慮することを決定した。『ワシントン・ポスト』は、「リッチモンドの人種関係における静かな革命」と書き、人頭税などの投票権の制限の下でも、選挙の勝利や公正雇用を実現できることを証明したとして、RCVの先見性と現実的な戦術を評価していた[22]。さらに、全国的な市民権運動の高揚と1964年市民権法採択という追い風を受け、リッチモンドの黒人コミュニティの政治的自覚が高まり、地域黒人紙『リッチモンド・アフロ・アメリカン（*Richmond Afro–American*）[23]』も、臆することなく社会経済問題に対する見解を表明するようになってきた。1965年連邦投票法は、黒人有権者を飛躍的に増大させ、1966年には、RCVは黒人議員を複数選出できる勢力となった。

　同時に、新興の白人ビジネス勢力の動きも活発化した。彼らは、1950年代末からマッシヴ・レジスタンスをリードした保守派とは市街地再開発をめぐって対立し、むしろ黒人政治勢力と協力関係を結ぼうとした。増大する黒人有権者の支持獲得は新興ビジネス側が保守派と競争するためにも意味があった[24]。

　一方、黒人コミュニティ内にも、黒人政治家のビジネス寄りの姿勢を批判する勢力が芽生えてはいた。彼らは、地域インフラの改善などを具体的に要求する運動を進めていた。後にリッチモンド初の黒人市長となるヘンリー・マーシュもこれら批判勢力の一翼を担っていた[25]。

1.2　市街地再開発をめぐる利害

　前述のように、1960年代中葉、市政の最大関心事は市街地再開発問題であったが、この問題に関して、新興の白人企業家集団リッチモンド・フォワード（The Richmond Forward）が形成された。彼らが、市街地再開発に関して市議会を意のままに動かすための多数派を獲得するには、黒人の票も必要だった。1960年代、再開発の線引きによる利害関係は複雑に交錯し、市議会選挙に影を落とすことになる。1966年市議会議員選挙でRCVは、市民

1 セパレート・シティ

権運動の活動家であった弁護士ヘンリー・マーシュを当選させた。彼は選挙公約で「物より人の建設を」を掲げていた。この主張はある意味で脱人種的であり、彼への支持票の 30％は白人有権者からであった。彼は、市街地再開発が必ずしも市民の利益にはならないとして、再開発を唱道するリッチモンド・フォワードを激しく批判した[26]。

1968 年選挙では、リッチモンド・フォワードと RCV が激しく争った。黒人とリベラル白人の市議会進出に危機感をもったリッチモンド・フォワードは、地方新聞社『リッチモンド・タイムズ・ディスパッチ』を支配し、これを介してあからさまな選挙キャンペーンを行っている。投票日の朝刊『タイムズ・ディスパッチ』は、推薦候補にチェックを入れた投票用紙を紙面に掲載し、読者にリッチモンド・フォワード推薦候補への投票を露骨に要請していた（写真 9）。このリッチモンド・フォワードの推薦名簿の中に入っていた B・アディソン・セファスとウィンフレッド・ムンドルは黒人の候補者であった。しかしながら彼らは白人票を集められず、RCV からも裏切り者扱いされ落選した。一方、RCV は、マーシュと白人リベラル派であったハワード・カーワイル、黒人貧困地域の教会牧師ジェイムス・カーペンターの三人を当選させた。カーワイルは黒人票と白人票を集め、最高位で当選している[27]。

この選挙結果については、RCV は二人の黒人候補を落選させた、ゆえに、RCV の敗北であるという論評が大勢であった。しかし、むしろ、再開発の利害対立が市政を分断しているこ

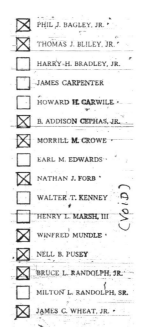

写真 9　"Richmond's Most Vital Election in Decades,"
Richmond Times Dispatch, June 11, 1968

とをはっきりさせた選挙結果であったと言える。黒人コミュニティが一枚岩ではないことも明らかになった。また、RCV の推薦を受けなければ黒人候補は落選するということも見せつけた。同時にバード・オーガニゼーションの弱体化も露わになった。『リッチモンド・アフロ・アメリカン』紙は、この選挙に対して以下のように論評している。1966 年から 2 年間のマーシュは、両人種の貧困層のために闘ってきた。彼への投票の 30％は白人貧困層の票である。この票がなかったら、マーシュは当選していない。白人貧困層は、人種よりも誰が自分たちのためになるかで選んだ。同じ理由で、黒人市民はセファスとムンドルに投票しなかった。なぜなら、彼らは白人の金持ちに推薦されたからであると[28]。

1.3　黒人多数派議会の誕生

　1970 年、市議会は隣接するチェスターフィールド郡の一部の合併を決議した（写真 10）。合併することになった郡部は比較的裕福な白人が多く住む地域であった。合併は市の経済発展のためと説明されたが、白人有権者の増加がその意図であることは明らかであった。市域が拡大した結果、白人人口は増加し、黒人有権者の比率が下がった。この合併に対して、黒人地域の活動家であったカーティス・ホールト[29]という人物が、合併は人種差別的ゲリマンダリングを狙ったものであると主張して、市当局を相手に取り消しを求めて提訴した。ホールトは黒人貧困地域の改善に取り組んでおり、1970 年市議会議員選挙に立候補したが落選していた[30]。RCV は、この合併に対しては容認の立場をとっていたので、ホールトは RCV も批判していた。また、南部の選挙区割り問題では多くの裁判を支援していた NAACP もホールトを支援しなかった。ホールトの裁判は、無名の白人弁護士が無報酬で引き受けた。1970 年から 6 年間、リッチモンド市議会議員選挙は係争中ということで、差し止められた。裁判は 1976 年、最終的に連邦最高裁判所の判決によって決着した。判決は合併を取り消すものではなかったが、大選挙区連記制によって生じた人種差別的結果の是正を図るよう市に命じた[31]。この判決が、

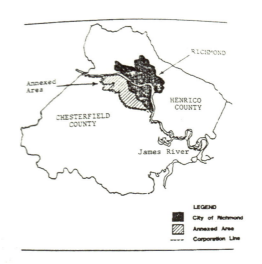

写真10　市の北西郊外にあたる合併された地域（斜線部）
高級住宅街が広がる。ジャクソン・ワードはジェームス川の北東。
(John Palen and Richard D. Morton, *Representation of Blacks and Women in Positions with Policy Making Potential in the Greater Richmond (VA) Area 1970-1980*, Department of Sociology and Anthropology, College of Humanities and Sciences, Virginia Commonwealth University, Richmond, Virginia 23284, Spring, 1982.)

以後のリッチモンドの政治地図を塗りかえることになる。

　1977年には改正された選挙区割り制度（小選挙区制）によって選挙が行われた。この結果、黒人議員多数派（五対四）の議会とリッチモンド初の黒人市長（ヘンリー・マーシュ）が誕生した。当時は、市長は市議会議員9人の中から互選されてきたが、市民活動家ホールトの提訴は、黒人市長の誕生に貢献したと言える。市議会が一変したのは、皮膚の色だけではなかった。これまでリッチモンドの政治・経済を牛耳ってきた市の有力者たちが議席を失い、代わって、黒人の市民派弁護士、郵便労働組合の幹部、ソーシャル・ワーカー、ヴェトナム帰還兵大学院生等が議員となった[32]。また、マーシュ

市政は、市の貧困層にも期待された。新しいリーダーたちは、「市の貧困層のニーズにも応えるものになるであろうし、公立学校問題を含めた市の社会問題に応えうるもの」になるはずだった[33]。

ところが、1977年以降、市議会はほとんどの議案について、人種の境界線で分裂し混乱した。白人議員は、黒人議員団には市政を運営する能力がないと不満を述べた。議員だけではない。保守的新聞『リッチモンド・ニュース・リーダー』は、黒人議員を揶揄し、「今の議会多数派は、ほとんど無能であり、良く見つもってもまともな判断力に欠ける」と評した。このような白人保守勢力や人種差別的言説に包囲されていたにもかかわらず、市政の改革やAA政策は、マーシュ市政の期間（1977-1981年）に飛躍的に進むことになった[34]。

以上のように、頑迷な人種差別的社会状況の中で、1965年連邦投票法から10年以上を要して、黒人住民は市議会を市の人種構成に比した勢力図に変えることに成功した。マーシュ市長は、すぐさま市政の刷新に着手した。白人の市行政担当官を左遷し、教育委員長、人事部長、消防署長など市職員の管理的職種に相次いで黒人を任命した。また、連邦政府と直接交渉し交付金を獲得して教育関係の予算を増額し、公立学校の人種統合と拡充に努めた。ただし、選挙戦の中で露わになりつつあったように、市街地再開発による利害関係の対立によって、黒人コミュニティが一枚岩でなくなっていることも明らかになっていた。市長ヘンリー・マーシュにとっても、再開発の調整は大きな課題であった。

2　リッチモンド・プランに向かって

リッチモンドにおけるAA政策は、黒人の政治勢力が市議会で優勢になることによって強化された。すなわち、その目的は1970年代の雇用平等の実現から、1980年代には黒人企業へのセット・アサイド[35]に変わっていくこ

2 リッチモンド・プランに向かって

とになるのである。この節では、1983年のリッチモンド・プランが、人種をめぐるどのような状況の中で採択されるに至ったのかについて検討する。

2.1　1970年代——雇用平等のためのアファーマティブ・アクション——

　1962年、市議会は市職員の公正雇用実施決議を全員一致で採択した。これは、RCVの請願を採択したものであり、実質的な強制力をともなうものではなかったが、人種的人事を廃し、「能力のみを基準として市職員の雇用と昇進を実施する」ことが市の方針であると確認されたのである。黒人紙『リッチモンド・アフロ・アメリカン』の報道によれば、RCVの調査は、当時市職員4,422人のうち、1,168人（26.4％）が有色人であり、その四分の三が、雑用的、非熟練または半熟練労働として分類されると主張していた[36]。
　1964年市民権法によって南部社会の人種隔離は法的に禁止された。しかし、社会的・経済的平等を追求するためのAAについて、リッチモンドでは推進の動きは鈍かった。1960年代末までは市当局が実効的な積極的差別是正に手を付けることはなく、1970年代初頭になってもこの問題に対する市の怠慢は変わらなかった[37]。
　1973年、『リッチモンド・アフロ・アメリカン』紙が独自に市職員の雇用状況を調査し発表した。この調査によれば、全市職員の30.7％が有色人であった。有色人が占める割合は、管理・監督職で10％、専門職で20％であり、警察官では18％であった。さらに有色人の給与平均が白人職員の給与平均の約70％となっていた[38]。1974年、市議会は、再びRCVの請願を受け、この調査結果を基にして、市職員の雇用に関わるAA政策を採択した。これは、連邦のモデル・シティ・プラン関連事業に対する交付金獲得の条件として、連邦のAAを「誠実に実施」することが求められていたからであった[39]。ただし、この時期は、選挙差し止め期間中であり、政治的には無風の時期であった。AA採択は形ばかりで、市が誠実に実行したとは言えない。
　このように、1960年代から1970年代にかけての市当局のAAに対する消極的姿勢の意味するところは、RCVなどの運動体からの働きかけのみでは、

平等雇用、特に管理職人事での差別解消に大きな限界があったということである。そのことを示すように、黒人市職員の雇用状況は、マーシュ市長の誕生によって激変するのである。

2.2 マーシュ市政のAA──対立と協調──

1977年選挙で選ばれた黒人議員たちにとって、市の政策の基本にAAを組み込むことは至上命令であった。黒人公務員の人数を増やすことによって、黒人市民に対して具体的成果を示すことができたからである。表1は、1973年から1978年の期間の増減と1978年から1982年の期間の増減を表している。たとえば、1973年から1978年の期間において、マイノリティ管理職・監督職は22人、220%増加している。すなわち、1973年にはマイノリティ管理職・監督職は10人であったが、1978年には22人増加して32人となり、その増加率が220%であった。1977年の黒人市長の誕生はリッチモンド市職員の人種構成を大きく変化させたのである[40]。

表1 マイノリティ雇用の増減数と増減率
（1973年～1978年と1978年～1982年）

職種	1973年～1978年		1978年～1982年	
	全人種（%）	マイノリティ(%)	全人種（%）	マイノリティ(%)
管理職・監督	41(23.4)	22(220.0)	−11(−5.1)	11(34.4)
専門職	159(18.4)	217(106.9)	−80(−7.8)	48(11.4)
専門技術者	−60(−10.5)	37(23.9)	−117(−22.8)	−51(−26.6)
福祉関係	21(2.3)	87(51.2)	−57(−6.1)	56(21.8)
専門職補佐	−2(−3.7)	9(34.6)	−13(−25.0)	−10(−28.6)
事務職	50(7.0)	176(65.9)	−105(−13.8)	−16(−3.6)
技術労働者	−2(0.9)	15(53.6)	−6(−2.6)	8(18.6)
サービス職	98(6.6)	313(41.7)	−245(−15.4)	−125(−11.8)
全体	305(6.1)	876(54.4)	−634(−11.9)	−79(−3.2)

リッチモンド、公務員人事部（Byng, 1992, p. 158 に掲載）をもとに筆者が作成

2 リッチモンド・プランに向かって

　これまで市職員の人事権を握ってきた白人市行政担当官の左遷は、市職員採用方針にも変化をもたらし、特に管理職人事の刷新を可能にしたことが見てとれる[41]。1970年代末には、市財政事情の悪化で市職員の人員が削減されたにもかかわらず、黒人の採用率は向上している。特に上級職での黒人の割合が劇的に増加した。また、1978年から1982年の期間において、管理職・監督職は全人種では11人、5.1％減ったが、マイノリティの管理職・監督職は11人増加し、これは34.4％の増であった。最下段の数値を見ればマイノリティが圧倒的に増加を担い、職員減少期にもマイノリティは比較的少ない解雇数であったことがわかる[42]。

　さらに、マーシュ市政は、住宅購入・貸付、市との契約業務、市職員雇用などにおける人種差別を明確に禁止した。同時に、市人間関係委員会（Commission on Human Relations）の機能を強化し、市長直属として、法的措置を行える機関にした[43]。マーシュは、市議会議員時代から、市の予算は教育、社会福祉、住宅対策などに優先的に配分することを主張し、白人貧困層の支持も得てきた。このことは、この時期のマーシュによるAA推進に正当性を与えたと言える。

　とはいえ、市議会は人種による分裂の様相を呈するようになった。市長が提案する事案に対して白人議員はすべて反対し、黒人議員が賛成して可決された。AA政策の採択のみならず、企業の誘致、大規模建設地等の選定など、全市民に関わる議題でも、常に議会は真二つに分かれた。しかしながら、人種のラインのみで分裂していたのではない。マーシュが人種的立場を鮮明にするなかで、その主張はジレンマに陥ることになる[44]。急速に成長してきた黒人富裕層は、経済的自立や経済発展こそがブラック・パワーの要であると主張し始めていた。ジャクソン・ワードに大規模建設を呼び込み、企業を誘致して、経済の活性化を図ることが、雇用も拡大しコミュニティの発展につながると主張し、そのために市議会を動かそうとした。市再開発問題でことごとく対立し、計画が実行できないことは、企業の投資意欲を減退させ、黒人コミュニティの活性化、ひいては市の発展にもつながらない。連邦政府の「モデル・シティ・プラン」の基金による市の再開発は、黒人企業を潤すこ

とになると『アフロ・アメリカン』紙は書きたてた[45]。こうして、マーシュの姿勢も次第に変化していった。

1970年代末には、黒人コミュニティの中のビジネス勢力の動きがより活発化する。彼らは、とりわけ、政治的エンパワメントと経済的エンパワメントの両方を実現することが黒人市民の利益にかなうと強調した。たとえば、ノースキャロライナ州でソウル・シティを運営していたフロイド・マッキシックを招聘して、黒人ビジネス界、市議会議員などのエリートを集めて講演会を行っている。この講演の中でマッキシックは「黒人は、もう貧困問題について研究する必要などはない。今こそ、我々を支配してきた人々がなぜ、どのように政治権力と金の両方を獲得したのかを研究する時だ」と述べ、ブラック・パワーとブラック・キャピタリズムを同時に実現しようと呼びかけた[46]。

一方、白人実業界からも、市議会多数派を占める黒人議員団との政治的折り合いを求める動きが出てくる。1981年1月、市人間関係委員会は、ビジネス、政界、新聞社、大学などからエリートを招き、懇話会を頻繁に開催した。人間関係委員会は、雇用や住宅問題などの具体的差別に対する苦情・要請の受け皿的機関、また人種差別の監視機関といった設立当初からの役割に加えて、市政とビジネスの調整機関の役割をも果たすことになる。この懇話会は最終的に報告書をまとめ、人種の和解に向けた提言を行った。提言は政治、経済、市民、教育、文化・芸術等、多岐の分野にわたっているが、市政の分野では、市議会がことごとく人種のラインで反目し合っていることに苦言を呈し、「どんな市を創造したいのか」という共通の目標を追求するべきだと述べている。また、ビジネスの分野では、黒人の大半が経済的弱者であるとの前提に立って、人間関係委員会は新しい雇用平等条例の草案を作成中であり、零細企業の多い黒人企業がより多くの仕事の機会を獲得できるように、「両人種の企業合同」を模索中であるとした[47]。

これらの動きの集大成が1982年のリッチモンド・ルネッサンス会社の立ち上げであった。ジャクソン・ワード周辺地域は市街地の中心に位置し、経済界からリッチモンドの経済発展のカギを握る地域とみなされていた。1977

年以来のこの地域の再開発をめぐる市議会の分裂は、白人経済界にとって悩みの種だった。この再開発問題については、黒人市民の意見も分裂していた。カーティス・ホールトのような地域活動家は、再開発については公営住宅やインフラ整備などの住環境の改善を優先的に行うべきだと主張し、大規模建設を呼び込むことには反対していたが、一方で、黒人ビジネス界は有名ホテルや商業施設の建設がジャクソン・ワードの発展につながると主張していたからである。

リッチモンドにとって、市街地再開発は年来の課題であった。しかし、前述のように、大規模建設の誘致、鉄道、道路などの設置をめぐって住民の利害は対立し、計画の頓挫が続いていた。利害の対立は人種間だけではない。白人富裕層の住む地域は、景観保全を主張し、再開発を嫌った。新興ビジネス勢力は新都心建設を主張し、市街地のリニューアルを主張した。1960年代末には、これまで再開発問題の議論では蚊帳の外に置かれていた黒人市民も加わり始めた。さらに、1977年のマーシュ市政は、基本的には「物より人の建設」を唱道し、このことも再開発推進派の経済界には、悩ましい問題だった。

ただし、マーシュの姿勢は1980年代初頭になると変化していく。再開発をめぐる市政の混乱は企業や経営の誘致に不利であり、ひいてはリッチモンドの経済発展にとっても死活問題であるとして動いたのは、ヴァージニア電力会社社長T・ジャスティン・ムーアだった。彼は、有力な黒人共和党員であったクラレンズ・タウンズを介して、マーシュにリッチモンド・ルネッサンス会社の立ち上げを持ちかけた[48]。これまで置き去りにされていたジャクソン・ワード周辺を整備し、コンヴェンション・センター、大規模商店、ホテルなどを建設し、街の活性化を図るというものであった。マーシュはこの誘いを黒人市民の利便を図るうえでも許容できると判断し、この計画にAAを付帯することを条件として同意したのである。

リッチモンド・ルネッサンス会社は、半官半民のNPO的法人組織であり、リッチモンド市域の再開発計画立案を手がけた。市は初期運転資金240万ドルの半分を拠出した。新聞は「進歩的実業界と黒人政治勢力の連合」、「黒人

市長選出以来、人種的に、また政治的に対立してきたリッチモンドのコミュニティを一つの目標に向かわせる」ための「橋」である、「投資の拡大と雇用の創造によって、州都の商業経済発展を担う法人組織である」と賞賛している[49]。市長マーシュ、白人市会議員、市行政担当官、ヴァージニア電力会社社長、ヴァージニア銀行頭取が設立証書に署名をして、理事会を構成した。

これらヴァージニアを代表する大企業にとって、マーシュ市長との提携は大きな意味がある。彼らはいわゆる「メイン・ストリートの支配層（Main Street Establishment）」であり、これまでヴァージニア州の政治・経済を支配してきた人々だったからである。政治的には超保守、白人至上主義の「マッシヴ・レジスタンス」運動を支持してきたが、この運動の要であったハリー・バード上院議員が死亡し、「バード・マシーン（Byrd Machine）」と呼ばれた政治組織は解体していた。1980年代の人口減少や都市の空洞化は、市政と経済界の共通の課題になっており、とにかく市街地再開発に前向きに取り組むことが必要であった。このことが、白人経済界に人種の壁を越えさせたと言えよう。さらにAAを受け入れることにも意味があった。経済のグローバル化の中で、従業員の「多様性」を涵養することは、1980年代ビジネス界のトレンドでもあり、AAは企業経営上の利益にもなると理解されるようになっていた。リッチモンド・ルネッサンスに参加する大企業は積極的にAAを取り入れるようになった[50]。リッチモンドで最も保守的な新聞であり、「マッシヴ・レジスタンス」の理論的支柱となっていた『リッチモンド・ニュース・リーダー』でさえ、その社説で「市の活性化にとって、良い、いや偉大なニュース」であると、リッチモンド・ルネッサンスに手放しの称賛を贈っている[51]。

2.3 セット・アサイド

マーシュ市政は、「物より人の建設を」をスローガンに、黒人住民や貧困白人の期待を担って発足したが、1982年には、市街地再開発に対して「反対」ではなくむしろ「推進」の側に立つことになった。マーシュ市政の与党であ

る黒人市議会議員は、市の中心部にホテルやコンヴェンション・センターを建設することによって人々を呼び戻し、雇用と税収を増やすことで、教育や社会資本を充実させることができると黒人市民を説得した。リッチモンド・ルネッサンス会社の設立は、私企業に AA を推進させる契機となった。1982年のリッチモンド・ルネッサンスによるプロジェクトでは、15％のマイノリティ所有企業枠の設定が合意されており、20％のサービス業もマイノリティ枠として保証された[52]。

　ドレイクとホルスワースによれば、「市議会多数派を構成した黒人議員団にとっては、黒人住民や黒人企業に利益をもたらす経済発展政策を実現することができるのは自分たちだと示すための、ある種の手段」が優先枠（取り置き：set-aside）であった。セット・アサイドは公共投資による建設プロジェクトに織り込まれていくことになる。マーシュは、「黒人議員は、再開発によって、黒人コミュニティに連邦や自治体の金を注入できるだろう、高賃金の建設業、企業、その経営などから黒人が排除されないようにすること」が自分の役割であると語っている。セット・アサイドと再開発事業は黒人市議会議員にとっての最優先課題になっていった[53]。

　しかしながら、ランドルフとテイトによれば、リッチモンド・ルネッサンス会社の立ち上げに象徴されるような経済界への協力は、マーシュが、経済発展優先の再開発に批判的であったカーティス・ホールトのような人々に対しては一線を画し、背を向けたことをも意味した。彼らには、貧困地域の公共住宅の改善やインフラの整備への意欲も資金も後退したと受け取られたのである。市のルネッサンスへの拠出金 120 万ドルは、コミュニティ改善基金（連邦交付金）の 20％を持ち出して賄われた[54]。マーシュ自身、この時期、自らの政治的立場に関して揺らいでいたことも確かである。黒人市議の大勢はルネッサンスを支持したが、ただ一人、黒人女性議員ウイリー・デルだけは反対した。結局、デルの声は無視され、このことが 1982 年市議会議員選挙のデルの敗退につながっていった、とランドルフとテイトは述べている[55]。

　ただし、マーシュ市政や黒人コミュニティが、1980 年代に経済界寄りに

変化した背景には、この時期の合衆国全体の動向があったことは見過ごせない。ケヴィン・フィリップスは、ロナルド・レーガンを大統領に選んだアメリカの1980年代を「異常なほどの所得および富の集中が起こった」時期であり、それは1920年代に匹敵すると述べ、有利な経済環境と連邦政府の政策のおかげで記録的な数のビリオネアが生まれたとしている。さらに、アメリカ人の所得が多数派の80%から、最も豊かなトップ20%に移ったとして、次のように懸念を示している。

> 200万から300万人のアメリカ人が豊かにのうのうと暮らしている―さらに3000万から3500万人のアメリカ人が、1980年代末の状況に当然ながら満足をおぼえている。一方で、おびただしい数の人たちが個人として、あるいは所帯として所得の減少に直面し、将来はさらに厳しくなるだろうという、漠然とした、だが大きな不安をいだいている[56]。

連邦AA政策は、1960年代に、ジョンソン政権が呼びかけた「貧困との戦争」の一環であった。大都市で頻発した暴動は、黒人住民のフラストレーションの表明であると理解され、連邦政府のAAへの傾斜を促した。黒人市民の貧困状況がAAに正当性を与えた。1960年代から1970年代のマーシュの「物より人の建設を」の主張には、黒人住民の多数を含む社会的弱者（マイノリティ）が視野に入っていたが、1970年代からの社会変化と黒人運動の変容の中で、これらの人々がその視野から次第に消えていたことは否めない。後に詳しく触れるが、1983年のリッチモンド・プランの目的は、市の経済活性化のための大企業、大規模店舗、大規模ホテル誘致であり、市はこれらの建設を中心とした市の再開発事業を推進することには協力する、その代償として、再開発建設に関わる一定の受注を、黒人企業に割り当てるというものであった[57]。1980年代、規制を緩和し、経済を活性化させることによって、税収入が増大し、財政は潤い、賃金は上昇し、多くの人々の利益になるとレーガノミクスは説いた。リッチモンド・プランを支持した市議会も同じ議論を展開している。リッチモンド・プランは、黒人コミュニティに

「利益をもたらす」、経済の活性化なしに、黒人コミュニティが潤うことはない、と。

　以上検討してきたように、1983年のリッチモンド・プランは、唐突に作られたものではない。マーシュ市政の変化と経済界との合意の流れは、1982年にはすでに奔流となっていた。1982年の市議会議員選挙は、この流れの変化を端的に表した結果となった。この選挙では、黒人女性市議会議員ウイリー・デルが、同じ選挙区から立候補した黒人保守派のロイ・ウエストに敗れることになった。議会は「皮膚の色は同じ」構成だが、大きく変化した[58]。以下、この議会とリッチモンド・プランとの関係、さらに、リッチモンド・プランが惹起した社会的紛争について見てゆきたい。

3　リッチモンド・プランの展開

　1983年、市議会はリッチモンド・プランを採択した。プランは白人議員の賛成票も得て可決された。ただし、この議会はマーシュ市長の時代とは大きく異なる構成であった。政治的には無名の高校校長ロイ・ウエストが、前年の選挙でマーシュを支えてきた女性議員を抑えて当選し、市長の座をマーシュから奪っていたからである。ウエストは、校長時代にあまりにも保守的で時代遅れの教育方針のため左遷されたという経験ももっており、マーシュ市長とは反対の政治的立場を表明して立候補していた。この結果、白人票と黒人の一部から支持を得たのだった。本節では、こうした市議会の変化とリッチモンド・プラン採択との関連を検討し、リッチモンド・プランの意味を問い直す。

3.1　ロイ・ウエスト市長の誕生

　1982年市議会議員選挙で、1970年代初頭以来議員を務めてきた女性候補、

ウイリー・デルが、これまでは政治とは無関係であり、市民権運動にも参加していなかった公立高校校長ロイ・ウエストに敗れた。しかも、もともとデルの選挙区は黒人貧困層の多く居住する地域だったが、選挙直前に改編され、黒人住民（69％）の30％が上中流層という新しい選挙区になっていた。さらに、この選挙区には、ヴァージニア州選出の黒人上院議員ダグラス・ワイルダー（民主党）が居住していた。ウエストは黒人保守層がRCVに対抗して設立した共和党系の組織と、州段階の民主党議員ワイルダーという、さらに強力な支持を取り付けて、「道徳の回復」を争点とした。デルは、ヴァージニア・コモンウエルス大学の教員であったが、ウエスト陣営は、デルが当時流行した、「アフリカ系」を強調する衣服「ダシキ」を着ている、たばこを吸う、ヒッピー上がりの女性だ、などと非難の矢を向けた。その結果、白人住民、黒人富裕層から票を獲得したウエストが当選したのである。白人リベラルの主催した「対話集会」においてさえも、マスメディアによるデルへの過度な非難と中傷が話題になった。特に保守的新聞『リッチモンド・タイムズ・ディスパッチ』や『リッチモンド・ニュース・リーダー』の偏った選挙キャンペーンが批判されている[59]。また、選挙資金についても、ウエストはデルの四倍以上、37,000ドルを集めた。そのほとんどは白人財界からであったという[60]。これまで、貧困層、女性、障害者など社会的弱者のための福祉政策を、マーシュを後押ししながら推進してきたデルに代わって、白人財界から推されたウエストが市議会に加わったのである[61]。

　1982年新市議会による市長の選出では、新人議員ウエスト、前市長マーシュの二人が立候補し、白人議員はウエストに、黒人議員はマーシュに投票した。最後の票をウエストが自分自身に投票したことによってウエスト市長が誕生した。ウエストは自分が市長になることによって、「これまでの市議会の分裂した状況に変化をもたらし、議会が市全体の発展のために協力することができるだろう」と語り、自分は人種のハーモニーを回復するために市長になったのだと強調していた[62]。しかし、『ウォールストリート・ジャーナル』は、「ウエスト氏の白人寄りのスタンスは、リッチモンドの政治が、裕福な白人上流階級に牛耳られていた1977年以前を思い出させる」と皮肉

交じりの論評を掲載している[63]。

3.2　リッチモンド・プランと再開発

　都市再開発関連の大規模建設プロジェクトにAAを組み合わせ、マイノリティ企業にも仕事を呼び込むという方法は、1970年代から全国的に盛んに行われるようになっていた。南部都市部では、1965年投票法以降リッチモンドと同様に、地方議会の多数派を黒人議員が占めることが北部よりも容易であった。このため、多数派を占めた黒人議員や首長が、黒人企業家への公約を果たすために、大規模建設事業などを請け負う大企業に、AA（セット・アサイド）を要請した。中小業者にとって、資金力の必要な大規模建設プロジェクトへの入札は不可能であり、セット・アサイドは中小企業にも仕事を分配するための方途となった。1953年の中小企業局（SBA）発足以来、中小企業に対してのAAは、融資関連が主体だった。ニクソン政権時代、マイノリティ企業局発足とともに、中小企業はますますマイノリティ企業を指すようになり、セット・アサイドはマイノリティ企業に対して業務契約を「取り置く」ことを意味するようになった。

　リッチモンド・プランにはモデルがあった。1973年、ジョージア州アトランタ市長となったメイナード・ジャクソンが、アトランタ空港の新ターミナル建設請負の入札に際し、「マイノリティ企業との合弁会社を作る計画」を持つならば、特別の配慮を享受できると提示したのである。アトランタ空港のリニューアルは、5億ドルを投入した当時南部最大のプロジェクトであった。ジャクソンの計画は「大社会実験」としてアメリカ全土で話題を呼び、南部諸都市の黒人公職者には成功モデルとなっていたのである[64]。

　リッチモンドでは、1950年代から市域の再開発が白人経済界の焦眉の課題であったが、この問題は人種間のみならず、白人市民、企業家の間にも利害の衝突を惹起していた。特に、市の中心部に位置するジャクソン・ワードの扱いについては、白人政治勢力・経済界ともに頭を抱えていた。その後、1960年代、黒人の政治勢力が力を増すことになり、黒人市民の同意なしの

計画は頓挫するようになっていた。前述のように、黒人コミュニティのオピニオンリーダーであった市議会議員ヘンリー・マーシュは、「物より人の建設」のスローガンを掲げ、市の提案する開発案にことごとく反対していたからである。

　状況の変化が若干見えたのは、1973年にジャクソン・ワード近隣の中心市域の再開発計画が市議会で討議された時だった。マーシュは、RCVの黒人会員から「これは俺たちの役に立つのか」と質問され、「この計画には3億ドルが投入されることになっている。25,000件の新しい仕事が創出され、市は600万ドルの歳入増となる」と答えたという。黒人市議会員が反対一辺倒ではなく、どこに、何を、どのように建設するのかという議論に参加する姿勢を示したことになる。この変化は、1970年代の黒人コミュニティの動きと一致している。マーシュは、この頃から、再開発プロジェクトから黒人が排除されるのではなく、高収入の建設業、企業経営などに参入できるようにすることが自分の役割であるとして、プロジェクトにセット・アサイドなどのAA政策を盛り込むよう市議会で要請した[65]。ただし、AA政策の要求は市議会のみならず、白人中心のリッチモンド経済界からも、容易に認められるものではなかった。1977年、黒人が市議会多数派を形成することになって初めて、経済界は黒人政治勢力との連携を模索し始めた。1982年のリッチモンド・ルネッサンス会社の発足はこの流れの先にあった。また、リッチモンド・プランという市条例を制定し、AAを法制化することは、マーシュにとっては「黒人コミュニティに利益を呼び込む」ルートづくりの仕上げとなるはずであった。ウエストに市長の座は明け渡したが、マーシュは、リッチモンド・プランの立ち上げに意欲を燃やすことになる。

3.3　リッチモンド・プラン採択

　市条例案は、前市長マーシュと彼の右腕であったヘンリー・リチャードソン議員によって共同提案された。リチャードソンの妹が、アトランタ市長ジャクソンの妻であり、リチャードソンは、義弟からアトランタ空港の先例

を学ぶ機会があったという。提案されたリッチモンド・プランは、個別の事業のための臨時的なものではなく、市の建設事業の入札を行うすべての契約業者に適用されるものであった。市の建設事業の落札者は、その業務の 30% をマイノリティ経営企業の子・孫会社に下請けすることが契約の条件であると定めていたのである。また、マイノリティとは、黒人、ヒスパニック、東洋人、先住民、エスキモー、アリュート人である合衆国市民とされた。マイノリティ企業に地域的制約は設けず、リッチモンド以外からも参入することができた。なお、この条例は、マイノリティ企業の公共建設業務への参入を支援するための「救済的 remedial」措置であり、5 年間の限時法とされていた[66]。

　リチャードソンは提案に先立って、リッチモンドにおける公共建設事業のマイノリティによる請負の状況を調査していた。この調査によれば、市人口の 50% が黒人であるのに、1978 年から 1983 年の間で市と契約したマイノリティ建設業者は、わずか 0.67% だった。また、建設業者組合に加盟するマイノリティ企業は皆無だった。前市長マーシュは、このことが他市に例を見ないほどの人種差別があることの証左であると証言した。さらに、リチャードソンは、連邦のセット・アサイドを合憲とした 1980 年フリラブ判決の前例から、地方自治体によるセット・アサイドも当然、法的に問題ないと主張した[67]。

　市議会では、リッチモンドのマイノリティ建設業者の数はそもそも少なく、30% をマイノリティ所有企業にセット・アサイドするというこのプランは非現実的であり、これまで契約業者の数が少なかったという現実があっても、人種差別が原因であるとは言い難いという反対討論があった。また、条例案の法的妥当性の問題も指摘された。反対議員は、人種差別を禁じた連邦市民権法を引用して、条例案は人種による逆差別を奨励するものであると述べた。リチャードソンは、マイノリティ契約業者の数が増えるのを待っていたのでは 100 年、200 年かかる、我々は、これまで、そのように言われて待ち続けてきた、と反論した。また、市職員が意見陳述の中で、現状は市関係建築業の 8-10% をマイノリティ企業が請け負っている、ただし、ほとんど

は孫契約業者だが、とリチャードソンの現状分析を修正した。議論は 5 時間以上続き、市長ウエストが、マーシュの発言を遮って採決動議を出した。

採決では、ウエストを含めた黒人議員 5 人と白人議員 1 人が賛成票を投じ、白人議員 2 人が反対票、1 人が棄権した。保守的新聞『タイムズ・ディスパッチ』は、採決が「人種平等の問題に対する、議員それぞれの『真の色』を示すものとなった」と書いたが、これはあまりにもうがった見方ではある。なぜなら、前述のように、リッチモンド・プランへの流れはすでにマーシュ市政時代からできあがっており、現実には、この問題は皮膚の色だけによる利害の問題ではすでになくなっていたからである。マーシュ陣営からは白人保守政権時代に逆戻りさせたと批判されたウエスト市長であったが、再開発による市の経済発展と AA を組み合わせるという、マーシュ市政末期の方策については前任者を支持した。ウエストも、黒人市民の利益代表であることは示さねばならなかった。また、白人議員の賛成票は、マーシュが 1978 年に左遷した元市行政官によるものだった。

一方で、この議会ではもう一つ重要な議決があった。ジャクソン・ワード近隣再開発予算 573 万ドルの導入である。これは、リッチモンド・プランの裏付けとなるものだった。リチャードソンは、プランの目的は、「マイノリティ・ビジネスにこの金が回ってくることだ」と発言した[68]。『ロアノーク・タイムズ』誌記者、デイヴィッド・ロゼンタールは、1977 年以来、ことごとく対立してきた市議会に「危うい平和が」訪れたと書いている[69]。

3.4　リッチモンド・プランとクロソン裁判

リッチモンド・プランのもとで、市の公共事業を落札した水道工事業者のクロソン社は、30％の業務をマイノリティ企業に委託しようとした。しかし、リッチモンド市内はおろか近隣都市でもこれを請け負えるようなマイノリティ企業が存在せず、30％の達成は不可能であるとして数値の緩和を申請した。市はこの申請を却下、クロソン社は契約不履行で契約を破棄された。クロソン社は、このような理由での契約破棄は違法であり、プランは憲法に

反するとして裁判を起こした。下級裁判所ではプランの違法性は認められなかったが、1989 年、連邦最高裁判所においてプランは違憲であると裁定された[70]。

クロソン判決は、違憲理由を以下のように示した。

リッチモンド・プランのような固定したセット・アサイドや優先枠を設ける場合には、当該地域なり企業に明確な差別の存在があり、このことが証明されなければならない。しかし、リッチモンドではこの証明が行われていない。第一に、リッチモンドで規定したマイノリティの範囲に問題がある。プランが規定したマイノリティは、連邦 AA の引き写しであり、地域の実情を反映していない。第二に、30％枠という数値についても根拠がない。第三に、差別の明確な存在の証拠がない。黒人人口は 50％を超えるのに、マイノリティ建設業の契約実績が 0.67％であるという市が提示した数値は、差別の証明として薄弱である。それは「一般的な」数値の列挙であり、この数値によって、建設業界に明確な差別が存在すると結論付けることはできない。第四に、黒人が多数を占める議会が、このような人種による固定的セット・アサイドを義務付けることは、過去の白人優遇であった人種差別の過ちを繰り返すものであり、「単純な人種的政治」である。よってプランは「合衆国憲法修正第 14 条」に反する[71]。

ただし、少数意見として、サーグッド・マーシャル連邦最高裁判所判事は、地方自治体がリッチモンド・プランのような AA を試みるようになったこと自体、南部における人種関係の進歩、時代の流れを示すものであると判決文に添付している。彼は、このプランは、南部連合の首都が人種差別の影響と真正面から向き合うために作られたものだとして、プランを擁護した[72]。

判決はさらに、地方自治体がセット・アサイドなどのマイノリティ優遇措置を採用する際、「厳格な審査」を要するとした。これは、以後の AA 政策の実施に対して枠をはめたことになる。しかしながら、このことは必ずしも、人種的優遇措置のすべてを否定したものではない[73]。1990 年代以降の裁判判決が、AA にとっては逆風傾向でありながら、揺れているのはこのためである。それでも、判決は AA を採用している自治体を動揺させた。これ

第 5 章　現代アファーマティブ・アクションの展開

らの自治体は AA の見直しを迫られた。クロソン判決の研修会を開き、「リッチモンド・コンプライアンス・マニュアル」というものまで作成された。連邦政府も公聴会を開催し対応を検討した[74]。

3.5　リッチモンド・プランの有効性

　連邦最高裁判所は、リッチモンド・プランに対して上記のような厳しい裁定を下した。ただし、この条例は 5 年間の限時法であったため、連邦最高裁判所判決の時点ではすでに効力を失っていた。では、1982 年以来 5 年間の実施期間の中で、このプランは、リッチモンドの黒人住民にどのような利益をもたらすことができたのだろうか、または、できなかったのだろうか。相対する二つの見解を検討してみよう。
　ミシェル・ビンは、再開発はリッチモンド市全体の経済を活性化する効果があり、黒人もリッチモンド・プランを通じてこの利益配分を享受したと主張している。彼女は、黒人市民にインタヴューを行い、プランは、黒人がメイン・ストリームに参入する機会を与えた、「黒人企業は黒人と契約し、黒人を雇用する、その結果黒人の失業率を減らす」という多くの回答を得たと述べる。実際、プラン以前には、マイノリティの請負は、市の建設事業費の 2％程度であったが、1984 年には 40％、85 年には 37％、87 年には 38％と大幅に増加している。ビンは、黒人政治家は黒人コミュニティに、少なくとも建設事業においては多大なる利益をもたらしたと結論付けている[75]。
　他方、ドレイクとホルスワースは、マイノリティ企業に入ってきたという金額の総計を見るだけでは不十分であるとして、どのマイノリティ企業にどのように分配されたのかを検討している。彼らの調査によれば、マイノリティ企業のわずか 2 社だけで、50％以上の契約を獲得した。この 2 社はリッチモンド市内で企業活動を行い、堅実な経営実績を持ち、リッチモンド・プランを積極的に活用しようという意欲を持っていた新興の企業であった。セット・アサイドによって発展の機会を得たモデルのような企業であるといえよう。だからといって、リッチモンド・プランが黒人コミュニティの経済

を豊かにしたとみるのは早計だと彼らは主張する。彼らによれば、むしろ、集団の一部にのみ利権をもたらしたセット・アサイドが、コミュニティ全体に利益（トリックル・ダウン効果）があったかのように誤解されていることの方が問題だという[76]。黒人公職者は、セット・アサイドの実施をもって、人種差別の解消と目的に誠実に取り組んでいることを示そうとしたが、その効果は限定的であり、人種差別の解消には程遠く、ましてや都市問題の解決にはならなかった。見直しが必要であると主張しているのである[77]。以上のように、プランによってリッチモンド市民は現実に得るところがあったのかという点に関して議論は分かれている。

　もう一つの問題は、プランが市街地再開発という大規模プロジェクトと表裏一体のものだったことであり、再開発がもたらした効果はさらに複雑である。シルヴァーは以下のように述べている。最も特徴的な傾向は、黒人居住地の拡散と集中である。ジャクソン・ワード再開発により、住居移転を迫られた富裕層は、市域南部に移住し、貧困層は北・東部の黒人地域に残った。これには、1960年代から1980年代の人口の増減も寄与した。黒人人口は約21,000人増加し、白人人口は約40,000人減少している。市南部（ジェームス川以南）は、もともと白人居住区であったが、この地域の居住者はさらに郊外へ移動した。その空き家に上昇を果たした黒人が移り住み、この地域は最も人種統合の進んだ地域となった。また、市の再開発が中心地域に集中した結果、開発の行き届かない東部地域には、空き家・空きビルが目立ち、多くは人が住まず荒廃している。一方、西部には、19世紀以来の景観が保存された高級住宅街が広がっている。ここに黒人の姿はほとんどない。この地域からブロード・ストリートによって隔てられた北部地域の住民は、ほとんど全員が黒人である。シルヴァーは、1980年代の再開発の結果、セパレート・シティには、人種だけでなく階級によるラインが引かれたと結論する[78]。また、『リッチモンド・タイムズ・ディスパッチ』は、合衆国の43の中規模都市（人口15万-45万人）の中で、リッチモンドは最も貧困であり、最も金持ちであると書いている。そして、ここにリッチモンドが合衆国有数の犯罪多発都市である原因がある、と[79]。

リッチモンド・プランは、公共施設の建設業務を落札した業者に対して、マイノリティ所有企業に業務の 30% を請け負わせることを義務付けたものだった。市議会は、リッチモンド・プランによって、再開発に注ぎ込まれる資金の一部が黒人コミュニティに回ってくるのだと説明した。確かに、一部の黒人建設業は潤ったといえる。しかし、黒人の雇用増に関しては、リッチモンド・プランは機能していない。さらにこの時期、レーガン政権下において富と貧困の乖離が進んだ。黒人を含めた富裕・中流層の都市からの脱出によって、中心部の貧困化、住環境の悪化、教育の荒廃、失業や犯罪の増加、健康障害等が加速した。リッチモンドも例外ではなかった。また、再開発は貧困地域の住環境の整備が目的ではなく、大規模商業施設・コンヴェンション・センター、スポーツ・スタディアムなどの建設が中心であった。黒人政治家は、経済的リソースを白人企業に頼り、彼らの要請に応えた市街地開発を容認した。そもそもリッチモンド・プランには、人種や貧富による境界線を解消するという目的はなかったと言わざるを得ない。むしろ、これらの境界線を引き直す役割を果たしたことになる。ドレイクとホルスワースによれば、ある市の幹部が彼らのインタヴューに対して、セット・アサイドは「少数の黒人百万長者を作るため」であり、その意味で「選ばれた少数者」には「成功であった」と答えている[80]。

おわりに

1983 年リッチモンド市議会が採択した AA は、まさにウィリアム・J・ウィルソンが指摘した、黒人の中の「すでに有利であった者」を救う AA であった[81]。選挙によって政治的権力を得た黒人エリート集団は、より「強力な AA」を採用することによって、黒人市民に自らの存在意義を示そうとした。しかし、この AA は、黒人の貧困や生活・居住環境の悪化に対しては、無力であった。

おわりに

　1960年代から1970年代のヘンリー・マーシュの「物より人の建設を」の主張には、黒人住民の多数を含む社会的弱者が視野に入っていた。しかし、1970年代以降、黒人市民権運動が目指す目標は変化した。平等な社会の建設というよりも、既存の社会の中で権力と経済力を獲得する方向に向かった。その渦中にあって、マーシュの視野から社会的弱者が消えかかっていたことは否めない。政治権力を獲得した黒人エリートは、より平等な社会の建設へと向かうというより、むしろ政治権力の温存のために、白人経済界と手を結んだ。1983年リッチモンド・プランは、市の経済活性化のための大企業、大規模店舗、大規模ホテル誘致であり、これらの建設を中心とした市の再開発建設事業を推進することに市が協力する代償として、再開発建設に関わる一定の受注を、黒人建設企業に割り当てるというものである。その結果、リッチモンド・プランから利益を得たものは、開発に携わった建設業者だけとなった。リッチモンド・プランは、1980年代という「人種の意義の低下していく」時代に、人種の境界線を消すと謳うことによって、結果的には、貧富による境界線を温存してしまったことになる。

　また、リッチモンド・プランの背景には、セパレート・シティというリッチモンド特有の事情があった。このことが北部都市フィラデルフィアとは大きく異なる市民権運動の展開を生んだ。本章では、分厚い白人保守層の存在を強調したが、それと並行的に存在した黒人コミュニティの中の保守層の存在も見逃せない。市民権運動をリードしたのは、彼ら黒人中産階級であった[82]。また、本章の検討の中では、人種の境界線を緩和する政治的リベラルの存在感が希薄であった。具体的に言うと、リッチモンドでは、例えばフィラデルフィアの反貧困行動委員会（PAAC）に見られたような、「貧困との戦い」という目標での共同行動が見られない。フィラデルフィアのような北部大都市では、底辺の民衆は労働の現場で、教育の場で、街角で混在し、そこには競争や紛争もあったが、利害の一致もあった。政治、宗教のリーダーは社会奉仕活動、救貧活動で交流し、これらの活動が市民権運動への支持や理解へとつながり、市民権運動のほうからも住民運動へ合流があった。リッチモンドでは、両人種はほとんど完全に「分離されて」おり、このことが、

213

第 5 章　現代アファーマティブ・アクションの展開

カラー・ラインの向こう側の人々との共同行動を阻害した。他方で、リッチモンドは人種暴動も経験していない[83]。リッチモンド・プランという、人種に特化した AA を黒人多数派の議会が採択した背景には、人種を超えた共闘の不在が指摘できるだろう。

注

1) City of Richmond, *An Ordinance, No. 83-69-59*, adopted April 11, 1983.
2) U. S. Supreme Court, Richmond v. J. A. Croson Co. 488 U. S. 469.（1989）http://caselaw.lp.findlaw.com/cgi-bin/getcase.pl?court=us&vol=488&page=493（2012 年 2 月 8 日閲覧）
3) Benjamin Baez, *Affirmative Action, Hate Speech, and Tenure : Narratives about Race, Law, and the Academy*, Routledger, 2001, p. 99.
4) 　バッキ判決については、J. Harvie Wilkinson III, *From Brown to Bakke : The Supreme Court and School Integration : 1954-1978*, Oxford University Press, 1979 を参照。
5) 　中川徹「マイノリティの建設請負業者に一定割合の契約額を保留する市条例に基づくアファーマティブ・アクションが平等保護条項に違反するとされた事例――City of Richmond v. J. A. Croson Co., 109 S. Ct. 706（1989）」『アメリカ法』1990 年第 2 号、335-341 頁。松岡聡子「人種差別解消のためのアファーマティブ・アクションと逆差別――Croson 判決をめぐって」『帝塚山学院大学研究論集』25、1990 年、8-27 頁。大沢秀介「最近のアファーマティブ・アクションをめぐる憲法問題――クロソンを素材に」『法学研究』（慶應義塾大学）第 63 巻第 12 号、1990 年、223-281 頁、法学研究会。
6) Michelle Denis Byng, *A New Face in the Structure of Community Power : The Black Political Elite of Richmond Virginia*, A Dissertation Presented to the Graduate Faculty of the University of Virginia in Candidacy for the Degree of Doctor of Philosophy, Department of Sociology University of Virginia, January 1992.
7) W. Avon Drake and Robert D. Holsworth, *Affirmative Action and the Stalled Quest for Black Progress*, University of Illinois Press, 1996.
8) Lewis A. Randolph and Gayle T. Tate, *Rights for a Season : the Politics of Race, Class, and Gender in Richmond, Virginia*, University of Tennessee Press, 2003.
9) Christopher Silver, *The Separate City : Black Communities in the Urban South*, University of Kentucky, 1995 ; Id., *Twentieth-Century Richmond : Planning, Politics, and Race*, University of Tennessee Press, 1984.
10) *The Richmond Times Dispatch*、*The Richmond News Leader*、*The Richmond Afro-American*（黒人紙）等。
11) Clipping files from newspaper articles. リッチモンド市立図書館併設の公文書館が所蔵。
12) Daniel, William V., papers, 1977-1984（92 items）Mss1D2270a. ヴァージニア歴史協会（Historical Society of Virginia）所蔵。以下、William Daniel Papers と略記。

13) Julian Bond, "Interview of Henry Marsh," *Explorations in Black Leadership*, Center for Public History, University of Virginia. http://www.virginia.edu/publichistory/bl/index.php（2013 年 9 月 8 日閲覧）以下、Bond, " Interview of Marsh" と略記。
14) ヴァージニア州は 1894 年ウォルトン法によって、投票権に識字能力テストを導入した。さらに、1901 年州憲法は投票権を識字能力、財産税と人頭税納入等で制限した。結果的にほとんどの黒人、女性、貧困白人が選挙権をはく奪された。
15) Silver, *Separate City*, p. 5.
16) Bond, "Interview of Marsh."
17) Silver, *Twentieth–Century Richmond*, pp. 233-255.
18) マッシヴ・レジスタンスについて詳しくは以下を参照。Matthew D. Lassiter and Andrew B. Lewis（edits.）, *The Moderates' Dilemma: Massive Resistance to School Desegregation in Virginia*, University Press of Virginia, 1998. 映画『タイタンズを忘れない（Remember the Titans）』2000 年は、1971 年のヴァージニア州の公立高校における人種統合問題をとりあげている。実話に基づいたものである。
19) バード・オーガニゼーション（Byrd Organization）は、政党の集票機関というよりは、ハリー・バード（Harry Byrd）を中心にした緩やかな政治団体であり、民主党のニュー・ディール的政策には反対し、大統領選挙では共和党を支持した。
20) Robert A. Rankin, "The Richmond Crusade for Voters: The Quest for black Power," in *The University of Virginia News Letter* Vol. 51, No. 1, Institute of Government/ University of Virginia/ Charlottesville, September 1974. ランキンは、「指導者達は上中流階級出身であり、医者、弁護士、大学教授などが主流である」と書いている。また、Silver, *Separate City*, p. 73 は、彼らは、まさにデュボイスの言う「才能ある十分の一 the talented tenth」に相当したと述べる。
21) リッチモンド市議会は議員定数 9 人であり、選挙は大選挙区制、連記投票で行われていた。（写真 9）なお、当時、市長は市議会員の中から互選投票によって選出されていたが、2004 年から市民が直接選挙をすることになった。
22) Drake and Holsworth, *op. cit.*, 42-45; Robert E. Baker, "Richmond Quietly Leads Way in Race Relations," *Washington Post*, July 29, 1962.
23) *The Richmond Afro–American* 紙は 1883 年創刊、当初は *The Richmond Planet* という名前で発刊された。1996 年に財政的に行き詰まり、廃刊となった。参照、"Black–oriented newspaper ends run," *The Free Lance–Star*, Friday, February 9, 1996.
24) 1966 年、黒人有権者登録数 29,970 人、有権者の 45%となった。Drake and Holsworth, *op. cit.*, 46-49; "Voters' Voice Seeks to Add Vigor to Political Campaigns," *Richmond Afro–American*, May 14, 1964.
25) Bond, "Interview of Marsh."
26) Randolph and Tate, *op. cit.,* pp. 30-34 and pp. 142-162.
27) "Richmond's Most Vital Election in Decades," *Richmond Times Dispatch*, June 11, 1968; Howard H. Carwile, "Carwile Speaks Out: I Snubbed Tradition and Won," *Richmond Afro–American*, June 22, 1968; "Cephas, Mundle Played RF Game, But White Voters Let Them Down," *Richmond Afro–American,* June 22, 1968.
28) Andrew W. Blunt, "City Voter Score Victory over Colonial Politics," *Richmond Afro–American,* June 22; Randolph and Tate, *op. cit.,* pp. 226-227; David Rosenthal, "On Richmond City Council, an

第 5 章　現代アファーマティブ・アクションの展開

Uncertain Peace at Last," *Black Virginia: Progress, Poverty & Paradox*, Roanoke Times & World Report, April 8-May 1, 1984.（以下、Black Virginia と略記）1968 年は大統領選挙（11 月）の年でもあった。1960 年代末、市民権運動期の終盤を迎え、M・L・キング牧師、ロバート・ケネディ上院議員が相次いで暗殺され、都市暴動が頻発した。社会と政治は混乱の極みにあったと言える。大統領選挙を制したのは、「サイレント・マジョリティ」の支持を得た、共和党リチャード・ニクソンであった。1968 年は連邦段階でも政治が大きく動いた年である。本書第 4 章を参照。

29）　カーティス・ホルト（Curtis Holt）は 1920 年ノースキャロライナ州に生まれた。父が 13 歳の時に死亡、1934 年にリッチモンドに移住、家族を支えて建設現場で働いていたが仕事中の負傷により職を失う。公的扶助を受け、公営住宅に居住。NAACP や RCV に所属したが、貧困と生活苦の中で、人種差別というよりむしろ階級差別を意識するようになる。彼は公営住宅や生活環境の改善に主に取り組んでいた。このことから、その活動は人種の壁を超え、階級的であった。以下を参照。Randolph and Tate, *op. cit.*, pp. 193-204 and pp. 233-244; Mo Karnage, "Curtis Holt," in *Ideas from an Anarchist in Richmond, Virginia*. http: //anarchymo.wordpress.com/2008/02/01/curtis-j-holt/（2013 年 8 月 31 日閲覧）

30）　黒人中産階級はホルトを排除しようとしていた。ホルトは RCV の会員でもあったので、市議会選挙における推薦を求めた。しかし、RCV 内の保守的黒人は推薦に反対した。「立候補をやめろ」という脅迫めいた電話もあったという。結果的には、投票直前になって推薦を得たが、ホルトは落選した。Randolph and Tate, *op. cit.*, p. 233.

31）　City of Richmond v. United States.（チェスターフィールド合併違憲判決）http://en.wikisource.org/wiki/City_of_Richmond_v._United_States（2013 年 9 月 16 日閲覧）

32）　Margaret Edds, "The Path of Black Political Power," Alicia Patterson Foundation. http://aliciapatterson.org/stories/path-black-political-power（2013 年 9 月 16 日閲覧）
ただし、Randolph and Tate, *op. cit.*, pp. 244 は、低投票率が黒人候補に有利になったと述べる。

33）　Randolph and Tate, *ibid.*, p. 241.

34）　J. John Palen and Richard D. Morton, *Representation of Blacks and Women in Positions with Policy Making Potential in the Greater Richmond (VA) Area 1970-1980*, Department of Sociology and Anthropology, College of Humanities and Sciences, Virginia Commonwealth University, Richmond, Virginia 23284, Spring, 1982.

35）　セット・アサイドとは、歴史的に差別され、不利な状態に起かれてきた人々に対する賠償的措置として、これらの人々や企業のために、連邦や地方自治体が行う契約・受注の一定の割合を「取り置く」ないしは「割り当てる」という措置である。1960 年代初頭、ケネディ政権が中小企業育成策として導入した。人種的な意味合いを持つようになったのは、ジョンソン政権の AA 導入以後である。Jonathan J. Bean, *Big Government and Affirmative Action: the Scandalous History of the Small Business Administration*, University Press of Kentucky, 2001 は、これらの措置の問題点を指摘し、賄賂や不正入札の温床になったと述べる。

36）　"Voters Crusade in City Job Drive," *Richmond Afro-American*, March 31, 1962; "Council Approves Fair Employment," *Richmond Afro-American*, June 2, 1962.

37）　"Richmond Has Official Policy of Black Exclusion," *Richmond Afro-American*, October 2, 1971, Maurice C. Woodward, "Affirmative Action and the Commonwealth: Black Americans in Virginia State Government," in *University of Virginia News Letter Vol. 51, No.2*, October 1974. ヴァージ

ニア州段階でも、連邦政府からの再三の要請にもかかわらず、マッシヴ・レジスタンスを誇示した保守的州政府のもと AA は進まなかった。州の公務員雇用において AA が意識され始めたのは、1973 年からであるとこのレポートは述べている。

38) "Figures Indicate Widespread Discrimination in City Jobs," *Richmond Afro–American,* December 29, 1973.
39) 「モデル・シティ・プラン」とは、市街地再開発事業によって雇用の創出を生み出す目的で、ジョンソン政権が導入した政策である。ニクソン政権では大幅に予算縮小が行われたが、継続されていた。AA の導入を条件としていた。
40) Byng, *op. cit*., pp. 144-162.
41) "Text of Marsh's Statement on Leidinger Controversy," *Richmond Times Dispatch*, August 15, 1978 ; "Leidinger Dismissed ; Final Day Is Moved Up," *Richmond Times Dispatch*, August 29, 1978. リーディンガーの左遷は、黒人多数派の議会が行った象徴的な AA 的人事として市民の関心を呼んだ。マーシュ市長は声明の中で、左遷の理由として、リーディンガーの AA 不履行、モデルシティ・プログラムに対する無関心、職業訓練プログラム放棄、地域改善・開発計画不履行などを挙げている。マーシュは、この問題でいくつかの脅迫を受けたと後にふりかえっている。Julian Bond, "Interview of Marsh"
42) Byng, *op. cit*., p. 162. ただし、黒人市職員雇用のための AA 措置が白人市民の反発を招いたことについてはここでは触れていない。
43) *Byng, ibid*., p. 139.
44) Drake and Holsworth, *op. cit*., p. 59.
45) "City's Black Business May Get $1million under U. S. Public Works Program : New Law in Force," *Richmond Afro–American*, September 24, 1977.
46) "Control of Politics, Money Needed, McKissick Says," *Richmond Times Dispatch,* December 6, 1975. フロイド・マッキシック（Floyd Mckissick）は、1960 年代に人種平等会議（CORE）の議長を務め、ブラック・パワーの旗手であった。1968 年大統領選挙ではニクソン大統領を支持した。ノースキャロライナ州でソウル・シティを創設し、企業家となっていた。松岡泰『アメリカ政治とマイノリティ——公民権以降の黒人問題の変容——』ミネルヴァ書房、2006 年、33-53 頁は、1970 年代には、1960 年代市民権運動のリーダーが「新しいタイプ」の黒人政治家となって現れたと述べる。
47) *Report of the Richmond Commission on Human Relations on Racial Polarization in the City of Richmond*, March 31, 1981 ; Memorandum, from William V. Daniel to Executive Committee Chamber of Commerce, February 11, 1981, in *Daniel Papers*. ダニエルは商工会議所長であり、人間関係委員会委員長を務めていた。白人リベラルの立場で人種の和解の労を執っていた。
48) Drake and Holsworth, *op. cit*., pp. 61-62 ; Randolph and Tate, *op. cit*., pp. 253-257 ; "T. Justin Moore Jr., 74, Ex–Chief Of the Virginia Power Company," *New York Times*, May 3, 1999.
49) "City Renaissance Plan Unveiled," *Richmond Times Dispatch* , March 25, 1982. 「違いよりも同じ目的を持つことに焦点を当てた」とマーシュは記者会見で語っている。
50) Drake and Holsworth, *op. cit*., p. 120-125.
51) "Renaissance," *Richmond News Leader*, March, 25, 1982.
52) Drake and Holsworth, *op. cit*., pp. 55-62.
53) *Ibid*., pp. 71-75. ここでは、マーシュの姿勢の 180 度の転換であったと述べられている。

第 5 章　現代アファーマティブ・アクションの展開

54) Randolph and Tate, *op. cit.*, p. 243 は、貧困地域のインフラ改善は遠のき、ホールトが要求していた危険な横断歩道の信号機の設置さえも、実現しなかったと述べる。
55) Randolph and Tate, *ibid.*, pp. 277-289; Drake and Holsworth, *op. cit.*, p. 62.
56) ケヴィン・フィリップス、(吉田利子訳)『富と貧困の政治学——共和党政権はアメリカをどう変えたか——』草思社、1992 年、42 頁。フィリップスは、1980 年代を「資本家の饗宴」の時代、「政治の脳死」の時代と評する。
57) Steve Haner, "For American Blacks, War on Poverty far from Won," in *Black Virginia*, p. 34.
58) Randolph and Tate, *op. cit.*, p. 257.
59) *Memorandum* from William V. Daniel to Executive Committee Chamber of Commerce, February 11, 1981, in Daniel Papers.
60) "West, Mrs. Dell Give Their Views on Campaign Funds," April 30, 1984, *Richmond Times Dispatch*.
61) 黒人コミュニティにおけるジェンダーの問題を象徴的に表す出来事であった。マーシュ陣営は、不覚にも、デルの敗北は黒人議員団に大きな影響はないと考えていたのだが、ウエストは自分が市長になることについて、事前に白人保守派の支持も得ていたのである。以下を参照。Randolph and Tate, *op. cit.*, pp. 258-293。ダグラス・ワイルダーは、1989 年、合衆国最初の黒人知事に選出された。
62) "Marsh Says, Price for Harmony May Be Too High," *Richmond Afro-American*, June 26, 1982;"New Council Elects West: West Edges Marsh for Mayor," *Richmond Times Dispatch*, July 2, 1982; Rosenthal, "On Richmond City Council," in *Black Virginia*.
63) "Interracial Politics: Roy West, Richmond's Black Mayor, Is Facing Major Problems Because Most Blacks Dislike Him," *Wall Street Journal*, November 3, 1983.
64) Drake and Holsworth, *op. cit.*, pp. 79-80.
65) *Ibid.*, pp. 74-75.
66) An Ordinance, No. 83-69-59, adopted Apr. 11, 1983 (City of Richmond).
67) John Payton, "The Meaning and Significance of the Croson Case," in Committee on the Judiciary House of Representatives, 101st Congress 1st Session, *Minority Business Set-aside Programs: the City of Richmond v. J. A. Croson Company: A Collection of Articles by Constitutional Scholars and Economists*, U. S. Government Printing Office, 1990, 14 (以下、*Collection of Articles* と略記); Drake and Holsworth, *op. cit.*, 81。フリラブ判決については以下を参照。*Fullilove v. Klutznick* (*No. 78-1007*). http://www.law.cornell.edu/supct/html/historics/USSC_CR_0448_0448_ZC1.html (2013 年 8 月 31 日閲覧)
68) "Minority Business Ordinance Voted by City Council," April 12, 1983, *Richmond Times Dispatch*; "Minority Contracts Rule Passes," *Richmond News Leader*, April 12, 1983; Drake and Holsworth, *op. cit.*, p. 82.
69) Rosenthal, "On Richmond City Council," in *Black Virginia*.
70) "Court Ruling Is a Bitter Irony for Richmond Blacks," *New York Times*, January 25, 1989 は、「グラント将軍がリッチモンド市を焼き払ってから、いまや 125 年を経て、連邦最高裁判所は、リッチモンドが、市契約業務の少なくとも 30% をマイノリティ企業にセット・アサイドする義務を契約業者に課したことは、行き過ぎであると判決を下した」と評した。
71) U. S. Supreme Court, Richmond v. J. A. Croson Co., 488 U. S. 469 (1989) http://www.law.cornell.

edu/supct/html/historics/USSC_CR_0488_0469_ZS.html ; Barry Goldstein, Esq., "Set–aside after City of Richmond v. Croson, *Collection of Articles,* pp. 35-42 ; Gary Charles Leedes, "The Richmond Set–Aside Case: a Tougher Look at Affirmative Action," *The Wayne Law Review Volume 36 Fall 1989 No. 1,* pp. 1-49.

72) *New York Times,* January 25, 1989.

73) "Constitutional Scholars' Statement on Affirmative Action after City of Richmond v. Croson," *Collection of Articles,* pp. 9-12.

74) クロソン判決時、全国的に 234 自治体がマイノリティのためのセット・アサイド・プログラムを持っていた。アトランタ市長は市のセット・アサイドがリッチモンドとは異なり、「固定した優先枠（rigid quota）を持たない」ことを強調した。実際のところ、リッチモンドはアトランタ市条例という先例にならってプランを制定したにもかかわらずである。"Affirmative Action Booms in Atlanta ; Minority Contractors Have 37 Percent of City Awards," *New York Times,* January 27, 1989 ; Drake and Holsworth, *op. cit.,* pp. 155-160.

75) Byng, *op. cit.,* pp. 162-178.

76) Drake and Holsworth, *op. cit.,* pp. 82-85.

77) *Ibid.,* p. 161.

78) Silver, *Separate City,* pp. 166-168 and p. 184. 2010 年 3 月、筆者はリッチモンド市を訪問し、これらの再開発事業による施設を見学した。市中心部に巨大な建造物が並ぶ。市西部のファン・ストリートは景観保全地域であり、南北戦争における南軍の英雄の彫刻像が通りを飾る。ブロード・ストリートを横切れば、荒廃した街区が広がる。まさに「セパレート・シティ」が存在していた。

79) "Violence Rules in Group Rest of U. S. Left Behind," *Richmond Times Dispatch,* June 15, 1986.

80) Drake and Holsworth, *op. cit.,* pp. 88-89.

81) William Julius Wilson, *The Declining Significance of Race: Blacks and Changing American Institutions,* University of Chicago Press, 1978.

82) 上杉忍『アメリカ黒人の歴史――奴隷貿易からオバマ大統領まで』中公新書、2013 年、182-183 頁は「選挙には勝ったものの」として、ダグラス・ワイルダーを例に挙げ、選挙に勝つためには、一分「保守的」でなければならなかったし、現にその政策は「法と秩序」の守り手である姿を示すという「保守的」なものだったと述べている。

83) Haner, "For American Blacks," in *Black Virginia.*

終　章

2013 年は、リンカーン大統領の「奴隷解放宣言」への署名から 150 年、「ワシントン大行進」から 50 年の年であった。8 月 25 日『ワシントン・ポスト』紙は「ワシントン行進 50 年」の特集を組んでいる。その中で、ピーター・ドライヤーは「もし、M・L・キング師が今日生きていたなら、彼は何のための行進を行うだろうか」と読者に質問を投げかけた。ドライヤーは、黒人の大統領が誕生し、二期目の再選を果たした今日のアメリカでさえも、キングの夢はまだ実現されていないと述べている[1]。

　本書において筆者は、AA の歴史的推移に焦点を当てて、主に「市民権期」以降のアメリカ社会における「人種問題」を検討した。すなわち、1960 年代末に人種平等政策の切り札として提案され、今日まで、半世紀近く実施されてきている AA が、はたして 1963 年にキングが見た「約束の地」に人々を導いていく道標の役割を果たしたのか、「人種・皮膚の色・宗教・性、または出身国を理由とする」差別のない社会の建設に、AA がどのような役割を果たしたのかを再考してきた。

　筆者は、AA が国民の境界線の再編に深く関わってきたこと、なかでも、連邦主導の現代 AA がその発足の当初から、むしろ「諸刃の剣」として、統合と分離の役割を担わせられたことを明らかにしようとした。「人種問題」とは、単に白人対黒人、または、差別する者対差別される者というような二項対立的な図式に収まるものではない。つまり、個人的な人種主義や差別意識によって「人種問題」が生じるのではなく、むしろ、人種は、第一義的には、国家による国民の包摂と排除という国民統治の問題である。国民国家の再編の過程で、人種の境界は常に引き直され対立軸は変化する。国民の包摂と排除は、国家ないしはそれを具現する政府が主導して行われるが、同時に、その対象となる国民自身も、積極的に関与ないしは協力してきた。AA は、こうした国家による国民の境界線の再編のための道具としての側面があったことを本書は明らかにしようとした。

　この主張を検証すると同時に、現代 AA の抱える問題点とそれを克服する可能性を探るために、以下の四つの課題を設定した。

終章

1) アメリカ政治史において AA の含意するものを歴史的に考察するために、そもそも AA とは何かを 1960 年代以前に遡って検討すること
2) 1960 年代末の行政命令などによる AA、上からの政策としての AA ではなく、市民自らが作った「下からの AA」という可能性を検討すること
3) 1960 年代末に連邦政府が提案した、現行 AA の原点となる AA を労働者という視点から再検討すること
4) 現行 AA の実践事例としてのリッチモンド・プランを検討すること

以上四つを、とりわけ労働・雇用に関わる AA に注目することによって、順次俎上にのせて検証した。従来の研究では、AA に抵抗したとされる白人労働者と労働組合の視点が十分な検証もなく看過されており、こうした視点をとりわけ重視した。

　第 1 章では、1) の 1960 年代初頭までの AA 前史を検証した。それによって、アメリカ史のなかで、この時期までに三つの AA が実施されたことが明らかになった。第一の AA は南北戦争後の再建期に、解放民局が進めた解放奴隷の市民的権利を保障するための取り組みである。解放民局という軍隊内の組織が、武器という強制力をもって進めようとしたのだが、再建期は「1877 年の妥協」によって終わった。南北戦争によって南部の奴隷制は廃止されたが、そのことは、合衆国が人種のラインを解消したことを意味せず、むしろ、20 世紀まで人種のラインが、あからさまな国民の境界線であり続けた。

　第二の AA は、ニュー・ディール期、ワグナー法の中に現れた。ニュー・ディールは、アメリカ資本主義の立て直しを目標とし、その軌道上では労働者階級の保護育成が、アメリカ経済を再生させるための必須条件となった。ワグナー法で謳われた AA は、労働組合に所属する労働者の保護への政府による積極的関与であった。有色人労働者は保護すべき対象に明示的に含まれてはいなかった。ただし、ニュー・ディールの改革的気運を捉えて、AA を黒人や女性にまで拡大せよと要求したのは、黒人や女性自身であり、国家の国民生活への関与を正当化したニュー・ディールの諸法が、彼らに勇気を与

えたと言える。特に第二次世界大戦への総動員を国民に促すためにルーズベルトが掲げた参戦の大義、「四つの自由[2]」は、黒人市民を国民の境界線の内側に包含することを容易にした。

1961年、ケネディ大統領による EO10925 は、歴史上初めて黒人市民のための AA の必要性を確認した。筆者は、これを現代の AA に先行する第三の AA と考えた。第二次世界大戦後の冷戦の中で、アメリカ国内、特に南部の人種隔離制度が、社会主義国ソ連や第三世界の指弾の的になることを恐れたアメリカ政府は、「慎重な速さで[3]」南部の隔離体制を改革しようとした。しかし、南部の市民権運動は政府の思惑を乗り越えて発展した。このような下からの運動の発展の中で、EO10925 は、人種差別・隔離体制を廃し、人種平等の社会を作るために、国家が積極的な行動をとる責任があることを歴史上初めて認めたのだった。EO10925 は、1964年市民権法制定への重要なステップとなったのである。

第1章は、市民権期以前の三つの AA の考察によって、現代の AA には歴史的先例があったことを示したうえで、AA は国民国家形成のあり方と深く結びついて変遷してきたと論じた。AA は、歴史上の国家分裂の危機において、国家が示した国民統合の指針であった。特に、ニュー・ディール期以後の AA の展開は、アメリカの経済発展を前提にした福祉政策の発展と結びついていた。AA という言葉を用いて、労働者階級を擁護した F・D・ルーズベルトと、黒人市民の平等な扱いを謳った J・F・ケネディが、ともに民主党の大統領であったことは偶然でない。現行 AA の原点は、ケネディ EO10925 ではなく、「第四番目の」AA であるとした意味はここにある。現行 AA の原点はニクソン共和党政権の「改訂フィラデルフィア・プラン（RPP）」にあり、この AA は、第三番目までの AA とは異なる任務を担うことになるであろう。

第2章では、連邦提案による現行の AA が実施されるようになる過程に、これとは異なる AA を形成する可能性が存在したことを検証した。1960年代初頭、フィラデルフィアにおける「下からの AA」を求めた運動は、カラー・ラインの解消のみならず、人種を横断する階級による境界線をも乗り

終章

越えようとする、社会改革の運動であったと考えられる。

　フィラデルフィア NAACP が、冷戦期 1950 年代の連邦政府の冷戦リベラリズムに沿った「従順な」、自己抑制的運動から「戦闘的」「大衆的」組織に脱皮していった背景には、黒人市民、教会が先駆的に取り組んだコミュニティ改善の取り組みがあった。また、そこには NAACP のセシル・ムーアや教会牧師レオン・サリヴァンのような優れたリーダーが存在した。彼らは、北部大都市フィラデルフィアの黒人市民に対し、その置かれた現実をどうすれば改善できるのかをわかりやすく説明し、労働者・市民の自覚的な行動を引き出し、そのことによって具体的な成果を獲得した。この運動は黒人市民自身のものであったが、にもかかわらず、人種の区別を設けることはなかった。むしろ、人種を問わず「もっとも不利な立場にある者」がこの運動に結集してきた。「ブラック・パワー」を自認するムーアと「統合」を追求するサリヴァンが協力することによって、運動はいっそう力強いものとなった。この運動のなかで掲げられた雇用平等、AA の要求が、企業・労働組合・政府に対して説得力を持ったのは、コミュニティを基盤とした組織力の存在が原因であり、フィラデルフィア市民を代表する市当局の協力も見逃せない要因であった。第 2 章では、1960 年代フィラデルフィアの AA 市条例獲得の取り組み、さらに、1970 年代以降の市民権運動と住民運動の共働を検討し、これらが現行 AA に対する代替案となる可能性をもつものであることを示した。

　第 3 章と第 4 章では、3）の課題に取り組み、1967 年から 1969 年にかけて相次いで政府が提案した二つの「フィラデルフィア・プラン」の意義を検討した。一つはジョンソン民主党政権による OPP であり、もう一つはニクソン共和党政権による RPP である。筆者は、OPP と RPP は異なる政治的課題を担ってはいたが、ある意味で、OPP が内包した矛盾が、RPP においていっそう拡大されていたのだと論じた。

　1965 年に発足したジョンソン政権は、「貧困との戦い」を政権の第一義的課題とした。AA は「貧困との戦い」の重要な柱であった。なぜなら、法的には平等が保障され、南部の隔離制度は取り払われたが、黒人市民の経済

的・社会的困窮状況の改善への道は遠く、黒人は、現実の社会では著しく不平等で貧困な生活を余儀なくさせられていたからである。現状への不満はしばしば「都市暴動」の形で爆発し、政府は緊急に対策の実施を迫られた。ジョンソン大統領はEO11246を発し、政府との契約業者にAAを実施することを命じた。OPPとは、都市の名前を冠した一連のAAのガイドラインの一つであり、フィラデルフィアにおける政府予算による大規模建設を受注した企業に対し、積極的にマイノリティ労働者、特に技能労働者を雇用するよう要請するものだった。

　ジョンソン政権が提案したOPPに対して、企業と労働組合の両方が反発した。OPPは、20世紀初頭以来、「白人労働者」の牙城とみなされていた建設労働組合に人種統合という改革を迫るものだったからである。建設労働組合はもともとAFL傘下の労働組合であり、熟練工養成を基本にした徒弟組合の色彩が濃かった。また、雇用者と組合は相互依存の関係にあった。OPPはこの労使関係に割り込んできたことになる。雇用者は新たに黒人労働者の雇用を要請され、建設コスト増になることに不満を示した。建設労働組合は、組合員資格のない、つまり技術を持たない労働者の雇用によって、資格のある組合員が職を失うこと、労働の質の低下になりかねないことに反発した。

　第3章では、主に労働組合ないしは労働者のOPP反対の主張に焦点を当てた。それは、建設労組のOPP反対の論理の中に、現代AAへのクリティカルな批判的視点があるのではないかと考えたからである。OPPの実施現場の混乱、ないしは紛争を検討するなかで、建設労組のOPP反対の論理は、必ずしも「白人としての地位」に固執してのものでないことが確認できた。彼らは、「白人としての地位」の擁護というより、拙速に黒人労働者の「数」だけを追求するOFCCのやり方に反発を示したのだった。特にAFL-CIO本部は、一部建設労組支部に残る人種差別的慣行や幹部の言動を戒めつつ、OPPが「優先枠」に基づく方法に陥らないよう、政府やOFCCを牽制した。OPP問題は、1968年末、大統領選挙の直後に、ジョンソン政権がOPPを廃止したことによって、突然幕が降ろされることになった。民主党政権にとっ

終章

ての二つの重要な支持基盤である市民権運動と労働運動が反目しあい、どちらかの支持を失うことは好ましくなかったからである。会計検査院の違憲宣言を渡りに船として、民主党政権は、1968年11月にOPPを廃止した。

ところが、1969年に発足したニクソン共和党政権は、民主党政権が廃止したOPPを、改訂・厳格化し、同年6月に提案することになる。前政権の「貧困との戦い」には正面から反対を唱え、市民権改革には消極的だったニクソン政権が、なぜAAだけは強化しようとしたのだろうか。この問いに対しては、これまでに優れた研究実績がある。スクレントニーやグラハムのみならず、邦語文献でも、上杉忍は、「ニクソンは公民権法に基づいてこの政策を提案したというよりは、ある政治的狙いを持って、この計画を打ち出したのだった。彼は、この計画によって建設労働市場を支配している労働組合に介入し、労働コストを引き下げると同時に、黒人の採用に反対する労働組合と黒人運動を対立させようとした[4]」と述べている。RPPが、次期大統領選挙戦をにらんだニクソンの「南部戦略」の一環であったという見方については、多くの研究者が一致している。民主党政権にとってのOPPに対する危惧は、共和党政権にとっては利点と捉えられたのである。

第4章では、RPPが「南部戦略」の一環だったことは間違いないにしても、さらにRPPには、AAを「諸刃の剣」とする目的があったのだと論じた。「諸刃の剣」とは、雇用平等を謳いつつ、他方で、労働組合の団結権や団体交渉権を破壊する道具の役割を託されたことであり、さらに福祉的政策の意味が薄められ、ブラック・キャピタリズムを優遇することによって結果的に黒人中産階級層と貧困層とを切り離そうとしたことである。

RPPが持つことを余儀なくされた矛盾を指摘したのは労働組合であった。労働組合はRPPの隠された意図を指摘し、RPP反対を強固に主張した。彼らは、RPPが組合員でない低賃金・無権利の労働者を増やすだけのものであり、RPPを認めることは、組合の団体交渉権の破壊につながり、組合自身の存亡に関わる問題であると捉えていた。労働組合をめぐる以後の事態の推移を見れば、彼らの危惧が現実になったことがわかる。

第4章ではまた、RPPという政策が可能になった背景に、1960年代末の

アメリカ社会の閉塞状況があることを明らかにした。1960年代初頭の南部市民権運動を牽引したM・L・キング師は、1965年以降北部に拠点を移し、黒人の貧困や失業、住宅の問題の改善に取り組もうとしていたが、この闘いに「非暴力・不服従」を適用することに関しては迷っていた。こうした点からも、ブラック・パワー勢力がキングの運動を生ぬるいと批判したが、キングは、ヴェトナム戦争反対を表明したことによって民主党政権からも距離を置かれることになった。1964年以降、毎年夏に勃発した都市暴動に対して、白人市民のみならず黒人市民も眉をひそめる状況になっていた。ヴェトナム戦争の拡大は、「貧困との戦争」の行く手を阻んだ。このように先行きの見えぬ社会状況のなか、1968年大統領選挙で、ニクソン共和党政権が誕生した。この選挙結果が、アメリカ市民の保守化を示していた。RPPは、ニクソン共和党政権が1960年代末、内外の二つの戦争の敗北の危機に直面し、国民感情の微妙な変化を察知して提案した、国民統合の提案であり、「国民の境界線」の再編であったと言えるのではないだろうか。筆者は、「第二の再建期」の終わりに政府が提案した「国民の境界線」とは、カラー・ラインを超えると主張しながら、あらたに人種を横断するクラス・ラインを構築するものであったと論じた。1970年代には、人種の壁が低くなったとはいえ、新たな分断線の導入（新自由主義経済政策）によって、持てる者と持たざる者の格差が拡大する時代が始まった。RPPはその転換点に位置していたのである。

　1970年にニクソン政権は「労働長官命令第4号」によって、RPP型のAAを全国に拡大し、連邦との契約業者、地方自治体、学校などに、地域の人口に応じたマイノリティの雇用や職場構成を求めた。また、地方自治体は、マイノリティ業者に優先的に公共事業を請け負わせることによって、マイノリティ企業の育成を図ろうとした。第5章では、RPP型のAAが、1970年以降のアメリカ社会でどのように展開したのかを、ヴァージニア州リッチモンドのAA、1983年に市議会が採択したリッチモンド・プランを事例に検討した。

　リッチモンド・プラン採択の背景には、南部連合首都としてのリッチモン

終章

ドの、急激な変革を嫌う政治風土があった。1964年までのほとんど完全な人種分離体制の下、黒人コミュニティ内の富裕層のなかには、現状維持を望む人々も少なくなかったのである。1965年以降には、市人口の50％を占める黒人有権者に支えられて、市議会には徐々に黒人議員の数が増えていった。1977年には、黒人が議会多数派を占めることになり、黒人市長が誕生した。市長となったヘンリー・マーシュは、就任当初には、貧困層への援助や住宅の改善を積極的に進める姿勢を持っていた。しかし、全国的な景気低迷の中で、市の経済発展のためとして、大企業の誘致や市街地再開発の実施が経済界から要請された。黒人政治家は、黒人コミュニティにも利益をもたらす方法を条件として、市の経済界と連携し、市街地再開発を積極的に進める方向を選んだ。すなわち、市が行う公共建設事業を請け負う契約業者に対し、その業務の30％をマイノリティ所有の企業（下請け業者）にセット・アサイドする義務を条件とした。これが、1983年に市議会が採択した市条例「リッチモンド・プラン」であった。

1960年代に、「貧困との戦い」の中で提案された、「過去の差別によって不利益をこうむっている人々への補償的措置」としてのAAの意味は、リッチモンド・プランからは消えていた。連邦最高裁判所のクロソン判決もこの点を指摘した。「補償的措置」として意味のないリッチモンド・プランは憲法に違反するとしたのである。この判決は、1990年代からのAAに対する世論や政治家、裁判所の判断に大きな影響を与えた。AAを実施する際には、人種差別の有無が厳格に問われることになった。

リッチモンド・プランは、黒人市民が欲した「下からのAA」ではなかった。その背景には、1）1970年代以降の市民権運動の変容、2）南部都市としての特別な条件、3）人種間の軋轢の緩衝材となるようなリベラル派の弱さ、その結果としての人種的共闘の不在というリッチモンド特有の条件があった。リッチモンド・プランは、1970年代以降の「人種の意義が低下」した時代の、むしろカラー・ラインによる極めて厳格なAAであった。そのため、リッチモンド・プランは、リッチモンドで起こっていた人種をめぐる様々な社会的・経済的問題には、対応できないAAとなったのである。

本書は、AA の前史から 1980 年代までの AA を振り返ることで、現代 AA の意味を歴史的に再検討してきた。筆者は、現代 AA の起源を、1961 年のケネディによる EO10925 ではなく、1969 年ニクソン政権の発した RPP に置くことによって、今日の AA が人種差別是正のための「積極的是正策」とは安易に措定できないことを明らかにした。すなわち、1960 年代末に、国家が AA によって行った国民の境界線の再編は、人種的ナショナリズムを後退させ、市民的ナショナリズムを涵養するという名目を有していたが、むしろ、国民の間の境界線を重層化する機能を担った。AA は、この再編を効率よく行うための「諸刃の剣」の役割を果たさせられた。このことは、労働者、ないしは労働組合の視点に立ったことによって見えてきたものであった。従来の AA 研究が前提としてきた、AA をめぐって市民権運動と労働組合運動が決定的に離反したという議論と、1970 年以降、労働組合運動の低迷のなかで、黒人、ないしは有色人労働者の組合組織率が向上しているという事実との矛盾は、AA の「諸刃の剣」としての意義を通して、ようやく理解できると思われる。AA が「積極的差別是正策」だという断定や、AA に反対するものは人種主義者だとするような単純な前提は、誤解を増幅するだけである。

　さらに本書では、今日の「RPP 型の AA」とは異なる AA の可能性が、フィラデルフィアにおける「下からの AA」の実践の中にあったことを指摘した。フィラデルフィアには、自立的コミュニティの存在、どのような社会を作ることが住民全体の利益になるのかについての共通の認識、さらにそのための協働という三つの不可欠な条件が存在した。しかしながら、1970 年代以降のアメリカの社会と経済の展開は、この方向には進まなかった。AA は、「貧困との戦い」のための国民の共同の武器というよりも、1970 年代以降、アメリカが率先して展開する「新自由主義的経済」にアメリカ国民を動員するための道具となった。特に 1980 年代以降、アメリカは、救われた者は救われなかった者を顧みることがない社会に変容した。AA においても、救われる者と救われない者が一層明確に分断され、「下からの AA」の可能性は、ほとんど見えなくなり、「RPP 型の AA」だけが残った。

終章

　アメリカの「多様性の維持」にAAが貢献したことは確かである。21世紀のアメリカ社会はまさしく「多様性」を謳歌する社会ではある。一方で、そのなかにあって、今日でも、貧富の格差、住宅・生活の荒廃、医療、犯罪など深刻な社会問題の中心にアメリカ黒人は置かれている。それは、1974年にラスティンが指摘したように、AAが、「国民のための経済政策」なしに進められてきたからである。今日、立ち行かなくなった自らの生活の現実の中で、アメリカ国民の多くは、そのことに気付き始めている。とはいえ、2013年オバマ民主党政権が実施しようとしたささやかな「医療保険制度」でさえ、共和党からの猛反対で頓挫の憂き目にあった。多くの黒人共和党議員も反対の論陣にいる。また地方自治体にも、財政再建の名目で、公立学校を廃止したり、公務員労働者の団結権や身分保障を、なし崩しに的に奪ったりする法律を通過させようとしている例が見られる。まさしく今日のアメリカ社会で起こっている現実の中で、AAが果たしてきた役割は直視され、見直されなければならないであろう。

注

1) Peter Dreier, "Where would he lead us today?" *Washington Post*, August 25, 1013. 彼は続けて、キングは今日なら目標として以下9項目を挙げるだろうと述べている。1) 投票権、2) 銃規制、3) 大量投獄の防止、4) 女性の中絶選択の自由、5) 移民の権利保障、6) 国家予算の平和的民主的支出、7) 所得格差の是正、8) 高金利住宅ローンの廃止、9) 同性婚の権利保障。
2) 四つの自由とは、「言論の自由」、「信仰の自由」、「欠乏からの自由」、「恐怖からの自由」である。
3) 南部の人種分離学校は違憲であるとした1954年ブラウン判決の翌年、連邦最高裁判所は、その人種統合学校への移行を「できる限り慎重な速さで (with all deliberate speed)」行うよう、地方裁判所に委託した。
4) 上杉忍『アメリカ黒人の歴史――奴隷貿易からオバマ大統領まで――』中公新書、2013年、155頁。

参考文献

未公刊史料

Unprocessed Records-RG9, "Philadelphia Plan" of the AFL-CIO Office: Civil Rights Department, George Meany Memorial Archives.
[Record Group 148] Commission on Human Relations, Philadelphia Information Locator Service.
[Record Group 60-2-2] Philadelphia Anti-Poverty Committee, Progress Report, 1965-1966, Philadelphia Information Locator Service.
[Record Group 148. 5] Divisions of Public Information Files, 1967-1971, City Archives of Philadelphia.
Daniel, William V., papers, 1977-1984 (92 items) Mss1D2270a, Historical Society of Virginia.

公刊史料

U. S. Commission on Civil Rights, *Federal Civil Rights Enforcement Effort: A Report of the United States Commission on Civil Rights, 1970*, U. S. Government Printing Office, 1970.
United States of Labor: Bureau of Statistics, United States Department of Commerce: Bureau of the Census, *Social and Economic Conditions of Negroes in the United States*, U. S. Government Printing office, October 1967.
The Philadelphia Plan: Congressional Oversight of Administrative Agencies, The Department of Labor: Hearings Before the Subcommittee on Separation of Powers of the Committee on the Judiciary: United States Senate Ninety-First Congress First Session on the Philadelphia Plan and S. 931, October 27 and 28, 1969, U. S. Government Printing Office, 1970.
City of Richmond, An Ordinance, No. 83-69-59, adopted April 11, 1983.
Committee on the Judiciary House of Representatives, 101st Congress 1st Session, *Minority Business Set-aside Programs: the City of Richmond v. J. A. Croson Company: A Collection of Articles by Constitutional Scholars and Economists*, U. S. Government Printing Office, 1990.

マイクロフィルム史料

Lawson, Steven F. (edit.), *Civil Rights During The Johnson Administration 1963-1969*, A microfilm project of University Publications of America, Inc.
Graham, Hugh Davis (edit.), *Civil Rights During The Nixon Administration 1969-1974*, A microfilm project of University Publications of America, 1989.

同時代文献

Black Virginia: Progress, Poverty & Paradox, Roanoke Times & World Report, April 8-May 1, 1984.
Byng, Michelle Denis, *A New Face in the Structure of Community Power: The Black Political Elite of Richmond Virginia,* A Dissertation Presented to the Graduate Faculty of the University of Virginia in Candidacy for the Degree of Doctor of Philosophy, Department of Sociology University of Virginia, January 1992.
Innis, Roy, "Separatist Economics: A New Social Contract," in Haddad, William and Pugh, C. Douglas (edit.), *Black Economic Development,* Prentice-Hall, 1969.
Leedes, Gary Charles, "The Richmond Set-Aside Case: a Tougher Look at Affirmative Action," *The Wayne Law Review* Volume 36, Fall 1989 No. 1, pp. 1-49.
Palen, J. John and Morton, Richard D., *Representation of Blacks and Women in Positions with Policy Making Potential in the Greater Richmond (VA) Area 1970-1980,* Department of Sociology and Anthropology, College of Humanities and Sciences, Virginia Commonwealth University, Richmond, Virginia 23284, Spring, 1982.
Woodward, Maurice C., "Affirmative Action and the Commonwealth: Black Americans in Virginia State Government," in *the University of Virginia News Letter* Vol. 51, No. 2, October 1974.

新聞・雑誌

AFL-CIO News
Black Scholar
Free Lance-Star
New York Amsterdam News
New York Times
Philadelphia Bulletin
Philadelphia Inquirer
Philadelphia Tribune
Pittsburgh Press
Richmond Afro-American
Richmond News Leader
Richmond Times Dispatch
U. S. News & World Report
Wall Street Journal
Washington Post
『朝日新聞』

英文文献・論文

Adams, Carolyn [et al.], *Philadelphia: Neighborhoods, Division, and Conflict in a Postindustrial City,* Temple University, 1991.

Arwine, Barbara R., J. D., "The Battle Over Affirmative Action: Legal Challenge and Outlook," in National Urban League, *The State of Black America 2007*, Beckham Publication Group, 2007.

Assefa, Hizkias and Wahrhaftig, Paul, *The Move Crisis in Philadelphia: Extremist Group and Conflict Resolution*, University of Pittsburgh Press, 1990.

Baez, Benjamin, *Affirmative Action, Hate Speech, and Tenure: Narratives about Race, Law, and the Academy*, Routledger, 2001.

Bates, Timothy Mason, *Black Capitalism: A Quantitative Analysis*, Praeger Publishers, Inc., 1973.

Bean, Jonathan J., *Big Government and Affirmative Action: the Scandalous History of the Small Business Administration*, University Press of Kentucky, 2001.

Berg, Manfred, "Black Civil Rights and Liberal Anticommunism: The NAACP in the Early Cold War," *The Journal of American History*, June 2007, pp. 74-96.

Byng, Michelle Denis, *A New Face in the Structure of Community Power: The Black Political Elite of Richmond Virginia*, A Dissertation Presented to the Graduate Faculty of the University of Virginia in Candidacy for the Degree of Doctor of Philosophy, Department of Sociology University of Virginia, January 1992.

Carbado, Devon W. and Weise, Donald (edit.), *Time on Two Crosses: The Collected Writings of Bayard Rustin*, Cleis Press Inc., 2003.

Chen, Anthony S., *The Fifth Freedom: Jobs, Politics, and Civil Rights in the United States, 1941-1972*, Princeton University Press, 2009.

Countryman, Mathew J., *Up South: Civil Rights and Black Power in Philadelphia*, University of Pennsylvania Press, 2006.

Crosby, Faye J., *Affirmative Action Is Dead: Long Live Affirmative Action*, Yale University Press, 2004.

Dilworth, Richardson (edit), *Social Capital in the City,* Temple University Press, 2006.

Drake, W. Avon and Holsworth, Robert D., *Affirmative Action and the Stalled Quest for Black Progress*, University of Illinois Press, 1996.

Du Bois, W. E. B., *The Souls of Black Folk*, Fawcett Publications Inc., 1961.

―――, *Black Reconstruction in America: an Essay toward a History of the Part Which Black Folk Played in the Attempt to Reconstruct Democracy in America, 1860-1880*, Russell & Russell, Inc., 1935.

―――, *The Philadelphia Negro: A Social Study*, University of Pennsylvania Press, 1996 (Originally published in 1899).

Dudziak, Mary L., *Cold War Civil Rights; Race and the Image of American Democracy*, Princeton University Press, 2000.

Fleming, John E., *The Case for Affirmative Action for Blacks in Higher Education*, 1978.

Foner, Eric, *Reconstruction: 1863-1877*, Perennial Library, 1989.

Gerstle, Gary, *American Crucible; Race and Nation in the Twentieth Century,* Princeton University Press, 2001.

Goldberg, David and Griffey, Trevor (edit.), *Black Power at Work: Community Control, Affirmative Action, and the Construction Industry*, Cornell University Press, 2010.

Golden, Jane and Updike, David (Edit), *Mural Arts @ 30*, Temple University Press, 2014.

Golland, David Hamilton, *Constructing Affirmative Action: The Struggle for Equal Employment Opportunity*, University Press of Kentucky, 2011.

参考文献

―――, "Only Nixon Could Go to Philadelphia: The Philadelphia Plan, the AFL-CIO, and the Politics of Race Hiring," Paper presented at the Race and Labor Matters Conference, December 4-5, 2003.

Goode, W. Wilson with Stevens, Joann, *In Goode Faith*, Judson Press, 1992.

Graham, Hugh Davis, *The Civil Rights Era: Origins and Development of National Policy 1960-1972*, Oxford University Press, 1990.

Hacker, Andrew, *Two Nations: Black and White, Separate, Hostile, Unequal*, Scribner, 1992.

Harris, William H., *The Harder We Run: Black Workers Since the Civil War*, Oxford University Press, 1982.

Haskins, James, *Bayard Rustin: Behind the Scenes of the Civil Rights Movement*, Hyperion, 1997.

Honey, Michael K. (edit.), *"All Labor Has Dignity" Martin Luther King, Jr.*, Beacon Press, 2011.

Hunter, Marcus Anthony, *Black Citymakers: How the Philadelphia Negro Changed Urban America*, Oxford University Press, 2013.

Jonas, Gilbert, *Freedom's Sword: The NAACP and the Struggle Against Racism in America, 1909-1969*, Routledge, 2005.

Katz, Michael B. & Sugrue, Thomas (ed.), *W. E. B. Dubois, Race, and the City: The Philadelphia Negro and Its Legacy*, University of Pennsylvania Press, 1998.

Katznelson, Ira, *When Affirmative Action was White, an Untold History of Racial Inequality in Twentieth-Century America*, W. W. Norton & Company, 2005.

Keiser, Richard A., "The Rise of a Racial Coalition in Philadelphia," in Browning, Rufus P., Marshall, Dale Rogers and Tabb, David H. (ed.), *Racial Politics in American Cities*, Longman, 1990.

Kelley, Robin D. G., *Yo Mama's Disfunktional!: Fighting Culture Wars in Urban America*, Beacon Press, 1997 (村田勝幸・阿部小涼訳『ゲットーを捏造する――アメリカにおける都市危機の表象』、彩流社、2007 年).

King, Martin Luther Jr., (Honey, Michael K. edit.), *"All labor Has Dignity,"* Beacon Press, 2011.

Lassiter, Matthew D. and Lewis, Andrew B. (edits.), *The Moderates' Dilemma: Massive Resistance to School Desegregation in Virginia*, University Press of Virginia, 1998.

Lee, Jennifer, *Civility in the City, Blacks, Jews, and Koreans in Urban America*, Harvard University Press, 2002.

Lyons, Paul, *The People of This Generation: The Rise and Fall of the New Left in Philadelphia*, University of Pennsylvania Press, 2003.

Marable, Manning, *Black Leadership*, Columbia University Press, 1998.

―――, *Race Reform and Rebellion: The Second Reconstruction in Black America, 1945-1990*, University Press of Mississippi, 1991.

McGovern, James R., *And a Time for Hope: American in the Great Depression*, Praeger, 2000.

Mckee, Guian A. *The Problem of Jobs: Liberalism, Race, and Deindustrialization in Philadelphia*, University of Chicago Press, 2008.

Moreno, Paul D., *Black Americans and Organized Labor: A New History,* Louisiana State University Press, 2006.

Nieman, Donald (ed.), *The Freedmen's Bureau and Black Freedom, African American Life in the Post-Emancipation South, 1861-1900 Volume 2*, Garland Publishing Inc., 1994.

Paolantonio, S. A., *Frank Rizzo: The Last Big Man in Big City America*, Camino Books, Inc., 2003.

Philips, Kevin P., *The Emerging Republican Majority*, Doubleday & Company, Inc., 1970.

Plummer, Brenda G., *Rising Wind ; Black Americans and U. S. Foreign Affairs, 1935-1960*, University of North Carolina Press, 1996.

Randolph, Lewis A. and Tate, Gayle T., *Rights for a Season : the Politics of Race, Class, and Gender in Richmond,* Virginia, University of Tennessee Press, 2003.

Reed Jr., Adolph, *Stirrings in the Jug : Black Politics in the Post-Segregation Era,* University of Minnesota Press, 1999.

Riches, William T. Martin, *The Civil Rights Movement : Struggle and Resistance*, Palgrave Macmillan, 2004.

Roediger, David R., *The Wage of Whiteness : Race and the Making of the American Working Class,* Verso, 1991(Revised Edition, 1999)(小原豊志・竹中興慈・井川眞砂・落合明子訳『アメリカにおける白人意識の構築——労働者階級の形成と人種』明石書店、2006 年).

―――, *How Race Survived U. S. History : From Settlement and Slavery to the Obama Phenomenon*, Verso, 2008.

Rubio, Philip F., *A History of Affirmative Action, 1619-2000*, University Press of Mississippi, 2004.

Sandel, Michael J., *Justice : What's the Right Thing to Do?* Farrar, Straus and Giroux, 2010(鬼澤忍訳『これからの「正義」の話をしよう いまを生き延びるための哲学』早川書房).

Schlesinger, Arthur M. Jr., *The Disuniting of America*, Norton, 1992(都留重人監訳『アメリカの分裂——多元文化社会についての所見』岩波書店、1992 年).

Silver, Christopher, *The Separate City : Black Communities in the Urban South*, University of Kentucky, 1995.

―――, *Twentieth-Century Richmond : Planning, Politics, and Race*, University of Tennessee Press, 1984.

Sitkoff, Harvard, *A New Deal for Blacks : The Emergence of Civil Rights as a National Issue : the Depression Decade*, Oxford University Press, 1978.

Skrentny, John David, *The Ironies of Affirmative Action : Politics, Culture, and Justice in America*, University of Chicago Press, 1996.

Sowell, Thomas, *Affirmative Action around the World : An Empirical Study*, Yale University Press, 2004.

―――*The Economics and Policies of Race : an International Perspective* , Quill, 1983.

Spady, James, *Cecil B. Moore : A Soldier for Justice*, Cecil B. Moore Memorial Committee, 1985.

Steele, Shelby, *The Content of Our Character : A New Vision of race in America*, Harper Collins Publisher, 1990(李 隆訳『黒い憂鬱——90 年代アメリカの新しい人種関係』五月書房、1994 年).

Stein, Judith, "Affirmative Action and the Conservative Agenda : President Richard M. Nixon's Philadelphia Plan of 1969," in Eskew, Glenn (edit.), *Labor in the Modern South*, The University of Georgia Press, 2001, pp. 182-206.

Strober, Gerald S. and Strober, Deborah Hart, *Nixon : An Oral History of His Presidency*, Harper Collins Publishers, Inc., 1994.

Sugrue, Thomas J., *Sweet Land of Liberty : The Forgotten Struggle for Civil Rights in the North*, Random House, 2008.

―――, "Crabgrass-Roots Politics : Race, Rights, and the Reaction against Liberalism in the Urban North, 1940-1964," *Journal of American History*, Vol. 82(1995), pp. 551-578.

―――, *The Origin of the Urban Crisis : Race and Inequality in Postwar Detroit,* Princeton University Press, 1996(川島正樹訳『アメリカの都市危機と「アンダークラス」自動車都市デトロイト

の戦後史』明石書店 2002 年).

―, "Affirmative Action from Below: Civil Rights, the Building Trades, and the Politics of Racial Equality in the Urban North, 1945-1969," *The Journal of American History*, Vol. 91 No. 1, June 2004, pp. 145-173.

―, "Breaking Through: The Troubled Origins of Affirmative Action in the Workplace," in Skrentny, John David (edit.), *Color Lines: Affirmative Action, Immigration, and Civil Rights Options for America*, University of Chicago Press, 2001.

―, "The Tangled Roots of Affirmative Action," *American Behavioral Scientist*, Vol. 41 / No. 7, 1998, 886-897.

Sullivan, Leon H., *Build Brother Build*, Macrae Smith Company, 1969.

―, "From Protest to Progress: The Lesson of the Opportunities Industrialization Centers," in *Yale Law & Policy Review Volume IV, Number 2*, Spring/Summer 1986, pp. 364-374.

Takaki, Ronald, *A Different Mirror: A History of Multicultural America*, Little, Brown And Company, 1993.

Wehrle, Edmund F., *Between A River and A Mountain: the AFL-CIO and the Vietnam War*, University of Michigan, 2005.

Wilkinson III, J. Harvie, *From Brown to Bakke: The Supreme Court and School Integration: 1954-1978*, Oxford University Press, 1979.

Willis, Arthur C., *Cecil's City: A History of Blacks in Philadelphia, 1638-1979*, Carlton Press, 1990.

Wilson, William Julius, *The Declining Significance of Race: Blacks and Changing American Institutions*, University of Chicago Press, 1978.

―, *The Truly Disadvantaged: The Inner City, the Underclass, and Public Policy*, University of Chicago Press, 1987(青木秀男監訳『アメリカのアンダークラス――本当に不利な立場に置かれた人々』明石書店、1999 年).

Winch, Julie (ed.), *The Elite of Our People: Joseph Wilson's Sketches of Black Upper-Class Life in Antebellum Philadelphia*, Pennsylvania State University Press, 2000.

Wolfinger, James, *Philadelphia Divided: Race and Politics in the City of Brotherly Love*, University of North Carolina Press, 2007.

Woodward, C. Van, *The Strange Career of Jim Crow*, Oxford University Press, 2002 (1st edition, 1955, 2nd revised edition, 1966 and 3rd revised edition, 1974)(清水博・長田豊臣・有賀貞訳)『アメリカ人種差別の歴史』福村出版、1998 年).

Yuill, Kevin L., *Richard Nixon and the Rise of Affirmative Action: the Pursuit of Racial Equality in an Era of Limits*, Rowman & Littlefield Publishers, Inc., 2006.

"Symposium African American and U. S. Foreign Relations," *Diplomatic History*, Vol. 20, No. 4 (Fall, 1996), pp. 531-650.

邦文文献・論文

上杉忍『アメリカ黒人の歴史――奴隷貿易からオバマ大統領まで――』中公新書、2013 年。

大塚秀之『現代アメリカ社会論――階級・人種・エスニシティからの分析――』大月書店、2001 年。

勝田卓也「アメリカにおける雇用平等法制の展開――市民権法第七編訴訟における差別概念と

アファーマティブ・アクションの変容」『早稲田法学』75 巻 1 号。
川島正樹「『ボイコット』から『座り込み』へ——地域闘争としての南部市民権運動」紀平英作編『帝国と市民——苦悩するアメリカ民主制』山川出版、2003 年、213-259 頁。
———編『アメリカニズムと「人種」』名古屋大学出版会、2005 年。
———『アメリカ市民権運動の歴史——連鎖する地域闘争と合衆国社会』名古屋大学出版会、2008 年。
貴堂嘉之「未完の革命と『アメリカ人』の境界——南北戦争の戦後 50 年論」川島正樹編『アメリカニズムと「人種」』名古屋大学出版会、2005 年、113-139 頁。
キャロル、ピーター・N（土田宏訳）『70 年代アメリカ——何も起こらなかったかのように——』彩流社、1994 年。
小林由美『超格差社会アメリカの真実』日経 BP 社、2006 年。
斎藤眞、古矢旬『アメリカ政治外交史　第二版』東京大学出版会、2012 年。
ジェームス・W・ローウェン（富田虎男監訳）『アメリカの歴史教科書問題——先生が教えた嘘』明石書店、2003 年。
ジェニングズ、ジェイムズ（河田潤一訳）『ブラック・エンパワメントの政治——アメリカ都市部における黒人行動主義の変容』ミネルヴァ書房、1998 年。
篠田徹「現代アメリカ労働運動の歴史的課題——未完の階級的人種交叉連合——」荒川敏光・篠田徹編『労働と福祉国家の可能性——労働運動再生の国際比較』ミネルヴァ書房、2009 年。
シプラー、ディヴィッド・K（盛岡孝二他訳）『ワーキング・プア——アメリカの下層社会——』岩波書店、2007 年。
スティール、シェルビー（松本剛史訳）『オバマの孤独』青志社、2008 年。
———（藤永康政訳）『白い罪——公民権運動はなぜ敗北したか』径書房、2011 年。
中條献『歴史のなかの人種——アメリカが創り出す差異と多様性』北樹出版、2004 年。
———「ポスト公民権運動期における人種と秩序——アファーマティブ・アクションと『カラーブラインドな多様性』批判——」『アメリカ史研究』第 32 号、2009 年、69-86 頁。
土田宏『アメリカ　1968——混乱・変革・分裂』中央公論社、2012 年。
中野耕太郎「市民権改革の始動　冷戦と人種問題」紀平英作編『帝国と市民：苦悩するアメリカ民主政』山川出版、2003 年、168 頁。
———「新移民とホワイトネス——20 世紀初頭の『人種』と『カラー』——」川島正樹編『アメリカニズムと「人種」』名古屋大学出版会、2005 年、140-163 頁。
———『20 世紀アメリカ国民秩序の形成』名古屋大学出版会、2015 年。
長沼秀世『アメリカの社会運動——CIO 史の研究』彩流社、2004 年。
野村達郎『アメリカ労働民衆の歴史——働く人々の物語』ミネルヴァ書房、2013 年。
樋口映美・中條献編『歴史のなかの「アメリカ」——国民化をめぐる語りと創造』彩流社、2006 年。
フィリップス、ケヴィン（吉田利子訳）『富と貧困の政治学——共和党政権はアメリカをどう変えたか——』草思社、1992 年。
フェイムスター、クリスタル・N（安井倫子訳）「変わる歴史：アフリカ系アメリカ人の大統領の誕生」『歴史科学 200 号』、大阪歴史科学協議会、2010 年。
フォーナー、エリック（横山良他訳）『アメリカ自由の物語——植民地時代から現代まで』下、岩波書店、2008 年。

フォスター、W・Z・（貫名美隆訳）『黒人の歴史——アメリカ史のなかのニグロ人民』大月書店、1970年。
藤川隆男『人種差別の世界史——白人性とは何か』刀水書房、2011年。
松岡泰『アメリカ政治とマイノリティ—公民権以降の黒人問題の変容——』ミネルヴァ書房、2006年。
松尾文夫『ニクソンのアメリカ』サイマル出版会、1972年。
横田耕一『アメリカの平等雇用——アファーマティブ・アクション』部落解放研究所、1991年。

インターネット・ウェブ資料

"From Protest to Politics: The Future of The Civil Rights Movement," League for Industrial Democracy, 1965. http://www.crmvet.org/docs/rustin65.pdf（2016年3月10日閲覧）

Fullilove v. Klutznick（No.78-1007）. http://www.law.cornell.edu/supct/html/historics/USSC_CR_0448_0448_ZC1.html（2016年3月10日閲覧）

Bayard Rustin, "Black Power and Coalition Politics," in Commentary, 02-1965. http://cf.linnbenton.edu/artcom/social_science/clarkd/upload/BLACK%20POWER%20and%20Coalition%20Politics-Rustin.pdf（2016年3月10日閲覧）

City of Richmond v. United States.（チェスターフィールド合併違憲判決）http://en.wikisource.org/wiki/City_of_Richmond_v._United_States（2016年3月10日閲覧）

Chavez, Cezar E. and Rustin, Bayard, "Right to Work" Laws – A Trap for America's Minorities, A Philip Randolph Institute/ United Farm Workers, AFL-CIO, 1969. https://archive.org/details/rightToWorkLawsATrapForAmericasMinoritiesderechoATrabajarUna（2016年3月10日閲覧）

"Curtis Holt," in *Ideas from an Anarchist in Richmond, Virginia.* http://anarchymo.wordpress.com/2008/02/01/curtis-j-holt/（2016年3月10日閲覧）

Executive Order 10925. http://www.thecre.com/fedlaw/legal6/eo10925.htm（2016年3月10日閲覧）

FDR Home Page（大統領行政命令8802）http://docs.fdrlibrary.marist.edu/od8802t.html（2016年3月10日閲覧）

Julian Bond, "Interview of Henry Marsh," Explorations in Black Leadership, Center for Public History, University of Virginia. http://www.virginia.edu/publichistory/bl/index.php（2016年3月10日閲覧）

Margaret Edds, "The Path of Black Political Power," Alicia Patterson Foundation. http://aliciapatterson.org/stories/path-black-political-power（2016年3月10日閲覧）

Martin Luther King Jr. talks about the Labor Movement, "Speaking to shop stewards of Local 815, Teamsters and the Allied trades Council, May 2, 1967. http://www.aft.org/yourwork/tools4teachers/bhm/mlktalks.cfm（2013年4月3日閲覧）

Mo Karnage, "Curtis Holt," in *Ideas from an Anarchist in Richmond, Virginia.* http://anarchymo.wordpress.com/2008/02/01/curtis-j-holt/（2016年3月10日閲覧）

National Labor Relations Board http://www.nlrb.gov/national-labor-relations-act（2016年3月10日閲覧）

President Lyndon B. Johnson's Commencement Address at Howard University: "To Fulfill These Rights" http://www.lbjlib.utexas.edu/johnson/archives.hom/speeches.hom/650604.asp

（2012 年 8 月閲覧）
Regents of the University of California vs. Bakke, 438 U. S. 265（1978） http://caselaw.lp.findlaw.com/scripts/getcase.pl?navby=CASE&court=US&vol=438&page=265（2016 年 3 月 10 日閲覧）
Richard Milhous Nixon, "To lower our voices would be a simple thing. In these difficult years, America has suffered from a fever of words; from inflated rhetoric that promises more than it can deliver." This appeared in the inaugural address of January 20, 1969.
http://www.presidency.ucsb.edu/ws/?pid=1941（2013 年 3 月 28 日閲覧）
U. S. Supreme Court, Richmond v. J. A. Croson Co. 488 U. S. 469.（1989） http://caselaw.lp.findlaw.com/cgi-bin/getcase.pl?court=us&vol=488&page=493（2012 年 2 月 8 日閲覧）

あとがき

　本書の出版に向けて動き始めた 2014 年の 9 月、私は、ペンシルヴァニア大学社会科学政策フォーラム（Social Science & Policy Forum：SSPF）が主催した"The War on Poverty at 50：Its History & Legacy"と題した会議に出席する機会を得た。SSPF がこの年に掲げていた研究テーマは"Poverty and Opportunity"であり、トマス・スグルーが責任者となっていた。会議も、スグルー自身がチェアーを務め、まさにポスト市民権時代のアメリカ社会の問題に真正面から向き合うことを目的に掲げたもので、真摯な議論が戦わされた。スグルーによる開会の辞は、この年の 8 月に亡くなったマイケル・カッツへの追悼から始まった。その後に続いた「ラウンド・テーブル」のパネリストには、ウイリアム・J・ウィルソンやアイラ・カッツネルソン、アリス・オコーナーなどの錚々たる研究者が含まれていた。パネリストたちは、「貧困」が国家の取り組むべき問題として広く認識された「貧困との戦い」の時代から、「貧しくなる自由」を認めることになった「新自由主義の時代」への転換点となった、1970 年代以降のアメリカ社会において、なお、基本的な問題は「貧困」であることを論じていた。今日のアメリカの人種問題の根底には、深刻な貧富の格差、都市の空洞化、人口減、財政破綻、さらには経済のグローバル化と新自由主義的経済政策といった、1970 年代以降のアメリカ経済と社会の変容があるということは、共通の認識であった。

　ウィルソンは、自身の「アンダークラス論」に対して、アンダークラスの文化的・行動的側面のみが強調され、ジャーナリスティックに取り上げられる論調に反論し、その本旨はアンダークラスを生み出すアメリカ社会経済構造への批判であると強調した。アンダークラスの存在を、怠惰な生活習慣や態度などの個人的資質の問題として片づけることに、私は与しない。問題の核心は、彼らの職なし状況である。国や地方自治体の政策に、雇用を中心的課題として位置づけること、さらに根本的には行き届いた公教育を保証する

あとがき

ことなのだと、彼は、幾分早口で述べていた。[1]

　一方、数日後のSSPF主催のワーク・ショップでは、タネヒシ・コーテス（Ta-Nehisi Coates）が"The Case for Reparations: Ferguson and Beyond"と題して講演を行い、その後スグルーとの公開討論が持たれた。コーテスは、気鋭のジャーナリストであり、2014年6月 *The Atlantic* に掲載された同タイトルの論評は、なお続く人種差別を解消するための「国家賠償要求」の正当性を訴えたものだった。このワーク・ショップも大教室を超満員にするほど盛況であり、市民や学生の関心の高さがうかがえた。同年8月ミズーリ州ファーガソンで起こった警官による黒人少年の射殺に対する抗議行動が、暴動に発展しかねない様相を呈し、また、市民デモに対する軍や警察の過剰取り締まりも問題になっていた。コーテスは、ファーガソンは、200年の奴隷制と100年の人種隔離、その後今日までの人種差別の結果であると主張した。講演会はまさに抗議集会のようでもあった。

　本書は、市民権法、移民法、投票法の改革、そしてAAの導入から半世紀を経ようとするアメリカの人種関係を見つめ、導入当時、「人種・皮膚の色・宗教・性、または出身国を理由とする」差別をなくし、平等な社会を実現するための切り札とされたAAが、はたして、本当に黒人市民の生活改善や貧困の解消に役立ってきたのか、役立っていないのなら、なぜなのか、どんな役割を担ってきたのか、またそれは、どのような意味を持っていたのかという問いに答えようとしたものだった。本書では、AAを「諸刃の剣」であったと提示したが、同時にAAの問題を人種間の「紛争」としてのみ扱うのではなく、むしろ社会の変革を目指す協働の方向もありうるのだということを示そうとした。本書の議論と結論の当否については、読んでいただいた方に批判をゆだねたいとは思うが、少なくとも、この問題が、今もアメリカ社会を悩ませ、時には分断しているのだということを、SSPFの二つの会議に参加してあらためて考えさせられた。

　本書は、2014年に提出した博士学位申請論文「アメリカにおけるアファーマティブ・アクションの展開―歴史的考察から見る国民の境界線の再編成」

に基づいている。以下、本書各章の初出を示す。もちろん博論作成および本書編集に当たっては大幅な加筆と修正を行った。

第1章：「アファーマティブ・アクション史ノート―歴史に現れた三つのアファーマティブ・アクション―」『パブリック・ヒストリー』第7号、2010年、64-75頁。

第2章：「1960年代初頭フィラデルフィアにおける平等雇用をめざした黒人の闘い―アファーマティブ・アクションとコミュニティ再生―」『パブリック・ヒストリー』第5号、2008年、43-56頁。

第3章：「ジョンソン政権下のアファーマティブ・アクション―1967年フィラデルフィア・プランを中心に―」『西洋史学』No. 246、2012年、41-54頁。

第4章：「ニクソン政権のアファーマティブ・アクション―1969年フィラデルフィア・プランを中心に―」『パブリック・ヒストリー』第10号、2013年、129-141頁

第5章：「アメリカのアファーマティブ・アクションの展開―1983年リッチモンド・プランを中心に―」『歴史科学』211号、2013年、40-55頁。

それぞれの論文の掲載に際し、査読を行い、不十分な点などを指摘し、助言を下さったアメリカ史研究者、先生方に、名前を知る由もないが、感謝したい。博論はその過程を経たからこそ整えることができたのだと言える。

私がAAに関心を持ったのは、1990年代の中ごろである。当時、私は大阪府内の公立中学校で英語の教師をしていたので、アファーマティブ・アクションの問題は、職場や労働環境の場で起こっていた問題と重なりあった。このことは、ずっと、研究のインセンティブになっていたと考えられる。大阪外国語大学夜間主国際文化学科で1999年に提出した卒論では、当時、反AA論の旗手であったシェルビー・スティールに対して、貧困や失業率の数値を示し、人種間の経済的格差を解消するためには、人種を考慮した特別な措置も必要だと論じて、クリントン大統領の言葉「修正は必要だが終わらせ

あとがき

ない」を支持した。しかし、この結論で自分自身が納得していたのかというと、決してそうではなかった。しかも、当時のアメリカ社会のAAをめぐる流れは、AA廃止に向かっているように見えた。住民投票などでAA政策を廃止する州が相次いでいた。なぜなのか、むしろ疑問は深まっていた。もっと勉強したい。

　仕事を続けながら、となると、通える範囲は限られる。当時、豊中に居住していたので、最も近い大阪大学（我が家から歩いていける距離にあった）を調べると、近年、社会人に大学院の門を開いたということが分かった。しかし、自分の研究テーマには、どの学部が適切なのか…、何から何まで暗中模索だった。大阪外大の先生に、西洋史学研究室に藤川隆男先生という「おもしろい」方がおられる、話に行ってごらんと背中を押され、電話番号をいただき、早速厚かましく電話をかけ、アポイントがとれた。

　面接で、藤川先生はこのように言われた。

　「研究が面白いか面白くないかは、取り上げ方による。」（きびしい）

　「入試をパスして来られれば、ぼくのゼミに来てください。」（きびしい）

　結局は、この言葉に勇気を与えられ、大阪大学大学院文学研究科の社会人入試に挑戦することになった。以後今日まで、（もう16年になる）阪大西洋史学研究室という、私にとっては、これ以上はない研究環境と機会を与えられることになった。2000年のことだった。しかしながら、このセリフは今だからこそ言える言葉であって、入学当初から3年間の博士前期課程の間、私はずっと悩み続けた。

　AAという極めて現代的なテーマを、どう歴史学の俎上にのせるのか。自分の興味・関心は、「今」の社会問題の分析にあるのではないのか。来るところを間違った？　私は、自分が歴史学に関しては、無知であることを思い知らされた。学部の授業にも出させていただき、また、アメリカ史についても、当時大阪外大に講師で来られていた大津留千恵子先生の講義を聞きにお邪魔したりしながら、学びなおした。藤川先生には、「歴史を書く」作法から手ほどきを受けた。「史料は読むものであって、その中に自分が参加して議論するもんと違うよ！」「この論文で、何が言いたいのかを、まず2行以

内の文章で表しなさい。」「自分の議論へのアンチテーゼに対して、答えを用意しなさい。」「未来への展望を言うのは、歴史家の仕事と違います！」私が書いた文は、必ず数時間で、真っ赤になって返ってきた。まさに、ハード・トレイニングだった。

このような泥沼の中でやっと書き上げた修士論文は、「アメリカの人種関係におけるアファーマティブ・アクションの意義―1970年代からの黒人の問題を中心に―」であった。1978年バッキ裁判を中心とした、高等教育におけるアファーマティブ・アクションの実施の中で起こっていた「逆差別裁判」とその後のAAへの逆風、カリフォルニアの住民投票によるAA廃止の経過などを書いた。何とか歴史の論文にしようと努力はしたのだが、藤川先生に「やったらあかんよ！」と言われたことばかりをやってしまった論文である。

ただ、この修士論文を書くなかで次の課題が見えてきたことは収穫だった。すなわち、AA政策には様々な矛盾があるのは確かだが、「そもそも、このような矛盾の多いAAをなぜ作ろうとしたのか、推進したのはだれか、反対する者はいなかったのか、いつできたのか？」これを明らかにしなくては、AAとは何かはわからない。また、AAなる言葉のルーツも調べる必要がある。やっと、AAを「歴史学の俎上に載せること」の意味が、自分の中で納得された。歴史家にとっては当たり前の「自己認識」を獲得するまでに、3年間を費やしたことになる。2004年のことだった。

博士後期課程に入学し、AAとは何かを「歴史的に考察」するという作業がはじまった。ただし、私自身の視点は、歴史家の目というよりは、教育労働者の目であった。再び悪戦苦闘が始まった。そのような折に大阪大学に赴任して来られた中野耕太郎先生に、川島正樹先生をご紹介いただいた。川島先生との面接の中で、ペンシルヴァニア大学のトマス・スグルー先生を紹介いただいた。先生は、その場でメールをしてくださり、すぐに「会いましょう」という返事が返ってきた。私にとっては目の回る話の展開だった。2008年のことだった。

2008年9月、スグルー先生に面会することができた。面会では、まず反

あとがき

　AAの論陣を張った労働組合員の目でAA史を検討するということはあり得るのかと問いかけた。先生は、むしろそれはユニークな視点であり、あなたにしかできないことでしょうと励ましてくださった。そして、ニクソン政権のAAであるフィラデルフィア・プランに的を絞ることは適切であり、このプランに労働組合がなぜ反対したかは、今、むしろ重要な論点であるという示唆をいただいた。自分では抜けきれない、研究者としての弱点だと悩んでいたことを、むしろその立場から研究しなさい、「おもしろい」ものになるかもわからないと、先生は背中を押してくださったのである。以後、フィラデルフィアを訪れたときには、必ずスグルー先生の研究室にお邪魔し、質問攻めをすることになった。必ず、どちらに足を向けて史料を探しに行くのかを示してくれた。本書第5章のフィールドにリッチモンドを選んだのも、川島先生とスグルー先生の示唆による。川島先生、スグルー先生との出会いがなかったら、本書刊行はもちろんのこと、博士学位申請論文も未完に終わっていただろう。

　思えば、1995年に大阪外大夜間主に社会人として通い始めて20年を経ることになる。この間、本当に多くの方に支えられ励まされてきた。

　指導教官であった藤川先生には、論理の組み立てから、章立て、文章表現にいたるまで、本当に的確に指導していただいた。藤川先生との会話では、呑み込みが悪くなかなか了解できず、何回も同じ事を訊ねている私に、辛抱強く付き合っていただいたものである。大阪大学西洋史学研究室には社会人の院生が多く集っている。藤川先生は、私たち社会人院生の悩みや思いに寄り添い、励まし、研究を継続する力を与えてくださっている。博論を出版したいという私の向こう見ずな希望を正面から前向きにとらえてくださり、「社会人院生の先輩たちに倣って、良い本にしてください」とうれしいプレッシャーを下さった。この本がそれに応えるものになっただろうか。

　大阪外大では、池上日出夫先生のゼミに、卒業してからも通わせていただいた。先生は、最も弱きもの、不利な立場にあるもののまなざしから社会を見る姿勢を、身をもって示してくださった。それは、時には黒人であったり、黒人女性であったり、ユダヤ人であった。また、差別されているものが、さ

らに弱者を差別する側に立つ場合もあるという現実を、学生に、文学、中でも黒人女性文学を通して伝えようとされていた。

　また、大阪大学西洋史学研究室の先生方、先輩、友人たちにもお礼を言わなければならない。毎週月曜日5限の院ゼミは、阪大西洋史学研究室の真骨頂である。異なる地域、異なる分野、時代を研究する院生が一堂に会し、切磋琢磨する時間だった。ここでの発表と議論の中で、自分の論理の飛躍や矛盾に気づかされ、異なる視点や方向性に目を開くことができ、また、発表の仕方、質問の出し方に至るまで学び、鍛えられた。

　副指導教官の秋田茂先生には、大阪外大国際文化学科在学中から、私の論点にはグローバル・ヒストリーからの分析視点がないと常に指摘され続けた。今ごろになっての気づきだが、市民権運動のなかのブラック・パワーの意味について、1968年をグローバル・ヒストリーの中に位置付ければ、もっと深めることができたのではなかったかと反省している。今後の課題にさせていただきたい。

　さらに、大学関係者ではないが、中学校教師時代の職場の同僚、教職員組合の仲間達は、退職後もよく集まり、職場や教育の問題を話し合った。1990年代末と言えば、公務員や教職員労働者に対する攻撃が強まり、労働組合活動は弱体化し困難な時期になっていた。労働の現場での具体的な問題を突きつけられる中で、自分の研究の意味を考えさせられた。現場のしんどさから「逃げ」、「研究」という贅沢に浸っている私を叱咤激励し、「勉強したことを、返してくれなあかんで」と重い宿題を課せられたが、本書でその宿題を果たしたことにしてほしい。

　アメリカでも、研究を進めるうえで、本当に、実に多くの方々にお世話になったものである。OIC責任者（当時）のトマジニア・コットンさん、セシル・ムーアの長女のセシリー・バンクスさん、フィラデルフィア市公文書館の事務の方々、フィラデルフィア市図書館の館員の方々、ジョージ・ミーニー記念文書館で自由に資料を渉猟させてくれたアーキビスト、テンプル大学図書館の館員の方々、ヴァージニア歴史協会のアーキビスト、ご自分の新聞切り抜きファイルを貸してくださった、リッチモンド公文書館のアーキビ

あとがき

スト…、数えきれない。日本から単身でやってきた頼りなさげな私の質問や資料請求に丁寧に答え、対応していただいた。ありがとうございました。

最後に、本書の草稿を、博論の形の物から、丁寧に読んでくださり、「良い本にしましょう」と、背中を押してくださって、出版にまでこぎつけてくださった大阪大学出版会の編集者川上展代さんに、心からの謝意を表したい。川上さんには、出版助成申請の手続き、書類の書き方までも指南していただいた。川上さんなしでは本書刊行は成らなかっただろう。

なお、本書刊行にあたって、公益財団法人アメリカ研究振興会のアメリカ研究図書出版助成をいただいた。審査の過程で、委員の方々には丁寧に拙稿をお読みいただき、貴重な助言、意見を賜ることができた。ここに記して、心からの感謝の意を表したい。

本書を、長年生活を共にし、退職してからの研究を勧めてくれた夫、國雄と、「いつも暴走気味の」母に声援を送ってくれた娘たち、美菜子と菜緒子に捧げます。

2016 年 3 月
安井倫子

注）

1) 2014 年 SSPF は以下の URL にて視聴可能。
https://www.sas.upenn.edu/sspf/event/2014/war-poverty-50-its-history-and-legacy-conference-0
（2016 年 1 月閲覧）

索　引

1. 事項

A〜F

AA 廃止　185
AFL-CIO News　101, 102, 128, 131, 142, 155, 161, 172, 175, 176, 178
FBI　59

あ行

アイゼンハワー政権　58
アイロニー　108, 136
アウトリーチ・プログラム（Outreach Program）　117, 122, 123, 129-131, 156, 159, 176, 177
アキレスの腱　57
アジア人　58
新しい救世主　65
アトランタ　98, 205, 206, 219
アボリショニスト　67
アメリカのジレンマ　61
アメリカ民主主義の汚れ（stain）　41, 58
アメリカ労働総同盟（AFL）　36, 37, 47, 165, 227
　　──・産業別組合会議（American Federation of Labor and Congress of Industrial Organization：AFL-CIO）　21, 41-43, 48, 81, 101, 102, 109, 111, 114-117, 120-131, 136, 139-144, 149, 152, 154-156, 158, 159, 161-165, 172, 175-180, 227
アンダークラス（under class）　12, 18, 24, 25, 138, 143, 172
偉大な社会　14, 17, 111, 172
移民法 1965 年　43, 91
移民労働者　36, 37
インナー・シティ（inner city）　12, 18, 19, 89, 138, 143, 170, 171
ヴェトナム戦争　109, 143, 145, 149, 164-166, 179, 229
『ウォールストリート・ジャーナル』Wall Street Journal　204

エンパワメント　53, 88, 95, 96, 104, 113, 198
応募用紙（application form）　82
オポチュニティ・インダストリアライズド・センター（Opportunities Industrialized Center：OIC）　84, 85, 87, 88, 102, 112, 115-118, 145, 148, 154, 175
オリジナル・フィラデルフィア・プラン（OPP）　107-109, 113-115, 117-119, 121-126, 135, 139, 147, 148, 150, 154, 167, 168, 177, 226-228

か行

カーナー委員会　→都市暴動に関する国家諮問委員会（National Advisory Commission on Civil Disorders）
会計検査院　120, 125, 147, 154, 157, 159, 160, 177, 228
改訂フィラデルフィア・プラン（RPP）　18, 21, 53, 90, 107-109, 126, 127, 135, 136, 138, 139, 144, 147-170, 177-179, 183-185, 225, 226, 228, 229, 231
解放民局（Freedmen's Bureau）　31-34, 38, 44, 46, 224
格差社会　24, 168
学生非暴力協同委員会（Student Nonviolent Coordinating Committee：SNCC）　140, 141, 172, 173
加算合計主義（positive sum）　138
数合わせ（number game）　116, 159, 163
合衆国市民権委員会報告（1970 年）U. S. Commission on Civil Rights, Federal Civil Rights Enforcement Effort　163
火薬庫（tinder box）　14
カラー・ブラインド（color blind）　6, 23, 87
カラー・ライン（color line）　10, 35, 40, 45, 47, 58, 96, 109, 144, 170, 214, 225, 229, 230
機会の平等　14, 23
危機意識　109
危機管理（crisis management）　14, 16, 52, 54, 140, 149
既得権　17, 168

251

索引

技能労働者　73, 80, 108, 114, 115, 154, 161, 165, 169, 227
逆差別　3, 5, 11, 136, 184, 207, 214
キューバ人　155
共産主義の脅威　56
行政担当官　194, 197, 200
居住区統合　68
居住地域境界線　188
クー・クラックス・クラン（K. K. K.）　31, 33
空洞化　89, 91, 93, 138, 200
クエーカー教徒　25, 67
クオータ　→割当て
『クライシス』（The Crisis）　60, 99
クラス・ライン（class line）　10, 144, 229
クリーブランド　111, 112, 114, 122
クリントン政権　12
クローズド・ショップ　17, 115, 168
グローバリゼーション／グローバル化　12, 91, 200
クロソン社　184, 208
クロソン判決　183, 184, 185, 209, 210, 219, 230
経済機会局（Office of Economic Opportunities：OEO）　15, 25, 174
警察の改革　69
契約業者　43, 45, 51, 70, 78, 79, 82, 108, 111-113, 117, 118, 120, 121, 123, 147, 159, 161-163, 170, 207, 208, 218, 227, 229, 230
──協会（General Building Contractors Association：GBCA）　119, 120, 123, 129
結果の平等　14, 138, 139
ゲットー　14, 85, 87, 100, 103, 169, 188
ケネディ政権　216
ゲリマンダリング　192
厳格な審査（strict scrutiny）　185, 209
ケンジントン地域　91
建設現場　51, 73, 74, 77-80, 112, 123, 216
建設労働組合　115, 117, 150-152, 154, 156, 158, 164, 166, 179, 227
──大会　154
憲法修正第14条　31, 33, 34, 209
堅牢な南部　Solid South　38
郊外化　66, 138, 170
公正雇用実施委員会（FEPC）　39-41, 69
公正雇用実施規定（Fair Practice Code）　77, 79, 82

公正雇用実施条項（Fair Employment Practice：FEP）　141, 143, 179
高速道路　92, 93
公聴会　151, 153, 156, 157, 210
高等学校のカリキュラム　86
高等教育機関　5, 10, 166
公務員　6, 39, 68, 69, 143, 146, 162, 165, 168, 179, 188, 196, 217, 232
ゴールと時間表（goal and timetable）　148
黒人コミュニティ　19, 48, 52, 53, 55, 64, 66-68, 70, 76, 81, 86, 88, 90, 93, 95, 100, 110, 116, 123, 124, 126, 143-145, 148, 150, 151, 153, 160, 170, 171, 183, 184, 186, 190, 192, 194, 197, 198, 201-203, 206, 210, 212, 213, 218, 230
黒人市長　18, 89, 93, 94, 96, 184, 186-188, 190, 193, 196, 199, 230
黒人職能組合指導委員会（The Negro Trade Union Leadership Council：NTULC）　117, 123, 126, 129, 131, 150, 159
黒人人口　6, 36, 41, 66, 91, 118, 120, 138, 188, 209, 211
黒人政治フォーラム（Black Political Forum：BPF）　89, 90, 93
黒人中産階級　19, 146, 170, 213, 216, 228
黒人独立連合（Black Independent Alliance）　87
黒人枠（Negro Quota）　38
国民統合　36, 40, 44, 45, 58, 109, 165, 225, 229
国民の境界線　20, 35, 45, 170, 184, 223-225, 229, 231
国連人権委員会　61
コスト削減　168
雇用斡旋所（union hiring hall）　78
雇用機会均等委員会（Equal Employment Opportunity Commission：EEOC）　4, 38, 40, 74, 138, 160, 179
これらの権利を守るために（To Secure These Rights）　57, 63, 98

さ行

サイレント・マジョリティ　13, 15, 16, 145, 216
差別意識　138, 223
産業別労働組合会議（Congress of Industrial Organization：CIO）　37, 39, 47
サンフランシスコ　112, 114

252

ジェントリフィケーション 89, 91, 94
ジオン・バプティスト教会 75
市街地再開発 187, 188, 190, 191, 194, 199, 200, 211, 217, 230
資格のある黒人 78
シカゴ 146, 156, 157, 178
仕事と自由 17, 43, 81, 136
自助努力 85
静かな革命 89, 190
下からのAA 7, 21, 46, 51-54, 74, 84, 95, 96, 110, 112, 127, 224, 225, 230, 231
失業率 11, 23, 111, 210
自動車組合（UAW） 39, 165
シニオリティ・システム 17, 80, 168
市民権期（civil rights era） 3, 22, 53, 93, 96, 98, 138, 223, 225
市民権法1964年 4, 14, 17, 29, 34, 43, 45, 51, 74, 82, 84, 107, 111, 130, 141, 157, 159, 173, 187, 189, 190, 195, 225
市民権法第七編 22, 43, 45, 46, 51, 111, 119, 155, 157, 159, 179
市民的なナショナリズム（civic nationalism） 56
ジム・クロウ 34, 36, 41, 47, 51, 73, 77, 124
シェア・クロッパー 38
社会的、経済的平等 17, 95, 111, 195
ジャクソン・ワード（Jackson Ward） 188, 189, 197-199, 205, 206, 208, 211
自由競争制度 85
銃後の民主主義（the crucible of the home front） 62
住民組織（Community Based Organizations：CBOs） 91
住民投票 5, 185
ジョージ・ミーニー記念史料館（George Meany Memorial Archives） 109, 110
職業訓練事業（Job Corps） 111, 128, 149, 175
ジョンソン民主党政権 13, 15, 111, 113, 126, 167, 226
ジラード・カレッジ 63, 86, 87, 95, 102
自律的コミュニティ 84
しるしばかりの（token） 80
人員（representation） 113, 114, 118, 120, 163, 197
審議妨害（filibuster） 81

人種意識 16, 17, 70, 136
新自由主義 12, 46, 168, 171, 180, 229, 231
人種隔離体制 34
人種構成調査結果 82
人種差別的雇用 39, 43, 54, 62, 63, 70, 95, 111, 130, 156, 172
人種的なナショナリズム（racial nationalism） 56
人種的優遇 5, 14, 81, 209
人種の意義 13, 96, 213, 230
人種平等会議（Congress of Racial Equality：CORE） 51, 52, 75-80, 85, 88, 97, 101, 124, 126, 140, 141, 143, 146, 152, 173, 217
人種暴動 14, 113, 214
寝台車給仕組合（Brotherhood of Sleeping Car Porters） 39
真に不利な立場 10, 13, 138, 139, 170
人種横断の社会関係資本（Inter-racial social capital） 92
数値目標 4, 108, 148, 183
ストリート・ギャング 87
スラム 91, 188
座り込み闘争（sit-in） 51
誠実な努力 23, 148, 152, 155
セヴンス・ワード 92, 99
世界産業労働者組合（IWW） 36
是正勧告 79
積極的差別是正策 3, 110, 171, 231
積極的取り組み（affirmative step） 70
セット・アサイド（set-aside）→取り置き
セパレート・シティ 186-188, 211, 213, 219
ゼロサム 126, 138, 140, 168
全国都市同盟（National Urban League：NUL） 23, 41, 43, 47, 117, 141, 146, 173, 177
全国有色人地位向上協会（National Association for the Advancement of Colored People：NAACP） 26, 41, 43, 47, 51, 52, 54, 55, 59-66, 70, 74-81, 84, 86-89, 92, 93, 95, 98, 99, 101, 102, 111, 112, 116, 117, 122, 124, 126, 128, 141, 143, 148-152, 160, 161, 163, 165, 173, 176, 192, 216, 226
――フィラデルフィア支部 51, 63, 74, 76, 87, 98, 99, 152

索　引

全国労働関連法／ワグナー法（National Labor Relations Act）　17, 25, 29, 30, 36-40, 42, 44, 45, 224
センター・シティ　91
選択的購買プログラム（Selective Patronage Program）　76, 77, 85, 95, 100
セントルイス　112, 113
ソヴィエト連邦政府　56
ソウル・シティ　198, 217
ソサエティ・ヒル　92

た行

大規模再開発　73
大恐慌　36, 44
第三世界　56, 225
代替案　15, 226
大統領行政命令第11114号（EO11114）　81
　――第11246号（EO11246）　4, 51, 107, 112-114, 128, 158, 159, 166, 227
　――第11478号（EO11478）　146
　――第8802号（EO8802）　39, 47, 60, 172, 240
　――第10925号（EO10925）　4, 29, 38, 41-45, 110, 225, 231
大統領市民権問題委員会（President's Committee on Civil Rights）　57
大統領選挙　9, 10, 13, 24, 84, 85, 90, 94, 107, 110, 112, 125, 144, 148, 165, 167, 174, 215-217, 227-229
第二の金ぴか時代　12
第二の再建期　3, 7, 18, 20, 22, 43, 144, 170, 229
多元的統合　10
他者意識　59
多数派　14, 63, 81, 145, 184, 186, 187, 190, 192-194, 198, 201, 202, 205, 206, 214, 217, 230
多様性　3, 5, 7, 8, 10, 47, 169, 184, 200, 232
団結権　25, 144, 161, 167, 228, 232
団体交渉権　25, 144, 151, 159, 161, 167, 168, 228
地域活性化　92
チェスターフィールド郡　192
中産階級　19, 37, 92, 145, 162, 165, 169
デイヴィス・ベイコン法　146, 165, 166, 179
鉄のカーテン　59
デトロイト　14, 25, 172
テンプル大学　64

同意書（Compliance Form）　82
投票権獲得運動　19
投票権法1965年　43
都市暴動　14, 16, 88, 112, 126, 145, 163, 216, 227, 229
都市暴動に関する国家諮問委員会／カーナー委員会（National Advisory Commission on Civil Disorders）　23, 88, 102
取り置き（set aside）　183, 184, 194, 200, 201, 205-207, 209-212, 216, 218, 219, 230
トリックル・ダウン効果　211
トルーマン・ドクトリン　58
トルーマン政権　58
トルッド（Trud）　56, 98

な行

長く熱い夏　17
南東欧移民　59
南部キリスト教指導者会議（The Southern Christian Leadership Conference：SCLC）　140, 141
南部再建期　22, 30, 31
南部戦略　13, 16, 135, 146, 165, 228
南部白人プランター　34
南部連合　186, 187, 209, 229
難民、解放民、放棄地局（Bureau of Refuges, Freedmen and Abandoned Lands）　33
ニクソン政権　4, 11, 15, 21, 53, 90, 107-110, 125-127, 135, 139, 144, 145, 147-149, 155, 160-163, 165-167, 174, 179, 205, 217, 228, 229, 231
ニュー・ディール　13, 17, 37, 38, 40, 44-46, 48, 172, 215, 224, 225
『ニューヨーク・タイムズ』（New York Times）　5, 7, 23, 24, 61, 103, 128, 174, 178, 217-219
人間関係委員会（Commission on Human Relations：CHR）　54, 63, 66, 69, 70, 73, 74, 77-79, 81, 82, 95, 100, 101, 110, 116, 123, 124, 126, 127, 130, 131, 139, 150, 154, 156, 159, 175, 176, 186, 197, 198, 217
ネイティブ・アメリカン　87
眠れる巨人　64, 77
農業労働者　38

254

は行

ハード・ハット 131, 165
バーミングハム 51, 77
排他的雇用形態 73, 74
白人エスニック 73, 74, 87, 146
白人権力機構 64
白人性 30, 35, 47, 73, 97
白人としての地位（niche of whiteness） 17, 52, 73, 97, 125, 136, 227
白人保守派 19, 184, 186, 187, 189, 218
白人労働者 13, 16, 17, 35-37, 40, 52, 114, 136, 148, 152, 165, 224, 227
白人労働者階級 16, 17, 19, 21, 47, 52, 109, 125, 136
バッキ裁判 31
罰則規定 79
ハワード大学演説 3
汎アフリカ会議 60
反共主義 57
反共路線 61
板金工組合 119, 120, 125
反ジム・クロウ 60
反植民地主義 60
反貧困行動委員会（Philadelphia Antipoverty Action Committee：PAAC） 88, 116, 213
反ファシズム 60
非組合員 122, 123, 151, 166
ヒスパニック 5, 91, 207
非白人 22, 30, 35, 36, 40, 43, 57, 66-68, 78, 111
──技能労働者 112
非暴力・不服従 14, 25, 143, 173, 229
貧困との戦い 6, 10, 12, 13, 15, 16, 85, 88, 107, 108, 110-113, 126, 135, 141, 143, 146, 147, 166, 171, 175, 213, 226, 228, 230, 231
貧者の行進 111, 113, 143
プア・ホワイト 33
フィーダー・プログラム（Feeder Program） 84
『フィラデルフィア・インクワイヤラー』（Philadelphia Inquirer） 103, 127, 129, 130, 139, 175, 177, 178
『フィラデルフィア・トリビューン』（Philadelphia Tribune） 54, 63, 99, 100-102, 127-129, 139, 151, 156, 174-177
『フィラデルフィア・ブルティン』（Philadelphia Bulletin） 51, 54, 97, 99-101, 127-130, 139, 163, 173, 175, 176
フィラデルフィアのニクソン 90
フィラデルフィア運輸会社（Philadelphia Transit Company：PTC） 62, 63, 101
フォード財団 64, 65, 88
復員兵援護法（GI Bill of Rights） 38
福祉国家 20, 26, 44-46
ふたつの権利要求 17, 136
不当労働行為 25, 37
不買運動 76, 100
ブラウン判決 58, 59, 189, 232
ブラック・キャピタリズム 11, 15, 19, 85, 143, 144, 147-150, 175, 183, 198, 228
ブラック・パワー 14, 17-19, 53, 54, 86, 87, 95, 96, 98, 113, 136, 143, 144, 146, 147, 149, 168, 170, 173, 197, 198, 217, 226, 229
ブラック・ベルト 91, 92, 94
ブラック・ムスリム 65
プレッシー対ファーガソン裁判 58
ブロード・ストリート 211, 219
プログレス・プラザ（Progress Plaza） 85
分離すれども平等 58
ペンシルヴァニア大学 77, 99
ボイコット 64, 76, 96, 98, 99
法的平等 74
暴動 14, 73, 84, 88, 92, 100, 102, 109, 111, 136, 143, 145, 149, 152, 156, 172, 178, 202
法と秩序 125, 144, 145, 219
ホーソーン・コミュニティ（Hawthorne Community） 93, 94
ホームタウン・ソリューション 162, 163, 184
法令順守 111, 152, 167
北部大都市 13, 16, 19, 21, 41, 42, 48, 51, 55, 82, 84, 86, 89, 91, 95, 107, 113, 136, 143, 183, 188, 213, 226
北部フィラデルフィア 52, 64, 66, 130
補償的措置 29, 42, 158, 230

ま行

マイノリティ活用の範囲（range of minority utilization） 155, 159
マイノリティ企業局（Office of Minority

Business Enterprise：OMBE) 11, 148, 174, 175, 205
マイノリティ人口 108
マイノリティ・ビジネス 208
マッシヴ・レジスタンス（Massive Resistance) 189, 190, 200, 215, 217
慢性的失業者（hard-core unemployment) 124
民主主義の競争相手 41
民主党市政 70
メイン・ストリート（Main Street) 200
モデルシティ・プログラム 112, 217
物より人の建設を 191, 200, 202, 213
諸刃の剣 8, 20-22, 135, 223, 228, 231

や行

優遇 5, 11, 29, 31, 42, 79, 86, 110, 114, 138, 152, 209, 228
有権者登録 189, 215
有色人 22, 60, 195, 224, 231
優先枠（quota) 76, 79, 80, 110, 118-120, 125, 148, 152, 154, 155, 201, 209, 219, 227
四つの自由 60, 225, 232
400人委員会 76, 78, 79

ら行

ラテン系 7, 87
リヴァイズド・フィラデルフィア・プラン（RPP）→改訂フィラデルフィア・プラン（RPP)
『リッチモンド・アフロ・アメリカン』（Richmond Afro-American) 190, 192, 195
リッチモンド・クルーセイド・フォー・ヴォーターズ（Richmond Crusade for Voters：RCV) 90, 189-192, 195, 204, 206, 215, 216
リッチモンド・コンプライアンス・マニュアル 210
『リッチモンド・タイムズ・ディスパッチ』（Richmond Times Dispatch) 191, 204, 211, 214, 215, 217-219
『リッチモンド・ニュース・リーダー』（Richmond News Leader) 194, 200, 204, 214, 217, 218
リッチモンド・フォワード（The Richmond Forward) 190, 191

リッチモンド・プラン 22, 171, 183-187, 194, 195, 202, 203, 205-210, 212-214, 224, 229, 230
リッチモンド・ルネッサンス会社 198, 199, 201, 206
リベラル 7, 37, 38, 63, 67, 68, 70, 79, 86, 90, 97, 145, 173, 184, 186, 189, 191, 204, 213, 217, 230
リリー・ホワイト（lily white) 113
リンチ 56, 58, 60, 61
ルーズベルト連合 151
冷戦 21, 40, 41, 54-59, 61, 62, 66, 95, 98, 109, 172, 225, 226
──コンフォーミティ 55, 61
──リベラリズム 55, 59, 61, 63, 64, 96, 99, 226
レーガノミクス 202
レーガン政権 12, 174, 212
連邦軍 59, 63
連邦契約遵守局（Office of Federal Contract Compliance：OFCC) 4, 22, 112-114, 116-125, 128, 138, 148, 153, 155, 159, 162, 163, 166, 227
連邦最高裁判所 7, 22, 31, 46, 58, 86, 183, 184, 192, 209, 210, 230, 232
『ロアノーク・タイムズ』（Roanoke Times) 208, 216
労使協定（working agreement) 115, 119
労働運動 13, 15, 16, 18, 26, 36, 39, 43, 44, 46, 52, 53, 55, 81, 89, 96, 109, 110, 127, 128, 135, 136, 138-141, 143, 150, 167-169, 172, 228
労働組合運動 18, 42, 45, 95, 112, 141, 173, 231
労働権法（Rights to Work Law) 169, 180
労働長官命令第四号 4, 15, 25, 108, 162

わ行

『ワシントン・ポスト』（Washington Post) 178, 190, 215, 223, 232
ワシントン大行進 1941年 39, 75, 172
────── 1963年 17, 26, 43, 141, 173, 223
割当て（quota) 5, 52, 78, 80, 147, 148, 158, 159, 171

2. 人名

あ行

アーヴィン、サム・J（Samuel J. Ervin） 157, 158
アグニュー、スピロ（Spiro Agnew） 145
アレクサンダー、サディ（Sadie Alexander） 63, 99
アレクサンダー、レイモンド（Raymond Pace Alexander） 63, 65, 99
イニス、ロイ（Roy Innis） 143, 144, 146, 173
ウィリアムズ、ハーディ（Hardy Williams） 90
ウィリス、アーサー（Arthur C. Willis） 80, 95, 99, 176
ウィルキンス、ロイ（Roy Wilkins） 111, 146, 160
ウィルソン、ウィリアム・J（William Julius Wilson） 12, 13, 19, 24, 96, 138, 169, 172, 212, 219
ウエスト、ロイ（Roy West） 203, 204, 206, 208, 218
大塚秀之 11, 24
オバマ、バラク（Barack Obama） 6-10, 12, 24, 94, 172, 219, 232

か行

ガースル、ギャリー（Gary Gerstle） 56, 59, 98
カッツネルソン、アイラ（Ira Katznelson） 42, 47, 100
川島正樹 25, 47, 48, 85, 87, 98, 99, 102, 172, 173
カントリーマン、マシュー・J（Matthew J. Countryman） 54, 98
キャロル、ピーター・N（Peter N. Carol） 89, 90, 103, 174
キング、マーチン・ルーサー（Matin Luther King Jr.） 24, 26, 42, 43, 51, 56, 59, 111, 113, 140, 141, 143, 165, 216, 223, 229, 232
グード、ウイルソン（Wilson Goode） 93, 94, 103
グリーン、ウィリアム（Wiliam Green） 93, 94
グリフィー、トレヴァー（Trevor Griffey） 173, 178, 179
ケネディ、ロバート（Robert Kennedy） 78, 216
ケネディ、ジョン F. 大統領（Johon F. Kennedy） 4, 29, 30, 40-43, 45, 64, 80, 81, 110, 216, 225
コールソン、チャールズ（Charles Colson） 164, 179
コバーン、ジョン（John Coburn） 31, 32

さ行

サリヴァン、レオン（Leon Sullivan） 54, 64, 74-76, 84, 85, 87-89, 95, 128, 148, 175, 226
サンデル、マイケル（Michael J. Sandel） 8, 23
シトコフ、ハーヴァード（Harvard Sitkoff） 38, 47
シャーマー、ジョージ（George Schermer） 79, 101
シャーマン、ルイス（Louis Sherman） 158, 159, 177
ジャクソン、メイナード（Maynard Jackson） 205, 206, 208, 211
シュルツ、ジョージ・P（George P. Shults） 146, 150, 158, 174
ジョンソン、アンドリュー大統領 32
ジョンソン、リンドン大統領 3, 4, 17, 22, 23, 29, 42, 51, 88, 107, 112, 121, 127, 166, 175, 227
シルヴァー、クリストファー（Christopher Silver） 186, 188, 211, 214
シルヴェスター、エドワード（Edward C. Sylvester） 112, 113, 120, 122, 128
スグルー、トマス（Thomas J. Sugrue） 16-18, 21, 23, 25, 26, 48, 52-54, 97, 99, 100, 127-131, 136, 172
スクレントニー、ジョン・デイヴィッド（John David Skrentny） 13-16, 24, 25, 29, 46, 47, 53, 97, 98, 108, 114, 127, 128, 130, 135, 140, 149, 151, 171, 172, 174, 175, 177, 179, 228
スターツ、エルマー（Elmer B. Staats） 159, 160, 177
スタルヴィ、ベネット（Bennett O. Stalvey Jr） 118, 121, 122, 128
スティール、シェルビー（Shelby Steele） 9, 24
スレイマン、ドナルド（Don Slaiman） 116, 128-130
ソウエル、トマス（Thomas Sowell） 11, 12, 24

257

た行

ダグラス、ウイリアム（William Douglas）58
ダグラス、フレデリック（Frederick Douglas）34
チェン、アンソニー（Anthony S. Chen）48, 179
テイト、ゲイル（Gayle T. Tate）26, 186, 214-218
テイト、ジェイムス（James Tate）70, 90, 97, 101, 123, 159
ティラー、ホバート（Hobart Taylor）42
デュセン、リチャード・C・V（Richard C. V. Dusen）154
デュボイス、W・E・B（W. E. B. DuBois）33, 35, 60, 61, 88, 92, 99, 100, 103, 215
デル、ウイリー（Willy Dell）201, 203, 204, 218
ドライヤー、ピーター（Peter Dreier）223, 232
トルーマン大統領 41, 57, 58
ドレイク、エイヴォン（W. Avon Drake）19, 26, 186, 201, 210, 212, 214, 215, 217-219

な行

中野耕太郎 47, 56, 98, 99
ノリス、オースティン（Austin Norris）149

は行

バーク、ジョセフ（Joseph Burke）119-121, 125, 129, 130
バード、ハリー（Harry Byrd）189, 200, 215
パウエル、アダム・クレイトン（Adam Clayton Powel Jr.）75
バウザー、チャーリー（Chalie Bowser）93
ハガティ、C・J（C. J. Haggerty）117, 129, 130, 154, 177
ハリス、ウィリアム（William Harris）168, 179
ハワード、オリヴァー・O（General O. O. Howard）32, 33, 46
バンクス、セシリー（Cecily Banks）88, 101
ハンター、アンソニー（Marcus Anthony Hunter）91, 103
ビーン、ジョナサン（Jonathan J. Bean）11, 24, 175, 216
ビン、ミシェル（Michelle Denis Byng）185, 210, 214, 217, 219
ファーマー、ジェイムズ（James Farmer）146, 174
フィリップス、ケヴィン（Kevin Philips）11, 12, 14, 24, 202, 218
フェラン、ウォーレン（Warren P. Phelan）114, 115, 128, 154, 163
フォーナー、エリック（Eric Foner）37, 46-48
藤川隆男 34, 47, 179
ブラウン、ウィリアム（William Brown）160
古矢旬 10, 24
フレッチャー、アーサー・A（Athur A. Fletcher）146-149, 151, 162, 166, 179
ブレナン、ピーター・J（Peter J. Brennan）166
ホールト、カーティス（Curtis Holt）192, 193, 199, 201, 216, 218
ホルスワース、ロバート（Robert D. Holsworth）19, 26, 186, 201, 210, 212, 214, 215, 217-219

ま行

マーシャル、サーグッド（Thurgood Marshal）31, 32, 46, 209
マーシュ、ヘンリー（Henry Marsh）186, 188, 190-194, 196-204, 206-208, 213, 215, 217, 218, 230
マッキシック、フロイド（Floyd Mckissick）198, 217
マラブル、マニング（Manning Marable）19, 26, 48, 99
マルコムX 19
ミーニー、ジョージ（George Meany）81, 109, 110, 127, 161, 164, 165, 172, 178
ムーア、キャロライン・ダヴェンポート（Carolyn Davenport Moore）62, 99
ムーア、セシル（Cecil Moore）54, 63, 64, 65, 74, 76-80, 84, 86-89, 95, 101, 102, 152, 226
モイニハン、ダニエル・P（Daniel Patrick Moynihan）145, 146, 164, 176, 177
モレノ、ポール（Paul D. Moreno）18, 25, 179

や行

ヤング、ホイットニー（Whitney M. Young）　160, 175, 177
ユイル、ケヴィン・L（Kevin L. Yuill）　15, 25, 127, 162, 172, 179

ら行

ラスティン、バイヤード（Bayard Rustin）　18, 25, 26, 75, 98, 99, 141, 149, 155, 160, 163, 169-173, 175, 176, 179, 180, 232
ランドルフ、A・フィリップ（A. Philip Randolph）　39, 60, 75, 129, 140, 141, 149, 173
ランドルフ、ルイス（Lewis A. Randolph）　26, 186, 201, 214-218
リー、ジェニファー（Jennifer Lee）　5, 23, 103
リード、アドルフ（Adolph Reed Jr.）　19, 26
リチャードソン、ヘンリー（Henry Richardson）　206-208
リッゾ、フランク（Frank Rizzo）　86, 90, 92, 93, 100, 102, 103
リプスコム、アリス（Alice Lipscomb）　93
リンカーン大統領　32, 223
ルーズベルト、フランクリン・D（Franklin D. Roosevelt）　13, 37-40, 55, 60, 62, 151, 172, 225
ルビオ、フィリップ（Philip Rubio）　29-32
レイニー、ジョセフ（Joseph Rainey）　63
レーガン大統領　185
レオンハルト、デイヴィッド（David Leonhardt）　7, 8, 10, 23
ロブスン、ポール（Paul Robson）　61
ローリン、ジェイムス（James L. Loughlin）　152, 153
ロディガー、ディヴィッド・R（David R. Roediger）　15, 25, 35, 47, 97, 136, 172, 174
ロバート・マックグロットン（Robert McGlotten）　116, 128-130, 176, 177

わ行

ワーツ、ウィリアム（William Wirtz）　81, 119
ワシントン、B・T（Booker T. Washington）　88

安井倫子（やすい・みちこ）

1945年、台湾台南市にて生まれる。1968年、神戸市外国語大学卒業後、大阪府豊中市立中学校英語教員。2000年、退職。1999年、大阪外国語大学国際文化学科（夜間主）卒業。2003年、大阪大学大学院文学研究科前期課程修了。2011年、同後期課程単位取得退学。2014年、同修了。博士（文学）。

語られなかったアメリカ市民権運動史
―アファーマティブ・アクションという切り札―

2016年5月31日　初版第1刷発行　　　［検印廃止］

著　者　　安井倫子

発行所　　大阪大学出版会
　　　　　代表者　三成　賢次

〒565-0871　大阪府吹田市山田丘2-7
　　　　　　大阪大学ウエストフロント
TEL　06-6877-1614
FAX　06-6877-1617
URL：http://www.osaka-up.or.jp

印刷・製本　　尼崎印刷株式会社

Ⓒ Michiko Yasui 2016

Printed in Japan

ISBN 978-4-87259-552-9 C3022

Ⓡ〈日本複製権センター委託出版物〉
本書を無断で複写複製（コピー）することは、著作権法上の例外を除き、禁じられています。本書をコピーされる場合は、事前に日本複製権センター（JRRC）の許諾を受けてください。
JRRC〈http://www.jrrc.or.jp　eメール：jrrc_info@jrrc.or.jp　電話：03-3401-2382〉